企业资本运营与财务审计管理

杨光炜 于朋朋 刘克岭 著

贵州出版集团
贵州人民出版社

图书在版编目（CIP）数据

企业资本运营与财务审计管理/杨光炜，于朋朋，刘克岭著. -- 贵阳：贵州人民出版社，2024.11.
ISBN 978-7-221-18836-6

Ⅰ．F275.6；F239.41

中国国家版本馆 CIP 数据核字第 2024GE4689 号

企业资本运营与财务审计管理
QIYE ZIBEN YUNYING YU CAIWU SHENJI GUANLI

杨光炜 于朋朋 刘克岭 著

出 版 人：	朱文迅
策划编辑：	杨　悦
责任编辑：	杨　悦
装帧设计：	斯盛文化
出版发行：	贵州出版集团　贵州人民出版社
地　　址：	贵州省贵阳市观山湖区会展东路 SOHO 办公区 A 座
印　　刷：	廊坊市新景彩印制版有限公司
版　　次：	2024 年 11 月第 1 版
印　　次：	2024 年 11 月第 1 次印刷
开　　本：	787mm×1092mm　1/16
印　　张：	13
字　　数：	220 千字
书　　号：	ISBN 978-7-221-18836-6
定　　价：	78.00

如发现图书印装质量问题，请与印刷厂联系调换；版权所有，翻版必究；未经许可，不得转载。

前言

随着经济全球化推进，我国市场格局呈现出多元化发展趋势，国民经济效益获得了整体增长，与此同时，市场竞争形势也更为激烈。为更好地应对复杂的市场形势，企业应站在长远的角度，创新经营理念，优化调整运营结构，完善内控管理机制，提高资金利用率，加强资本运营监控制度，以增强企业经济、社会效益的创造力，最大限度地达到降本增效的改革目标。

目前，我国已进入经济新常态，各企业都应顺应市场环境变化变更经营理念，将企业改革落到实处，才能获得更科学的发展。在企业改革中，应不断完善自身管理机制和经营模式，使其更好地适应国家经济环境。发展优质企业、推动产业进步、提升综合国力，是我国政府一以贯之的总体方针、政策。从党的十八大开始，国家就在不断出台优惠政策，积极推动各个行业的企业升级、改革，鼓励企业充分发挥资本运营优势，运用多种方法努力提高资本运行效率。

资本运营一般需要通过专业金融投资机构进行，这类机构往往通过资产证券、风险投资、市值管理等手段，优化资源配置，帮助企业合理调整资本结构目标，提高运营效果和资产增值。并且，这类机构也不会干涉企业的任何经营活动，和企业自身管理相比，具备较强的金融风险管控优势。这种运营模式的创新，可有效改善金融生态圈，规范金融市场行为和秩序。

本书共分为两大部分。第一部分为企业资本运营，第一章为企业产权资本运营，介绍了产权资本运营概述，资本运营与产权结构优化，我国产权交易的发展历程、现状问题分析即对策，企业数据资产评估；第二章为企业金融资本运营，介绍了企业金融风险与防控、企业股权与债务融资、企业期货市场套期保值；第三章为中小企业资本运营，介绍了中小企业资本结构调整与优化、中小企业资本并购重组、中小企业资本市场融资、具体行业中小企业资本运营分析——以旅游企业为例。第二部分为企业管理创新，第一章为企业经营管理，介绍了企业经营管理和发展战略、企业经营风险控制、企业经营预算编制与执行；第二章为企业资产管理，介绍了企业固定资产管理、企业金融管理模式、企业不良资产处置管理；第三章为企业会计信息化建设，介绍了企业会计信息化管理、企业会计信息化风险与防范；第四章为企业工商管理创新，介绍了企业工商管理现状与策略、工商企业管理模式创新、企业工商管理的信息化建设。

  由于著者水平有限，书中难免存在不妥及疏漏之处，敬请读者批评指正。

著者
2024 年 6 月

目录

第一部分 企业资本运营

第一章 企业产权资本运营 003
第一节 资本运营概述 003
第二节 资本运营与产权结构优化 005
第三节 我国产权交易的发展历程、现状问题及对策分析 007
第四节 企业数据资产价值评估 016

第二章 企业金融资本运营 024
第一节 企业金融风险与防控 024
第二节 企业股权与债务融资 034
第三节 企业期货市场套期保值 044

第三章 中小企业资本运营 058
第一节 中小企业资本结构调整与优化 058
第二节 中小企业资本并购重组 069
第三节 中小企业资本市场融资 078
第四节 具体行业的中小企业资本运营分析——以旅游企业为例 083

第二部分 企业管理创新

第一章 企业经营管理 095
第一节 企业经营管理和发展战略 095
第二节 企业经营风险控制 110
第三节 企业经营预算编制与执行 115

I

第二章　企业资产管理　　　　　　　　　　　122
第一节　企业固定资产管理　　　　　　　　122
第二节　企业金融管理模式　　　　　　　　131
第三节　企业不良资产处置管理　　　　　　132

第三章　企业会计信息化建设　　　　　　　　145
第一节　企业会计信息化管理　　　　　　　145
第二节　企业会计信息化风险与防范　　　　156

第四章　企业工商管理创新　　　　　　　　　163
第一节　企业工商管理现状与策略　　　　　163
第二节　工商企业管理模式创新　　　　　　173
第三节　企业工商管理的信息化建设　　　　184

参考文献　　　　　　　　　　　　　　　　　197

第一部分　企业资本运营

第一章 企业产权资本运营

第一节 资本运营概述

一、产权的概念和特点

产权是出现于现代经济学和法学中的一个重要概念，其最广泛的含义就是对某种财产的占有权，这也是由资本的社会属性所决定的。这种占有权是一种具有排他的、专属性质的权利。资本运营中我们所采用的产权是由终极所有权、企业法所有权、支配权、处置权、收益权、占有权、使用权、管理权等构成的权利束，其内在结构可以有多种组合，如共有产权、国有产权、集体产权、私有产权等。在市场经济条件下，资本的表现形态日益丰富，由于各种具体的实际情况，比如为规避市场经济风险而实行的股份制，客观上就要求资本权属关系不得不依照不同的方式而发生分离、分割、转让。这种权属关系的变化既是市场经济中产权的特点，也是资本运营在实际中产生并趋于完善的经济活动形式。

二、产权资本运营的组织形式

在我国，对国有资产的产权资本运营组织形式有如下三种：一是国有资产的法定代表机构即国有资产管理机构。各级国有资产管理机构作为国有资产所有权的代表，并不直接从事资本运营活动，只行使所有者的行政管理职能。二是国有资产中介管理机构。它们是接受国有资产所有者的委托，专门从事资本运营的法人，对受托经营的资本具有占有、使用、收益、处置的权利，并承担保值增值的责任。三是国有资产经营的基层组织——企业法人。企业是国有资产的具体占有者和经营者，与国有资产中介机构是一种经济契约和委托关系。

三、产权资本运营的条件

产权资本运营作为市场经济活动的组成部分，把产权作为一种特殊商品去交易，从社会角度来讲，就要求产权的界定要明晰，交易市场要规范，法律法规要完备。

界定明晰。就国有企业而言，进行明晰的产权界定，就是为使国有企业更好地参与市场竞争，更充分地发挥国有企业经营者的积极性与创造性。进行国有企业产权界定，就是承认企业法人财产权，并且把企业法人的财产同出资人的其他财产划分开来。企业法人的财产权，应理解为出资者拥有最终所有权，企业拥有法人所有权。

产权交易市场的规范。产权交易市场同其他商品交易市场、金融交易市场等一样，为交易提供场所、信息、各种服务等，目的是为企业生产要素在更广阔的范围和更深的层次上进行优化配置、资产重组。在我国，产权交易市场包括股票交易所、产权交易所、承包或租赁市场等。

完备的法律、法规。具备了上述两个条件，还不能保证产权交易的顺利、公平、正常进行，必须以完备的法律、法规对交易过程进行约束监督。目前我国在这方面还有许多工作要做，当然这需要有个过程，因为存在的问题是在每宗具体产权交易过程暴露出来的，况且完全照搬西方发达国家的做法也是不合适的，尽管可以去借鉴，但中国毕竟有中国的具体情况。

四、产权资本运营的作用

从各发达国家的经济发展史来看，产权资本运营一直是推动国家资源优化配置、资本重组的强大动力，并在历史的长河中形成一次又一次浪潮，发达国家正是在其"资本流"势能释放中拿走了大把大把的钞票，这也是当今国际大企业喊出"企业无国界"口号的真实意图。从这个角度看，产权资本运营是大战略、大组合、大调整，并且也是动态有机的连续运作。产权资本运营的作用如下：

第一，产权资本运营是进行资源优化配置的方式和手段。企业产权资本运营可以使企业更加灵活、主动、积极地重组企业资源、优化产业结构，以实现资本的保值增值、企业的利润最大化。企业通过这种行为既可以"短、平、快"地获利，也可以扩大经营规模，实现多元化发展的战略，以优势互补，获得技术上的领先，使企业整体实力达到新的境界。当然，为了规避单个企业进行一些"炒买、炒卖"行为，导致整个国家经济势形成"泡沫经济"，从社会角度看，则需要政府去引导甚至采取强制手段，但有一个"度"的问题，至于如何去把握这个"度"，则取决于政府对现实情况的全面、整体认识程度，分析能力。

第二，实现资产转移，达成低成本扩张的目的。在企业的不同发展阶段，利用产权资本运营，实现部门、行业转移；而在这一过程中，通过兼并、收购的操作，与直接投资相比，往往可以实现低成本扩张，因为兼并、收购的不单单是企业本身，还有其他与原企业相关的延伸部分，比如原企业已有的销售渠道、供货渠道、熟练工人、专利技术等。

第三，盘活闲置资本，防止资产流失。企业可以通过产权资本运营，使凝固资产向市场流动，变"死钱"为"活钱"，从而更好地服务企业。因此通过产权资本运营还可防止资产流失，无论是民营企业还是国有企业，均是如此。

第四，实施企业破产，"利"在企业，功在社会。就破产本身而言，无论落在哪个企业身上，都是痛苦而又无可奈何的选择。但市场经济毕竟是竞争经济，在竞争过程中，劣者必然要被淘汰出局，而胜者则可以在更为宽松的环境下发展状大。从社会、政府的高度来看，企业破产则有利于资源在全社会范围内更有效地配置。破产有利于自动调整产业和产品结构，促进全社会产业结构和产品结构的合理化。破产有助于资源的优化配置和有效使用，可以调动经营者和生产者的自觉性和主动性。

第二节 资本运营与产权结构优化

企业的资本运营，主要通过对企业的融资投资、资产资金、费用收益和规范运营进行管控。通过一系列的运作方法，增强企业的管理水平，提升企业的营业利润。资本运营不仅能够使企业内部资源得到合理化利用，还能够减少企业人才流失的情况。产权结构是企业的内部格局，也是企业管理模式的一种体现，对企业经营过程中的各项决策起着重要的作用。企业的产权结构，不仅会对企业的内部管理产生影响，还会决定着企业未来的发展方向和发展水平。

一、企业资本运营与产权结构的现状

资本运营和产权结构，是企业中必不可少的两部分。产权结构从大方面决定着企业的发展方向，而资本运营从各个小方面影响着企业的日常经营。虽然资本运营对企业发展如此重要，但我国企业的资本运营现状仍是问题诸多。

第一，企业资本运营缺乏专业化人才，这是企业资本运营的主要难题。人才是现代社会中最宝贵的资源，也是企业市场竞争的核心。专业化人才不仅能够为企业的日常经营提供帮助，还能够为企业的未来提供更多的发展方向。由于专业化人才的缺失，企业的内部资源得不到有效的管理，也严重影响了企业的资本运营水平。

第二，产权结构较为单一。产权结构单一是我国企业经营中的常见现象。这种

情况不仅会阻碍企业的发展，也会降低企业内部的管理水平。当企业管理层对项目投资和发展方向出现分歧时，产权结构单一的企业管理者拥有较大的决策权。这种情况往往会导致企业决策的片面性，对企业的发展和运营都产生不利的影响。

第三，资本运营与产权结构的管理意识薄弱。企业管理层缺乏资本运营意识，会阻碍企业的发展和经营，也会降低企业的竞争力。缺乏资本运营意识，会降低企业的管理水平，也会对企业的发展产生不利的影响。而产权结构意识的缺乏，会导致企业内部格局的单一化。无法提升企业员工的积极性，对企业的未来发展极为不利。

第四，资本运营与产权结构制度不明晰。制度的不明晰，往往会造成责任划分的问题。当企业在资本运营方面出现问题时，往往会出现各部门推诿的情况。不仅降低了企业的核心凝聚力，还阻碍了企业的经营发展。而产权结构制度不明晰，使企业的非出资者工作效率降低，不利于企业的经营和发展，且对企业项目的决策和实施也有重大的影响。

二、企业资本运营与产权结构的优化措施

为了使企业利润稳步提升，必须对企业的资本运营进行优化。这可以提升企业资本运营的管理意识，通过转变资本运营方向，增加企业的营业利润。引进企业资本运营方面的专业化人才，实现对企业资本运营的有效实施和管控。产权结构的改变，有助于企业的良好发展。这需要增强企业管理层的产权结构意识，然后根据企业的发展经营现状，采取多元化的企业产权结构。通过对产权结构的改变，提升企业的决策能力，为企业的发展引导正确的方向。

（一）提升资本运营和产权结构的管理意识

提升资本运营的管理意识，能够科学合理地提升企业资产的利用率。通过对企业资产的合理运用，最大限度地增加企业的利润。而且资本运营管理意识的提升，有助于降低企业的生产成本，为企业的发展打下良好的基础。产权结构管理意识的提升，能够从多方面考虑企业决策，增强企业长远发展的目标，使企业更好更快地发展。

（二）转变资本运营方向

转变资本运营方向，并不是完全地放弃传统的企业经营模式。而是针对企业的现状，结合当前市场的发展，通过资本运营的方式，对企业运营进行改革和创新。通过资本运营的优势，对企业的产业结构进行扩展和优化，不仅能够增加企业的获利渠道，还能提升企业的整体利润。

(三)采取多元化的产权结构

企业采取多元化的产权结构,能够增强项目决策的准确性,提升企业管理人员工作的积极性。多元化产权结构,使企业内部管理制度更加清晰,不仅能够对责任进行明确的划分,还能够分清各部门的工作内容,提升企业的整体效率。

(四)引进企业资本运营方面的专业化人才

专业化人才的缺失,对企业资本运营水平产生着重大的影响。而解决专业化人才缺失的问题,可以通过外部引进和内部培养两个方面同时进行。从外部引进资本运营专业化人才,利用专业的知识和手段,对企业的资产进行合理配置和利用。外部引进人才的方法虽然简便,但成本较高。而且人才引进到企业后,还需要一段时间进行磨合。内部培养专业化人才的方法,能够极大地减少企业的成本。由于内部人员了解企业的经营状况,对企业的发展也能够提供更好的帮助。

第三节 我国产权交易的发展历程、现状问题及对策分析

一、产权交易的特点

产权交易是一种在所有权与经营权分离的基础上,以实现所有权收益为目的的经济活动,它是对传统的所有权与经营权相分离的一种修正和补充,产权交易具有以下特点。

产权交易是一种市场行为。产权交易作为一种市场行为,其本质是以实现所有权收益为目的而进行的交易活动。在产权交易过程中,转让方和受让方之间进行信息交流,并且形成合意后才能达成交易。但由于转让方和受让方之间存在信息不对称性,受让方可能无法了解转让方的全部信息,而转让方也可能无法了解受让方的全部信息。因此,市场交易中存在着逆向选择和道德风险等问题。这就要求必须采取有效的防范措施来克服这些问题,如通过产权交易机构进场交易对转让方的信用状况、履约能力进行调查,对受让方的资信进行评估,建立交易双方信用体系等措施来防范道德风险。产权交易并不是将所有权进行转移,而是将所有权价值通过某种方式转移到受让方手中。这就要求买卖双方之间签订具有法律约束力的契约来约束受让方和转让方的行为。在产权交易过程中,买卖双方可能获得收益也可能遭受

损失。由于买卖双方信息存在不对称性以及由此而产生的道德风险、逆向选择等问题，使得产权交易存在着风险与收益并存的特点。不过从整体上看，产权交易过程中所存在的风险与收益并存仍然是在市场经济中普遍存在的现象。

产权交易是一种特殊形式的资源配置方式。在市场机制不健全、信息不对称和资源配置不合理等条件下，国有金融企业进行产权交易具有一定的必要性，这种必要性主要表现为两个方面：一方面，国有金融企业本身存在着种种缺陷和问题，需通过产权交易进行必要的调整和修正；另一方面，国有金融企业与非国有经济之间存在着不同程度的合作、联合与竞争关系。在市场经济条件下进行产权交易，必须遵循平等竞争原则和公开、公平、公正的原则，必须遵守相关法律法规并严格执行相关程序和规则。同时，还要防止通过垄断手段获得市场优势地位而损害其他参与者利益或利益分配不均等问题的出现；防止通过不正当手段使价格不公允造成"劣币驱逐良币"现象；防止通过寻租行为使某些企业和个人攫取巨额财富；防止通过欺诈、隐瞒信息等手段损害其他主体利益；防止通过对产权进行"私有化"而出现国有资产流失等问题；防止发生利用产权交易进行投机套利、恶意低价竞争等行为。产权交易是一种资源优化配置过程中经济主体之间达成合意并实现资源优化配置目的的过程。产权交易过程是一种多主体参与、多环节运作、多阶段进行的经济活动过程，也是一种多阶段博弈与均衡的过程。因此，必须充分发挥市场机制在资源配置中的基础性作用和政府在资源配置中的"有形之手"作用。国有金融企业进行产权交易必须遵循上述规律，积极推进国有金融企业产权交易活动依法、有序、规范和高效进行，确保国有金融企业在资源优化配置过程中保值增值。

二、产权交易市场发展历程

（一）兴起阶段（1978—1997）

1978年，十一届三中全会首次指出国内经济管理体制中存在权力过于集中的弊端，并提出在下一步的体制改革中实施"放权让利"。随后，政府开始探索改革之路，并在部分试点国有企业中实施了"放权让利"的措施。这一措施虽已取得阶段性成效，但是并未完全解决国有资产经营效率不高、资产闲置等现象。产权交易就在这样的市场改革探索过程中发展起来。1984年7月，保定市纺织机械厂和保定市锅炉厂以承担债务方式兼并了保定市针织器材厂和保定市鼓风机厂，标志着中国国有企业开始了新的兼并时代。这时，企业兼并的目的在于减少企业的亏损范围，而非为了实现优化资源配置。

1987—1988年期间，国家进一步明确了企业产权的重要性，且中央已经批准企业产权可以有偿转让，在得到政策的大力支持后，全国范围内开始逐步探索产权交易的领域。1988年，武汉企业并购重组事务所成立，这不仅标志着我国产权交易市场的初步形成，同时也为我国产权交易行业的发展奠定了基础。最初的产权交易市场以无形市场的形式存在，规模较小。截至1989年年底，全国范围内共有25家产权交易中心挂牌成立，各企业间的兼并活动在产权交易中心的支持下越加频繁。国家同年颁布的《关于企业兼并的暂行办法》有力支持了企业兼并相关工作，为我国企业通过兼并的形式实现扩大和发展构建了基础保障。随着国内企业纷纷开展兼并活动，产权交易在发展过程中也逐步有序化，而市场也最终从无形过渡至有形，企业实施的兼并不再是为了改革优化长期处于亏损中的企业，而是逐步转向了市场结构优化的目标。深沪两家证券交易所于1990年先后上市营业后，大大激发了各地区大力发展证券场外交易工作的热情。

1993年，十四届三中全会正式确立我国特色经济体制的未来改革方向，并明确了企业改革的核心是产权制度改革，顺应潮流的产权交易市场成为服务国有资产结构改革的主体。产权交易市场在探索发展的过程中，在债转股和兼并之外尝试进行非上市公司的股权交易。1993年，淄博正式挂牌成立自动报价系统，自此，有组织的区域性资本交易市场初步形成。此后，在国家未能及时遏制的情况下，全国范围内相继建立了200余个产权交易市场。在这一阶段，产权交易市场的建设速度加快，强调资源优化配置原则，产权交易成为国有企业改革过程中的重要手段。1996年到1997年11月，产权交易市场的无序竞争更加混乱，在兼并过程中出现了忽视员工安置、上市股份的场外交易不规范等问题。为确保我国资本市场中的产权交易进一步规范，国家开始对产权交易市场进行整顿优化。

（二）调整阶段（1997—2003）

产权交易市场从萌芽到1997年，经历了十年左右的探索发展时期，在这一阶段，由于没有相关政策法规的限制，产权交易市场的蓬勃发展受到了多种问题的阻碍，这些问题的存在极大地妨碍了市场的进一步壮大，而一个关键原因就是没有形成有效的监督管理体系。1998年，为进一步规范资本市场发展，国务院办公厅转发了证监会制订的《清理整顿场外非法股票交易方案》，该方案要求各地方的区域性产权交易市场自查自纠，并开始对不规范的场外交易业务进行清理整顿，其中一部分不合格的产权交易中心被强制关闭，还有一部分产权交易所由于存在不规范的交易业务，进入停业整顿状态，检查合格之后才可以重新营业。截止到1999年年底，淄博证券交易自动报价系统的清理整顿工作已经接近尾声，这一重要事件标志着该系统已经停止了网络交易。在经过本轮整顿后，市场迎来了发展停滞期，之后随着2003年上海产权交易市场挂牌成立，又重新激活了国内产权交易市场的发展活力。各地政府在国家出台了规范发展指导文件的大背景下，陆续颁布了一系列政策文件，这些文件不仅为地方产权交易市场的发展提供了政策支持，同时也为该市场的规范化发展提供了政策保障。如北京、上海和深圳等地方政府于2000年以来陆续出台了关于国有企业要在阳光下交易，即必须进产权交易市场进行交易的相关政策，各地方的区域性产权交易市场发展逐步规范。

（三）快速发展阶段（2003—2013）

随着产权交易市场的发展，监管者的身份一直是个谜。为了解决这一问题，2003年国家成立了国有资产监督管理委员会（简称国资委），省市两级也相继成立国资委，以加大对产权交易市场的规范。这使得我国产权交易市场开始走上了规范化道路，但由于当时的制度还不完善，所以在运行过程中存在许多缺陷。在此情形下如何针对我国资本市场的现实情形构建科学合理的监管体系，对平衡市场发展尤为关键。国资委的核心职责是实现国有资产保值增值，为此需要进一步实现国资交易的规范化，为此，国务院国资委发布《企业国有产权转让管理暂行办法》（以下简称3号令），以确保国有企业的产权转让和管理得到规范。根据3号令，国资监管部门首先要选定一批可以进行国有资产交易的机构，此后国有企业资产转让必须在这些规定的产权交易机构进行交易，以确保资本市场交易的公正透明，有效制止国资流失。因此，产权交易机构已成为国有企业改革的合法场所，同时也在我国经济结构调整中扮演着至关重要的角色，这些都依赖于3号令及其配套文件的支持，产权交易市场也进入了规范发展阶段。在此阶段，产权交易市场呈现出蓬勃发展的态势，成交量、成交额都呈现爆发式增长趋势。随着规范发展期的到来，为了更好地发展壮大，我国的产权交易市场进行了多方面的创新，从而积累了相当丰富的实践经验。随着我国经济的不断发展，作为资本市场重要组成部分的产权交易市场促进国内经济发展的作用越加明显。在社会各界的广泛认可下，企业国有产权进场交易制度已逐步被其他公有产权和社会公共资源配置领域所应用。在此之后，产权交易市场逐步实现各类交易要素汇聚，并进一步为价格发现、资源优化提供可能。

国内产权交易市场从2009年开始逐步实现蓬勃发展，市场中的财产性资产转让依据《金融企业国有资产转让管理办法》的规定拉开了创新发展的序幕，其中产权交易必须通过产权交易机构进行交易这一规定，为其成为资本市场的重要组成部分提供了强有力的支持，这是健全完善我国产权交易市场交易制度的历史性突破和重大创新。而随着《企业国有资产法》的落地实施，以法律规范形式明确产权交易，为产权交易市场发展注入了法治化保障，并充分肯定了该市场在国企结构优化改革中的推动价值。同时，我国也颁布了一系列关于规范产权交易市场的政策和规定，其中包括对产权交易市场的监管要求。2008年世界金融危机的冲击，国内中小微企业获取市场融资越加困难，为进一步挽救濒临破产的中小微企业，明确产权交易市场要加大对中小微企业的股权交易服务提供。国资委发布的《企业国有产权交易操作规则》更是规定了签约、结算、交易凭证等产权交易细则。有些产权交易机构也在积极进行交易方式的创新，如北京产权交易所以"金马甲"为载体研发出的动态报价交易方式，为全国大部分产权交易机构提供服务，这种手段的创新也同样促进了产权交易市场的快速发展。

（四）新时代产权交易市场（2013—）

2013年之后，进入了产权交易市场新时代，产权交易市场的定位有所转变。十八届三中全会《中共中央关于全面深化改革若干重大问题的决定》、2015年出台的《关于深化国有企业改革的指导意见》当中都明确了多层资本市场构建中安全交易市场的核心地位。2016年国务院国有资产监督管理委员会、财政部联合发布的《企业国有资产交易监督管理办法》进一步明确了必须通过合法产权交易机构公示国资交易，以确保透明度和公正性，而国家法律法规也对此做出了相应规定。我国的产权交易市场已经走向历史发展的新时期，再加上国家在关于资本市场融资方面的肯定，产权交易市场面临着新的发展机遇。在国务院2020年发布的《关于进一步提高上市公司质量的意见》中进一步提出"充分激活中小微企业股份转让系统、地方股权市场、地方产权交易中心在引导、培育上市企业中的关键价值"，并再次肯定产权交易的资本属性。在产权交易市场的演进过程中所颁布的相关政策和法规，为其发展提供了有力的支持，进一步明确了国家对国企深化改革、资本市场发展的指引，同时也为产权交易市场的未来发展奠定基础。

三、产权交易市场发展现状

（一）产权交易市场交易量

经历了30多年的发展，我国产权交易市场逐步发展壮大，交易额逐年增长。2003年，国务院国资委联合财政部颁布了《企业国有产权转让管理暂行办法》，严格规定企业国有产权转让必须在产权交易机构公开进行。该规定为中国产权交易机构的发展提供了明确的政策依据，也为产权交易市场带来了新的交易额增长点。自此，我国产权交易市场迅速发展，其交易额保持快速增长的势头，2004年产权交易市场的交易增长率达到了104%。2008年开始，中国产权交易市场拓展交易品种、丰富交易内容，成为新的交易额增长点。2011年财政部印发的《金融企业非上市国有产权交易规则》中明确规定金融企业非上市国有产权交易要通过产权交易市场进行。该规则提出后产权交易市场交易额快速增长，2012年交易额达到22 498亿元，增长率为170%，这是产权交易市场交易额首次超过万亿元。2016年7月，国务院国资委联合财政部颁布《企业国有资产交易监管管理办法》，提出企业产权转让、企业资产转让以及企业增资等国有资产交易业务要在产权交易机构公开进行。其后中国产权交易市场的发展规模大幅提升，2016年交易额达到7.9万亿元，增长率为110%。此后交易额迅速增长，2018年交易额超过12万亿元，首次突破了10万亿元。2021年交易额已达到22.3万亿元，突破了20万亿元。中国产权交易市场在实践中不断探索、创新，已成长为中国特色资本市场的重要组成部分，不仅为中国经济的市场化进程，特别是为国有经济的改革、重组和发展做出了积极贡献，而且也为今后的发展开拓了更加广阔的空间。

（二）中国产权交易市场交易品种

我国产权交易市场在发展过程中不断创新交易品种，丰富交易内容，从单一的企业国有产权交易向多个要素领域发展，其交易品种和交易规模不断扩大。1988—1992年我国产权交易市场以企业兼并为主，形式比较单一，为国有企业之间的兼并、重组服务。1992年邓小平同志在南方谈话中确立了中国市场经济改革方向。1993年，党的十四届三中全会《关于建立社会主义市场经济体制的若干问题的决定》正式提出我国经济体制改革目标要求是"明晰产权关系、实行产权流动和重组"，自此，企业改革的重点转向产权改革。为了盘活国有资产存量，不断尝试新的业务模式，很快产权交易市场有了债转股和兼并为主的业务模式，并且尝试着做非上市公司的股权交易。

2003年3号令的发布为产权交易市场的发展提供了政策支持。到2003年，中国产权交易市场已经经历了15年的发展，在此期间产权交易市场除了进行企业国有产股权交易，还有金融企业国有产权、行政事业单位资产等国有资产都进入产权交易市场，其交易规模不断扩大。2008年后，中国产权交易市场不断丰富交易品种，向各类要素领域拓展交易业务。此时，我国产权交易市场不仅有交易型业务也有投资型业务。交易型业务包括实物资产、技术产权、金融产权、股权、债券等；投资型业务包括企业增资扩股、私募股权融资、私募债券融资、资产债券化等。

其中2011—2018年中国产权交易市场统计了金融产品、产股权、林权等12类交易型业务的交易情况。其中金融产品交易额在整体交易额中的占比最大，2018年其占比达到了84.26%。金融产品交易是产权交易市场的主要创新点，极大地拓宽了产权交易市场的业务边界。目前，北京、天津、深圳等地区成立了金融产品交易平台，中国银行间市场交易商协会授权北京金融产权交易所可以开展信贷和银行间交易业务。其他地区的金融产品交易平台主要进行金融产股权交易和不良资产转让业务。产股权交易包含了物权、债权、股权的交易，是产权交易市场的传统业务，其他类中包含了实物资产交易、涉诉资产交易、环境权益交易、公共资源交易、技术产权交易、文化产权交易、林权交易、矿业权交易以及农村产权交易。在2011—2018年，该9类交易的累计占比最高是在2011年，达到了35%，最低的在2018年，累计占比为10%。

（三）产权交易市场交易分布现状

我国产权交易市场的市场集中度较高，北京、天津、广州等中心城市的交易额规模明显大于其他地区。根据国家统计局的划分标准将中国各省区划分为东部地区、中部地区、西部地区以及东北地区。不同区域的经济发展水平不同，东部地区的整体发展水平高于其他地区，大中型企业大部分集中在东部地区，东部其上市公司也远远超过了中部、西部、东北地区。中国产权交易市场在东部地区的交易额明显高于其他地区，从2012年开始其增长尤其明显。整体来看，东北地区的交易额最低，其历史最高交易额发生在2016年，不足1000万元。西部地区的产权交易额从2011年开始交易额明显增加，2015年开始交易额快速增长。

（四）产权交易市场标的属性现状

随着我国民营经济的快速发展，其呈现出蓬勃的生机和活力。在融资方面，商业银行和证券公司是其主要融资渠道，而资本市场不发达，融资渠道狭窄，直接融资比例小。深沪两证券市场的准入门槛相对较高，市场容量受到了限制，因此市场开放程度相对较低。当时，信用担保服务机构已无法满足民营中小企业的担保需求，各级金融机构对民营企业的信贷扶持力度严重不足，导致许多中小民营企业面临着贷款困难和担保难度大等问题。因此，非国有资本进入国企已成为一种必然趋势，在这一过程中，产权交易市场发挥着越来越重要的作用。民营企业在国企改制中扮演着重要角色，通过有效的资产盘活和员工安置，实现了国企转制成本的降低和资源优化配置的推进,从而取得了显著的经济效益和社会效益,为我国国民经济的持续、快速和健康发展做出了重要贡献。随着非公有制产权的加入,产权交易市场逐渐呈现蓬勃发展的态势。

四、政府指导下产权交易市场存在的问题

第一,政府对产权交易市场的布局规划缺乏科学性。随着政府对产权交易行为以及产权交易机构的统一规范,从20世纪90年代末期开始,各地政府就开始推进对产权交易机构的合并。然而,国家并没有针对产权交易市场的准入机制出台相关法律法规。各地的产权交易市场均是由当地政府自行批准组建的,因此,这种组建模式导致各地产权交易市场的交易体量普遍偏小,同时由于业务内容的重叠,其交易覆盖范围严重偏窄,面临的发展问题具有突出性和普遍性。与此同时,各产权交易机构在交易品类和业务拓展创新方面大同小异,与同类或同区交易机构本质性差异很小,行业内部不仅合作意识差,更存在不同程度的"争抢业务"的现象。此外,某些产权在转让过程中会出现转让资产品类复杂、转让难度高的情况,本地区产权交易市场在为其实施转让时,其信息辐射范围或工作经验等不足以为此类交易项目提供优质服务,这就促使产权交易市场必须通过跨行政区域或跨行业等方式寻求助力。进一步来说,产权交易市场在交易过程中属于第三方服务平台,其存在的本质意义就是为产权转让提供高质量高标准的产权流转服务。

第二,国资监管体制机制存在缺陷。在资产流转过程中,国资监管机构被政府赋予了在产权交易过程中作为监管主体行使职能的权力,对交易的全过程实施监管。但与此同时,国资法也从法律层面明确了国资监管机构代政府行使出资人的资格,享有管人、管事、管资产的全部出资人权利,在交易过程中作为国有产权转让方出现。这就造成了这样一种结果——国资监管机构"既当运动员,又当裁判员"。然而,国资监管机构作为一个政府部门,行使公共职能才是其最基本的行为。将这两种身份集于一体,显然会导致在实际工作中产生"政企不分"的结果,从制度建设逻辑上也违背了公平公正的原则。

第三,公共资源平台整合后监管主体混乱。2015年,《整合建立统一的公共资源交易平台工作方案》颁布,正式把国有产权交易整合到公共资源交易平台之中。这对产权交易市场的利好是显而易见的。这说明,在产权交易相关业务纳入公共资源交易平台的背景下,交易品种得到了极大丰富,不仅包含了原有的国有产权交易内容,更增加了国有企业增资扩股、国有企业整体或股权托管、股权质押融资、物

权交易融资等灵活多样的创新服务，还涉及涉诉资产交易、金融不良资产或债权交易、广告经营权招商、碳排放权交易、矿权交易、林权交易等司法诉讼或国有自然权益等自然资源交易内容。整合组建公共资源交易平台，有利于促进政府有效提升公共服务水平，有利于对行政权力施行更加强力的监督制约，更加有利于促进统一开放、竞争有序的资本流转市场的形成，助推公共资源交易的阳光操作，从源头预防腐败。因此，公共资源交易平台的整合和不断完善，总体上是对产权交易市场的发展有助推作用的。然而，公共资源交易平台的整合建设是一项复杂的系统工程，它不仅仅是单纯地将几个方面的公共资源交易项目糅合起来。虽然其为产权交易市场带来了较好的发展机遇，但不可否认的是，其整合本身也给产权交易市场带来了巨大挑战。

五、产权交易发展对策

（一）推动全国性平台建设

在产权交易市场发展壮大的过程中，各地产权交易机构纷纷建立，但地理位置较为分散，全国范围内的交易机构按区域分布，大部分机构都是独立的个体，没有联合意识。除了国务院国资委指定的具备央企交易资质的机构外，其他规模较小的机构更是实力薄弱，不仅缺乏地方影响力，而且在业务上也没有行业引领，这种状态也是阻碍产权交易市场发展的主要因素之一。因此，为了有效整合资源，促进行业间的优势互补，应该搭建全国平台，促进各地产权交易机构协调发展。例如可以建立全国一体化的网络市场体系，尽快统一交易规则、信息披露及统计口径等，也可以形成行业联盟，跨地区、跨行业实现资源共享，把社会上分散的投资和需求吸引到一个大的全国性平台上，实现产权交易。在当前的数字经济时代，要在产权交易市场中有效引入互联网服务，不但要提升市场"发现买者、发现价格"功能，也要在提高交易效率的同时降低成本。要依照统一流程标准改造产权交易结构，并充分运用云计算、大数据等新型计算机网络技术。不仅要实现交易全流程网络化，也要增强系统竞价功能和风险预警功能。构建覆盖全行业的线上协作平台，进一步建立可以统筹各区域产权交易的线上平台，可以实现行业信息的统一披露并且展示交易过程，确保交易过程的公开透明。可以进一步促进产权交易市场功能发挥，有效衔接互联网金融等服务平台，互联互通增强产权交易的协同服务效应。

（二）坚持业务创新，提高创新力

业务发展是市场发展的灵魂，业务创新推动产权交易市场的稳步发展。各产权交易机构可以在国有资产交易业务的基础上不断进行创新，引导社会各类资源进入产权交易市场进行交易实现产权交易全领域的覆盖。各地区需要结合地区差异针对性地开展地方性特色产权交易业务。对于小微型的产权交易机构来说,应当加快拓展闲置设备、车辆、房产等与人民大众密切相关的产权交易业务,以此实现其产权交易业务的拓展。值得注意的是,业务创新也要以国家出台的政策限制为底线,不能逾越红线,并且要对不规范的交易进行肃清,并在产权交易市场体系中纳入这一规范,进一步推进其健康、永续发展。

(三)打造核心竞争力

在改革的浪潮之下,产权交易市场面临机遇的同时也面临考验。适配的政策制度是产权交易市场稳步发展的主要影响因素,是传统国有产权交易领域岿然不动的主要依托。产权交易机构如果没有自己的核心竞争力,其市场参与度就会很低,无法发挥自身的平台功能,它迫切地需要进行经营模型的转型、开展特色经营业务并构建核心竞争力。高效、专业化的服务和创新水平等都是评判产权交易机构核心竞争力的重要因素。在大数据时代下,产权交易中心同样需要提高信息化水平,通过多类综合性信息化服务以应对未来的考验。此外,产权交易市场还需要进行自我监管,通过制定和完善各种行业规范来不断自省,切实防范各种风险。

第四节 企业数据资产价值评估

一、企业数据资产价值评估概述

(一)数据资产的定义

目前,国内很多学者虽已逐渐意识到数据资产价值评估的重要性及必要性,并开始致力于数据资产价值评估的分析与研究,但并未就数据资产形成公认的权威定义。一部分学者将数据资产定义为用于交流、处理、解释的一种重要经济资源。另一部分学者则认为企业数据资产是具有正确性、重复性、完整性和参考性的信息资料,通过对这类数据资料的深入研究,挖掘其潜在的价值信息,进一步提高相关数据资料的利用价值,并帮助企业管理层制定更加科学、合理的战略决策,从而促进企业的长效化稳健发展。由此可见,加强对企业数据资产价值评估的探析与研究有着极其深远的现实意义。

（二）数据资产的特点

通过对数据资产定义的分析与研究可以发现，数据资产的特征集中体现在以下四个方面：第一，数据资产具有较为明显的非实体性特征，即数据资产的功能往往需要借助硬件装置、电子计算机等有形媒介才能实现，在实际运用过程中其价值并不会发生损耗或损坏。所以，从这一层面来看，数据资产普遍具有极强的非实体性特征。第二，数据资产具有多样性特征，该特点主要体现在数据资料的使用维度与表现形式方面，即数据资料的表现形式和内容比较多样，用户也可以在各种情况下依托各种渠道对所需的数据资料加以利用，以便更好地满足自身的实际需求。正因如此，在不同的渠道下，数据资产所产生的经济效益往往会呈现出多样化态势。第三，数据资产具有通用性特征，与其他类型的资产相比较而言，数据资产具有较强的通用性，能够适用于各个行业领域、各个专业，加之其本身的更新速度相对较快，使得数据资产具有更多的潜在价值，深入挖掘后可为企业开展多样化业务提供强有力的科学依据。第四，数据资产具有较为明显的外接性特征，该特点主要体现在运用大数据分析技术取得的成果，除了可以供企业自用外，还可以将数据分析产品、咨询服务等内容进行打包并在国内外市场上进行销售，这样就能够为企业创造更多的经济效益及社会价值。可见，对于现代企业运营发展而言，数据资产本身所具有的外接性特征，同样是企业财务数据价值的客观体现。

（三）数据资产价值构成

从本质上来讲，数据资产的价值就是利用具有参考性的数据资料，确定企业内部与数据资产相关决策所获取的净利润。从业务活动的角度分析，单一数据资产所带来的综合效益远远低于数据资产整体所产生的经济价值，尤其是一些运用于战略决策的数据资料，更应具有较强的时效性、完整性和真实性。所以，从某种层面上而言，企业数据资产的总价值往往涵盖数据资产本身的经济价值以及尚未挖掘的潜在价值，这就需要企业充分利用以数据资产为核心的运营机制，借助各种先进的数字化技术手段，深入挖掘目标客户的潜在消费行为，并为其提供极具个性化的产品或服务，借此来拓宽企业自身的经济来源，增强企业核心竞争优势与整体服务质效，促使企业在日益激烈的市场环境中站稳脚跟。

二、数据资产价值评估的方法

（一）传统评估法

1. 市场法评估方法

市场法评估方法是基于市场交易价格和市场需求的评估方法。市场法评估方法将企业的数据资产与同类别企业的数据资产进行比较，通过市场交易价格确定企业数据资产的价值。这种方法适用于已经形成市场的数据资产，例如专利、商标等。市场法评估方法的核心是寻找"可比较性"，即寻找与自己企业持有的数据资产性质相似的其他企业的数据资产，并以此作为参考指标。市场法评估方法需要考虑多个因素，如同类企业的规模、领域、市场份额、专利技术、产业链布局、未来发展趋势等。在进行市场法评估时，应当确保参照企业与被评估企业无太大差异。市场法评估方法的优点是直观易懂，市场参照性强，更符合实际情况。但市场法评估方法也有其局限性，即市场上相似数据资产的交易价格难以寻找，或是市场参照性较差。此外，市场法评估方法也无法考虑到企业未来的发展趋势与内在价值，仅依赖于市场交易价格。

2. 收益法

该方法基于数据资产的预期收益来计算其价值。具体而言，首先需要确定数据资产能够带来的收益来源，并按照这些收益来源进行具体的分析和计算。其次，需要对收益来源的概率、风险等进行评估，以此确定数据资产的风险收益特征。最后，根据数据资产的风险收益特征及市场情况，运用相应的公式计算出数据资产的实际价值。收益法评估方法的优点在于它能够考虑到数据资产在未来的收益预期。因此，该方法适用于那些未来发展前景良好、能够带来高额收益的数据资产。同时，该方法还可以通过对数据资产的风险收益特征进行分析来评估其市场竞争力和优劣势。然而，收益法评估方法也存在一定的局限性。首先，该方法对数据资产能够带来的收益进行预测需要一定的经验和数据支撑，且收益预测的准确性会受诸多因素影响，如市场变化、政策调整等。其次，该方法无法考虑到数据资产的使用期限，即数据资产的使用寿命较长时，其后期收益可能会逐渐减少。

3. 成本法

首先确定数据资产的获取成本。这包括与数据收集、整理和存储相关的各种成本，如硬件设备、软件平台、人力资源等。其中，硬件设备和软件平台的成本可以根据市场价格进行估算，而人力资源的成本则需要考虑员工工资和培训成本等因素。其次，计算数据资产的处理成本。这涉及数据清洗、分析、挖掘等过程所需的成本。数据处理的复杂程度和技术要求将直接影响处理成本的高低。此外，如果企业使用了外部数据服务提供商或平台，还需要考虑额外的处理成本。再次，考虑数据资产的维护成本。数据需要进行备份、更新和保护，以确保其完整性和安全性。维护成本包括数据存储、网络带宽、信息安全等方面的费用。此外，还需要考虑数据管理团队的人力成本。最后，根据以上成本估算结果，得出数据资产的评估价值。评估价值可以是总体成本之和，也可以是每个阶段成本的加权平均值。通过成本法评估方法，企业可以合理地确定数据资产的价值，并为之后的决策提供参考。

（二）非传统评估法

考虑到数据资产的特性，国内很多专家学者认为传统的评估方法存在或多或少的缺陷，加之数据资产价值评估正处于探索期，可供应用的衡量方式比较复杂，尚未形成一套可操作性强、全面、客观的数据资产估值方法体系。所以，越来越多的学者开始致力于新的研究，并通过分析数据资产的特征与影响因素，基于大数据服务企业特点，陆续引入了层次分析法、实物期权理论等非传统评估方法。其中，实物期权理论主要包含B-S模型、蒙特卡洛模拟和二叉树模型三种方法，B-S模型通常适用于连续时间下的期权定价，能够对联盟企业的数据资产进行价值评估。此后，在长期的实践研究中，Long Staff & Schwartz 第一次将最小二乘法与蒙特卡洛模拟结合起来评估数据资产价值，彻底开启了LSM应用于数据资产价值评估的新时代。至于二叉树模型的实践应用，通常是引入二叉树模型改进DCF模型，以精准评估企业数据资产的投资价值。总而言之，目前对数据资产的估值研究主要集中在数据模型与传统估值理论相结合。在期权定价问题上，B-S模型、蒙特卡洛模拟和二叉树模型三种方法均可以实现对期权价值的准确估算，同时还能够解决潜在的价值估值问题。

三、影响企业数据资产价值评估的因素

（一）数据数量因素

纵观以往的实践经验不难发现，数据信息的总体数量是影响企业数据信息本身资产价值的重要因素之一。一般而言，在其他各项条件不变的情况下，数据规模越大，数据资产蕴含的经济价值则越高。值得注意的是，个别企业的数据规模虽然不大，但由于日常经营所涉及的数据种类比较多样，因而数据资产同样会发挥较高的应用价值。所以，从这一层面来看，在评估数据资产价值时，相关企业可以将数据种类作为衡量、评估数据资产价值的关键指标。

（二）数据质量因素

数据质量作为影响企业数据资产价值的另一种因素，其主要体现在效率和成本方面。其中，从效率层面上分析，质量较差的数据信息将会大大增加数据资产的识别、挖掘等工作难度，进而导致数据资产评估成本增加，数据资产价值大打折扣。反之，具有完整性、可追溯性和可用性的数据信息则会有效提升数据资产的经济价值，进而为企业顺利实现降本增效目标创造有利的先决条件。

（三）数据管理因素

鉴于企业内部各项信息数据的本身就具有较为明显的价值易变性、可加工性等特征，不同类型的数据资产具有不同的使用途径和处理方式，这就意味着相关管理人员只有对数据资料进行精细化管理，才能有效发挥数据资产价值。但是，随着时间的不断推移，同一数据资产的价值也可能会发生增加或损耗变化，致使数据资产价值降低或失效。可见，在企业进行数据资产价值评估作业的过程中，必须注重数据管理的实效性，并在数据资产发生重大变化前，及时进行科学化管理和干预，助力企业获取最大化的经济效益。

（四）数据应用

在市场经济形势愈演愈烈的大环境下，企业要想拥有更多的自主权，必须掌握更多的稀缺性资源，并通过对海量数据信息的分析应用，方便企业管理层制订科学决策和高效化管理方案，以促进企业综合实力的稳步提升。但由于同一数据资产在不同的应用情形下所发挥的价值不同，数据的应用范围越广，数据资产发挥的价值则越高。此外，在数据资料应用的过程中，同一数据在不同经济应用场景下所实现的价值增值程度也会存在较大差异，若交易双方对数据资产价值的认同程度越高，则交易越容易达成，交易价格自然也很容易达到卖方的心理预期。可见，数据应用同样是影响企业数据资产价值评估的关键性因素，需要企业管理层引起高度重视并进行深入研究。

四、数字经济背景下资产价值评估面临的挑战及发展对策

（一）数字经济背景下资产价值评估面临的挑战

1. 评估范围难以界定

传统资产评估主要依靠人工方法进行，但是数字经济时代的资产已经不再局限于实物资产，数字资产也开始占据越来越重要的地位。例如在一些互联网企业中，

知识产权、品牌价值、用户数据等数字资产已经成为最具价值的资产。这些数字资产的评估标准和方法需要与传统实物资产的评估标准和方法区别开来，加上数字资产的特殊性，使得数字资产的评估更加复杂和困难。此外，数字经济时代还涌现出许多全新的商业模式。例如共享经济、平台经济等，这些新的商业模式也给资产评估带来了挑战。因为这些商业模式通常依赖于海量的数据资产，而这些数据资产的价值很难精确评估，也难以在评估范围内加以限定。

2. 评估标的物权属核查验证受限

在传统的资产评估领域中，评估师通常通过调查和验证标的物的所有权来确保评估结果的准确性和合法性。然而，在数字经济时代，很多资产已经以虚拟和数字化的形式存在，包括加密货币、区块链资产、知识产权等。这些资产的所有权验证变得更加困难，因为它们不像传统实物资产那样具有明确可追溯的所有权记录。数字经济的特点使得评估标的物权属核查变得异常复杂。首先，以区块链为代表的技术使得资产交易具有匿名性和跨境性特点，评估师无法准确追踪到真正的所有权人。其次，数字化资产往往以分散存储的方式存在，权属证明和验证过程不够透明，这给评估师带来了巨大的困扰。此外，数字化资产的快速变化和创新也导致评估师难以跟上技术发展的步伐，难以应对新兴数字资产的权属核查需求。面对这一挑战，资产评估行业需要采取一系列的措施来解决评估标的物权属核查验证受限的问题。首先，评估机构应加强对数字资产的了解和研究，跟踪行业动态，积极学习和应用新兴技术，提高核查能力和水平。其次，政府和监管部门应制定相关法规和政策，加强对数字经济领域的监管，保护投资者和评估师的合法权益。同时，加强国际合作与协调，共同应对数字化资产跨境交易带来的权属核查问题。

3. 评估人员的专业能力

数字经济的特点之一就是数据爆炸。大量的数据涌入资产评估领域，评估人员需要掌握数据分析和挖掘的技能，能够从海量数据中提取有效信息，并将其应用于资产评估过程中，以提高评估结果的准确性和可信度。在数字经济背景下，新兴技术的广泛应用对评估人员的专业能力提出了更高的要求。例如区块链技术正在改变金融行业的格局，评估人员需要理解区块链技术的原理和应用，能够评估基于区块链的资产的价值。此外，人工智能、云计算、物联网等技术也在不断渗透到各行各业，评估人员需要及时跟进这些新技术的发展，以便更好地应对数字经济带来的挑战。数字经济环境下的资产评估往往涉及多个领域的交叉，评估人员需要具备广泛的知识背景和综合能力，需要了解不同行业的运作规则和市场情况，能够将这些因素纳入评估模型中进行综合分析。此外,评估人员还需要具备良好的沟通能力和团队合作精神,与不同领域的专家进行有效的合作,共同完成复杂的评估任务。

(二)数字经济背景下资产价值评估的发展对策

1. 构建数字化交流平台

数字化交流平台可以为各类资产提供一个开放、透明和高效的评估环境。通过引入大数据,平台可以快速收集和整理市场上的各种信息和数据,帮助评估者更准确地判断资产的价值。此外,平台还可以提供交流互动的功能,让专业评估师、行业从业者和投资者之间进行积极的讨论和沟通,促进信息共享和经验交流。数字化交流平台可以建立全球范围内的专业评估网络。借助互联网的力量,平台可以连接各个地区和行业的评估师,形成一个庞大而多元化的专业团队。这样的网络可以有效整合各方的专业知识和技术,为资产评估提供更广泛的视野和更丰富的经验,提高评估的准确性和可靠性。数字化交流平台还可以搭建智能化的评估模型和工具。通过结合人工智能和大数据分析技术,平台可以自动生成评估报告和预测分析,为评估者提供科学、量化的决策支持。这样的工具可以减少主观因素的干扰,提高评估的客观性和一致性。

2. 提升评估人员执业水平

评估人员需要具备扎实的专业知识和技能,熟悉数字经济的特点和相关法律法规,并且了解不同类型资产的评估方法和技巧。此外,评估人员还应该紧跟技术的发展,掌握先进的评估工具和软件,以提高评估的准确性和效率。数字经济涉及众多领域,如金融、技术、市场等,评估人员需要具备跨学科的知识和视野,能够综合运用不同领域的理论和方法进行评估工作。同时,评估人员应该具备良好的沟通和协作能力,能够与不同背景和专业的人合作,共同完成评估任务。数字经济的特点要求评估工作更加科学化和规范化。评估机构和相关部门应该共同制定标准,明确评估的方法和过程,确保评估结果的公正性和可靠性。同时,加强对评估工作的监管,建立风险防控机制,提高评估的质量和信誉度。

3. 推进数字资产认证,合理界定评估范围

鉴于数字资产的价值多为虚拟的,其真实性和完整性往往难以得到保证。因此,需要建立一套行之有效的认证机制,以保障数字资产信息的真实性和可信度。同时,对于可能出现的知识产权、版权等纠纷,应加强相关法律法规的制定和执行力度,以促进数字资产的合法化。合理界定数字资产评估的范围。在进行资产评估时,需要根据数字资产的类型、价值、交易模式等因素进行综合考虑,以避免评估误差过大。

同时，应结合具体行业特点，建立相应的数字资产评估标准和方法，以确保评估结果的客观性和准确性。加强数字资产评估的专业化人才培养和技术支持。数字资产评估需要不仅需要具备财务、法律等综合素养，还需要了解并掌握相关技术和工具。因此，需要通过多种方式，包括加强教育培训、提供技术支持等，提高数字资产评估人员的专业水平和技术能力。

4. 创新评估方法

第一，整合大数据和人工智能技术。利用数字经济时代产生的海量数据可以被利用来更准确地评估资产价值。通过整合大数据和人工智能技术，可以从多个维度收集和分析数据，识别潜在价值和风险因素。这种方法能够提高评估的准确性和全面性。第二，引入区块链技术。区块链技术的去中心化和不可篡改的特性使其成为资产评估的理想选择。通过将资产信息记录在区块链上，可以实现透明、可追溯和安全的资产评估过程。同时，区块链技术还可以提供智能合约等功能，进一步简化和自动化评估流程。第三，建立跨部门合作机制。数字经济涉及多个行业和领域，资产评估也需要跨部门的合作。政府、企业、学术界和专业机构等各方应建立合作机制，共享数据和经验，共同研究和推进资产评估方法的创新。只有通过跨部门合作，才能充分发挥各方的专业优势，提高评估的科学性和权威性。第四，考虑风险因素的动态评估。数字经济的快速发展伴随着高风险和不确定性，因此，在资产评估中应考虑风险因素的动态变化。评估方法应具备灵活性和实时性，能够及时捕捉到市场和技术的变化，并对潜在风险进行评估和预测。

第二章 企业金融资本运营

第一节 企业金融风险与防控

对于企业而言，做好金融风险防控，可以实现自身的稳定发展，还能从宏观层面推动整个社会的全面进步。在现代市场经济的发展过程中，很多依赖于原生性金融工具的金融产品，都表现出了多样性的特征。而这种情况的发生，加重了我国国内企业的金融风险。随着我国社会经济的持续进展，我国市场逐渐变得多元化。面对这样的状况，一些企业便开始运用多方法、多渠道的技能，增加金融产品的使用率。可是企业的这类做法并不能提升金融产品的使用率，甚至还会因为经常性的金融活动，导致金融风险的发生。企业也会受金融风险的影响，无法长久稳定地发展。而国内企业如果能够做好金融风险防控，就可以防止企业过多地进行金融活动，且协助企业厘清当前市场的需求和企业自身持续发展的目标，降低金融风险所带来的负面影响，从而促进企业完成长期稳定发展的发展目标。

在社会经济的不断发展下，国内企业所面临的宏观财务的覆盖面更加宽泛。而当企业在这个时候遇到了金融的相关问题，就会阻碍企业的稳定发展，企业内部的财务支出和财务赤字等问题也会变得相对比较严重。而这种状况的形成就和当前社会经济发展的方向不相符。在这种背景之下，国内的企业要想尽可能地避免企业内部财务方面出现问题，企业自身也能够持续发展，就需要做好对金融风险的预测和防范措施，设置与社会经济发展相符的经营目标，正确看待金融活动与企业本身之间的联系，从而促进企业的发展方向适应"用增长促进发展，用发展促进增长"的经济模式。

一、金融风险管理概述

（一）金融风险的概念

金融风险是指与金融相关的风险，金融机构活动中一旦出现金融风险，可能会影响整个金融体系。因此，要密切关注金融风险管理，将风险降到最低。如果企业对经济活动的监管不到位，也会导致金融风险，造成经济损失，降低经营效率。

当前我国经济潜在增速下行。首先，促进中国经济发展的三大动力中，首当其冲的是房地产业和外贸出口。其次，虽然中国的生产者价格指数目前处于较高水平，但中国的消费普遍低迷，这将进一步对经济产生下行压力。在我国，中小金融机构（包括地区金融机构）的风险承受能力较低。近些年，以中小微企业和普惠金融业务为主的金融机构为响应政府扶持中小企业的号召，开始缩减业务规模，导致中小企业金融机构盈利能力下降。其中，中小企业金融机构资本金和准备金不足。此外，小微企业在中小企业资产中占比较大且具有较高的信贷风险。如果风险集中就会面临流动性危机，而金融体系的相互关联性也会促使风险转移。此外，当今世界正朝着多元化方向发展，而这一变化源于经济环境的变化。

金融风险相关的研究在国内外都引发了许多的讨论，各国的学者也对金融风险做出了许多研究与分析。Chami、Fullenkamp 和 Rochon 认为金融危机的关键原因在于金融风险的速度，而不是监管机构的速度。对于应对金融风险的方法，Brunner 和 Wiener（2019）认为目前处理这些风险的方法存在以下问题：主要基于过去的数据和经验，忽视了客观性的必要性，对短期未来的关注没有考虑到不同类别风险之间的相互关系。合作金融风险评估是金融风险管理中克服上述问题的一种有效方法。这是一种风险识别和评估方法，这有助于公司减少金融风险并增加获得经济价值的机会。Sigidov、Osmonova、Zhukova 和 Kostenko 对企业金融和经济安全管理系统运行中可能出现的金融风险的概率进行了分析，将企业经济和金融安全管理系统活动的系统分析方法与对该企业运营期间出现的金融风险的分析研究相结合。研究证实了企业活动中的金融风险水平分析与其金融和经济安全管理系统的运作之间存在明显的结构性关系，这表明对金融风险进行高质量和及时分析对于企业总体安全的各个方面至关重要。

国内学者对于金融风险的研究覆盖范围比较广，施建伟（2021）简述了现阶段的金融风险，并提出了防范金融创新中金融风险的有效措施，以期在一定程度上促进我国金融业的发展和社会主义经济的进步。张延华（2021）认为，虽然中国的银行业和保险业极大地支持了国民经济的持续复苏，但当前全面防范和管理金融风险的需求仍然很大。周熠蒙（2022）从当前我国金融风险的表现形式、关键成因、金融风险管理存在的问题等方面探讨在经济新常态下我国金融风险面临的若干问题，并在此基础上提出进一步做好金融风险防范与化解的对策。李振新（2022）通过构建我国金融风险指数，建立 SVAR 模型，实证分析中国金融风险来源。研究发现，数字货币等新的货币形式发展对中国金融风险的作用程度明显大于资本循环过程中金融部门和实体经济的背离程度，并提出有效防控系统性金融风险方法在于有效监管由数字货币等新的货币形式的去中心化发展引起的不良竞争，稳定人民币汇率。

（二）金融风险的特点

1. 不确定性

由于金融行为牵涉广泛，涉足行业较多，所造成的直接结果是只要有经济交易或经济活动，就有可能引发金融危机。因此，金融交易不仅是维护市场经济不断发展所必需的，同时，它还是导致经济危机的原因。在这种情况下，金融交易带来的不仅是机会，还有更多的难题，所以金融风险具有很大的不确定性。

2. 隐蔽性

由于金融风险前期估计不一定精确，即早期从事金融投资行为的时候，随着经济市场的持续稳步发展，致使金融预估管理没有预估到其潜在的风险。前期在进行金融交易过程中存在着很多不确定因素，这些因素可能会使得后期的投资失败而引发危机。但这种金融风险通常都比较隐蔽深刻，在积累了一段时间后，最终引发金融危机。

3. 预估性

金融行业作为市场经济体系中重要的一部分，其本身就是一种高风险产业，它的特殊性使其风险因素往往比较多，一旦发生金融危机，对经济的影响就会非常大。有危机，自然也会有对策。如果市场发生金融危机，则可以通过对市场中的各种信息进行有效的分析，做出正确的预测和判断，进而及时采取适当的措施加以防范和化解，从而减少损失。由于金融风险频繁发生，金融机构需要有相应的应急措施，而这一应急措施的发展和生成，来源于对早期金融行为的预估，在市场进行金融交易时，需要进行足够的风险预估，然后再进行交易，由此产生一系列评估结果以及危机应对方法。

（三）企业金融风险的类型

1. 市场风险

在证券市场中，由于股市价格、利率、汇率等相关数据变动而产生损失的潜在风险即市场风险。在对外开放水平提升的背景下，市场风险不仅容易受到国内经济环境与政策等的影响，还容易受到国外经济环境与政策等的影响，将会加大市场风险管理难度。此外，复杂多变的国内外发展环境也会产生新的市场风险。为实现金融风险管理目标，企业更需要以积极的态度应对市场风险。

2. 信用风险

在互联网技术快速发展的大环境下，企业与客户将网络交易作为重要的交易形式，从而保证交易效率。虽然这种交易方式降低了企业与客户的交易时间成本，但也带来了一定的信用风险。这是因为有的企业与客户在进行网络交易的过程中并未及时根据合同打款，导致另一方在交付商品后迟迟收不到相应款项，以致引发信任危机，产生信用风险。信用风险是金融风险管理的重要组成部分，企业在金融风险管理的过程中需要注重控制信用风险，避免影响合作效果。

3. 数据风险

在运营发展的过程中，企业会产生大量数据，一些重要的数据对企业发展十分重要，它们可能会因管理不当而发生数据篡改、泄露、丢失等问题，从而对企业稳定发展造成消极影响。所以，企业需要了解重要数据在促进自我运营发展中发挥的作用，主动地管理数据，控制数据风险。

4. 融资风险

为了促进自身发展，企业会通过融资的方式扩大生产规模。例如有的企业会向民间机构、金融机构借贷款项，以支持自身发展。如果企业运营状况良好，就可以及时还款；反之，就难以确保经济效益，以致无法在规定时间内还款，从而影响自身形象，严重时企业还会面临破产。

5. 投资风险

投资是企业扩大经济收入的手段之一。有的企业会投资资金开发新产品，以保证产品销量。新产品开发是一项复杂的工作，在开发过程中容易遇到问题。例如难以根据市场需求变化明确开发思路，不利于开发符合消费者需求的产品。在此情况下，企业将会面临投资失败的风险，进而产生经济损失。

6. 操作风险

操作风险是由人为原因引起的风险，在金融活动中会产生操作风险。例如有的企业员工会因记录错误信息而影响企业金融活动的开展效果。在发展的过程中，企业有必要及时规避因人为因素给自身带来的金融风险，以保证自身获得可持续的发展动力。

（四）企业金融风险管理一般步骤

1. 金融风险的识别

当前企业发展过程中，对于金融风险的识别主要包含两个层面，分别是外部风险和内部风险。外部风险就是在外部宏观层面下，企业面临金融市场所带来的风险。外部市场的变化会给企业带来一定的影响，这些因素包括利率、汇率、股票、证券价格和市场价格等，这些因素的变化是企业自身无法控制的，它们也会随着宏观环境的变化而变化，且变化趋势无法预测，会对企业产生深远影响。随着信息技术的进步和经济全球化发展，世界各国都实现了紧密联系，一旦某个部分出现问题。那么就会导致整体出现问题。例如一个国家爆发经济危机，那么整个世界其他国家的经济发展都会受到影响。此次因为新冠肺炎疫情的影响，欧美此轮经济危机将比2008年金融危机更要凶险。因为金融危机的本质就是市场缺钱，这个问题能够通过央行开动印钞机解决。但本次经济危机是因为疫情暴发所引发的通缩性危机，这种情况不是简单地多在市场撒钱就能够解决的。未来病毒肆虐，欧美国家的民众会因为恐慌而待在家中，除了基本的生活物资，其他所有的消费购物通通没有办法得到落实。另外，美国可能要更为突出，因为消费领域所有的高端品牌集中在欧洲，而且是欧洲各国的支柱产业。美国的汽车、房地产行业也会受到极大的影响。美国房地产产业在每年的 GDP 中占比超过20%，是当地的支柱产业。在这样的情况下，咖啡店、商店、餐馆、酒店、影院等大量关门造成诸多失业人口。欧美发达国家百姓的储蓄率极低，大部分人都是靠信用卡消费贷款。老百姓没有收入，就会造成大量消费贷款成为不良贷款，紧接着金融机构倒闭。即使不考虑疫情会向发展中国家扩散，仅仅是本币汇率贬值，就会让很多发展中国家受到极大的影响。

另外一方面就是内部风险，内部风险与企业自身的决策和风险管控模式有密切的关系。当内部管理不善时会造成企业面临严重的金融风险。现阶段，我国大部分的企业经营缺乏完整、成熟的管理体系。这主要是指大部分的国内企业都按照大型企业的管理模式直接应用，在这种情况下，相关的管理体系不贴合自身的实际发展情况，从而增加企业经营管理中的各种问题，增大企业金融风险，甚至会对整个企业的经营管理带来可怕的损失。企业内部金融管理体系不完善，尤其是财务部门缺乏财务预警，缺乏对信息的分析把控能力，这些情况都会增加金融风险的出现。综合这些情况，大部分企业都面临着内部和外部金融风险所带来的双重压力。

2. 金融风险的度量

在对前面提到的风险进行识别后做出科学决策，才能规避风险。企业要想实现可持续发展，必须做好风险管理工作，这也是决定企业能否生存与发展的关键。企业在决策前阶段，分析项目潜在的风险，制订应对方案，有利于解决风险。

3. 金融风险管理

金融风险管理首先需要明确企业所面临的风险类型及其大小。在众多风险中，经营风险是企业最为重要的风险类型。当企业遭遇的风险越多，且其影响范围越广，就越需要更加注重风险管理工作。因此，为了降低经营风险并提高经济效益，必须对企业风险进行科学评估，明确主要风险类型及其影响因素，并针对性地制定相应的防范措施。其次需要剖析企业本身的风险管理能力和条件。从分析企业面临的各种经营风险出发，如财务风险、法律风险等。多个方面着手，如内部资金实力、人力资源等。如果发现企业内部能力不足，可以考虑风险委托管理。再次，要做好风险管理的基础工作。此外，思考风险管理外部环境问题，评判金融衍生市场的发育程度等。最后，在以上研究基础上对风险进行控制和防范。对风险管理成本进行计量，必须确保风险管理成本小于所得收益。

二、新形势下企业金融风险管理中存在的问题及对策

（一）新形势下企业金融风险管理问题

1. 企业传统金融模式受到严重冲击

大数据时代的全面来临，促使各行各业在传统经营模式上发生了极大变化，金融行业也因此受到了不小的冲击力，传统金融模式已然无法适应大数据时代的发展需求。同时，国家对金融管制政策的优化调整，推进了国内金融市场的进一步发展，大量的非传统金融企业随之应运而生并迅速占领了原有的金融市场份额，这给传统企业在经营上构成了极大威胁，不仅加剧了行业内部竞争性，同时也增强了金融风险的发生概率。此外在日益激烈的金融市场环境下，尽管大数据技术可提高对数据信息的收集、整合与分析能力，但同时也制约着企业的改革步伐，企业必须要依托大数据技术强化与其他行业之间的相互融合，不仅要维系自身的金融服务业务，还必须要带动其他企业壮大发展。反之，如果企业不具备相应的大数据技术能力则很难从市场中脱颖而出，甚至会在行业优胜劣汰之下被扫出局，成为金融市场的一颗弃子。基于此，传统金融模式的改革已然成为当务之急。

2. 信息数据共享难度反之扩大

大数据时代下，尽管大数据技术为金融监管部门及企业基于大数据的决策发展均带来了利好优势，然而二者在信息数据分析上仍是分别独立的状态，无法在数据系统上达到无缝对接，换言之就是信息数据共享壁垒依旧存在。市场企业为获取理想的融资而篡改相关经营数据，这使得数据的披露存在一定虚假性，继而扩大了金融监管难度，甚至会形成较大的金融监管漏洞。此外，金融监管部门为确保大数据分析的精准性，有必要对信息数据进行追本溯源，因此对企业账户与往来资金情况

展开调查也就显得十分重要，但由于二者在数据上无法共享，在一定程度上制约了大数据技术在金融风险防范中的应用价值。

3. 市场金融监管体系缺乏完善性

科学合理、行之有效的市场金融监管体系是应对企业金融风险的必要前提及重要保障。当前，随着大数据技术在社会各大领域的普及深入应用，企业日常经营管理活动越来越方便智能化起来，大数据技术所涉领域仍在不断增多，各种新的发展业务陆续出现，产品与服务也在推陈出新，在此情况下传统市场金融监管体系显然无法应对企业金融风险的防范需求，金融管理风险越来越大，很难从制度层面上发挥其应有的保障性，继而在风险管理上形成巨大漏洞，提高企业金融风险防范难度。

4. 金融风险管理计划制订水平不高

通过提前制订金融风险管理计划，企业可根据计划开展金融风险管理工作。然而，企业在发展过程中制订金融风险管理计划的水平并不高，主要表现在以下三点。

一是计划覆盖面不够广。金融风险涉及市场、生产、财务等多个环节，企业需要在制订金融风险管理计划时了解这些环节，并将其合理地融入计划中，从而对金融风险进行全方位、多角度的管理，保证金融风险管理水平。但企业往往难以在制订金融风险管理计划时兼顾各种因素。

二是忽视计划细节。在制订金融风险管理计划的过程中，企业应考虑相关工作的细节，便于科学指导后续金融风险管理工作。然而，企业容易在计划制订中忽视细节。

三是缺乏及时更新计划。市场经济环境与企业内部环境处于不断发展变化中，企业需结合市场经济环境与内部环境及时更新金融风险管理计划，目前往往缺乏更新金融风险管理计划。

（二）新形势下企业金融风险管理对策

1. 思想层面提升防控意识

关于预防和控制企业金融风险的主要方式，就是要在思想层面上增强企业的风险防控意识。在当前这个阶段，不少企业都忽视了提升防控意识对于防控金融风险的积极意义，而这种忽视也引发企业出现了发展停滞的问题。为了改善这一现状，企业需要提高自身的风险预防意识，基于自身的发展进程情况进行深度分析。而在提升防控意识的过程中，企业要对当前的金融市场进行深入的了解，且可以通过对潜在因素的分析，预知企业可能会发生的金融风险。企业还要加强自身的合作意识，并基于这种合作意识，提升防控意识。企业的管理人员应该明白企业与企业之间的合作给企业带来的积极意义。同时，企业需要学会运用企业之间的合作关系，扩大企业自身的发展途径。这样就使得企业遇到金融风险的时候，及时求取其他企业的关心和照顾，继而加强企业金融风险的预防和控制。除此之外，管理人员还要对企业当前所遇到的金融风险进行深入研究，进而对企业内部进行充分的盘查，企业可以利用科学性的盘查方式发现金融风险的起源，继而防止金融风险的发生。

2. 行动方面利用金融衍生

在我国社会经济不断进展的过程中，金融产业衍生产品的类型变得越来越多样化，而这种情况的出现，也让企业金融活动面临的风险越来越多。随着金融活动的增多，企业面临金融风险的概率也有所增加。企业可以基于减少金融风险因素的发展目标，有效运用金融产业的衍生产品，进而有效改善并控制金融风险。企业应该根据现阶段市场的供应情况，科学地挑选适当的金融产业衍生产品，这样可以有效降低金融产业的衍生产品所带来的不利冲击，使得企业可以在一定程度上预防金融风险的发生。企业还应该重视自身的综合经济管理以及购买衍生产品和售卖衍生产品的过程，使得财务管理和企业经营的过程符合双方事先约定的事项。除此之外，企业还要坚定自身在市场经济背景下持续发展的经营目的，并合理使用金融产业的衍生产品，结合企业人员的专业管理经验，设计对应的管理系统，从而加强企业对于自身金融风险的认知和预防。

3. 制度方面建立风险预警

建立完备的风险预警系统，对于企业预防和控制金融风险有着相当积极的作用。因此，企业需要结合自身的发展趋势和经营目标，建立一个适合企业持续发展的风险预警系统。例如在投入资金的时候，企业应该提前对需要花费的成本和获得的利润进行预估，并对投入资金后可能出现的金融风险进行估算和分析。继而根据其分析出的金融风险，做好对应措施。对于已经建立了风险预警系统的企业而言，他们应该及时完备自身的风险预警系统，以此来降低金融风险给企业带来的危害。信息化时代的到来，互联网金融也成为大部分企业筹款的有效途径之一，这与传统民间借贷相比，互联网平台有第三方的存在，安全性与便捷性较高。除了这些专业的机构贷款，还能通过租赁贷款把企业内部闲置的设备和物资进行租赁，不仅成本低，而且风险较小，但它有一定的局限性，那就是筹到资金有限。此外，还可以通过拓展海外市场，找到海外投资，帮助自身获得更多的款项，实现有利的发展。

4. 专业方面引进相关机构

除了形成风险预警之外，还需要促进企业金融风险管理的专业化，风险管理有极强的专业性，需要对多种因素进行分析和调查，这样才可以形成一份完整的风险防控计划，并结合企业的实际情况，做好有效的风险把控。现阶段，我国大部分企业在风险管理层面的研究相对有限，对于金融风险的管理还处在探索阶段，没有形成一个完整的控制体系。另外对于金融风险管理，企业内部没有意识到它和各个部门的联系都非常密切，单纯地认为风险管理只与财务部有关，那就由单纯的财务管理人员做好把控，其他部门没有发挥作用，最终也未能发挥金融风险管理效果。面对这些情况，企业可以选择更专业的金融风险管理机构合作，将这部分风险业务通过外包等形式来有效地减少风险。这时就可以由专业人员做好企业内部风险的分析，利用他们的专业金融知识和风险防控技能为企业发展保驾护航。企业内部的财务人员还可以到专业机构进行学习，由此为企业金融管理提供有力的保障。

企业可以通过引进相关专业机构来增强企业金融风险的防控能力。一般情况下，专业的资金存储机构，会更倾向于把资金贷款供应给管理意识较为先进且发展状态较为优秀的企业。许多中小企业的管理经验和发展状态都较为落后，专业的资金存储机构可能不会为其提供相关优惠的政策和贷款。因此，企业要想做好金融风险防控，需要和专业机构进行交流和沟通，并建立合作，以减少金融风险对企业发展的危害。

5. 利用大数据技术实现信息数据的共享

大数据技术的产生和应用对于企业金融风险防范而言可谓利弊共存，对此我们还应主动趋利避害，充分利用大数据的优势突破金融监管部门与企业之间的信息孤岛问题，从而达到两者信息数据共享的目的，最终为有效防范金融风险做好决策保障。对此，企业则应不断完善现有的运营管理设施设备，提高内部信息化管理水平，依托完善的信息化技术平台，充分利用大数据技术对金融风险进行监管和排查，全方位收集各种相关的信息数据并加以分析和利用；金融监管部门也应建立统一的大数据风控管理平台，以此有效对接企业内部数据管理系统，继而实现对企业各类经营数据的实时监控和有效监管，一旦出现潜在的金融风险隐患则可及时发现并做好相应的预警和防范措施，以免信息数据存在遗失或窃用的问题，避免给企业带来更大的金融风险，更好地为整个金融系统及社会经济发展带来稳定安全性。

6. 积极储备和培养更多的金融大数据人才

大数据时代，复合技能型人才已经很为企业应对金融风险的一大关键软实力，致力于专业人才的储备和培养已成为当前金融监管部门及企业所必须关注的重点问题。首先，企业应提高人才准入门槛，把好人才招聘第一关，加大对大数据领域复合技能型人才的招聘力度；其次，企业还需对员工进行专业化的定期培训，促使他们可深入了解大数据技术并不断提高大数据应用能力，能够充分利用大数据技术开展相应的工作。企业通过构建完善的、专业化的大数据人才队伍，继而提高自身对金融风险的防范、预控及管理能力，帮助企业排查隐蔽的各种金融风险，为其实现健康有序的发展夯实根基。此外，金融监管部门也应结合大数据时代下企业金融风险管理的需求，进一步加强金融大数据人才的培养，促使市场从业者提升金融知识及大数据应用水平，继而最大化缩小金融风险管理漏洞，为企业提高金融风险管理能力强化人才的支撑。

7. 进一步完善企业金融监管体系

企业应积极就现有金融监管机制中的内容进行重新斟酌和优化调整，要以大数据背景下企业所实施的各项金融活动为前提，对企业经营运作中可能潜在的风险机制及传导因素加以分析，将这些一并纳入金融监管体系中来进行优化和改进，促进原有的金融监管体系更趋全面化，对大数据时代下企业金融风险实现可靠的监管。此外，企业还应不断细化金融监管体系中的各项职责，更好地发挥金融监管部门与企业的双重管理作用，全方位满足金融风险管理的实际需求，进一步强化监督考核机制，促使企业可将金融风险管控在最小范围内，以此推动企业实现健康稳定的发展目标。

8. 进一步完善企业投资风险评估体系

在大数据时代下，企业金融管理还应积极构建更趋完善的投资风险评估体系，尤其是在金融投资管理活动中，良好的风险投资评估体系可为企业科学地规避金融风险，继而获得可靠的投资收益。通过风险评估，企业可将原有的金融投资策略及方案进行全面测评，深入了解投资潜在风险因素及其回报效率，在此基础上合理排除一些高风险的投资项目，及时优化金融投资方案。确切地说，投资风险评估工作可在一定程度上决定企业投资的成败，缺乏科学评估的金融投资无疑就是一场赌博，对企业的负面影响将不可预计。因此，企业应对市场风控环境及自身投资风险予以有效评估，针对投资项目配置科学合理的技术工具，继而降低风险投资给企业管理所带来的危害和损失。鉴于此，企业必须要构建一套完善的投资风险评估体系，以科学客观地评估投资项目的风险系数。高回报的金融投资往往都有高风险，首先，企业应充分结合自身实际情况来分析投资目标是否合理、自身抗风险能力是否达标等问题，继而在此基础上确定合适的投资项目。其次，借助金融风险评估系统，企业还可及时摒弃那些不利于自身稳定发展的具体项目和投资方向。企业结合自身投资目标可对金融投资项目予以优化配置，以确保低风险的基础上扩大金融投资组合的科学性与有效性，强化企业金融风险管理作用。此外，企业还应对金融风险开展及时、动态的评估，不断优化和改进投资评估体系，在金融投资行为产生之后仍要对风险评估跟踪判断，对投资组合中的标的物予以动态评价，做到及时察觉投资风险并快速做出合理决策应对，减少风险给企业带来大的经济损失。

第二节 企业股权与债务融资

一、企业股权融资风险管理

（一）企业股权融资及风险管理内涵

融资是资金的融通，现代企业的融资选择较为多样，其中股权融资是一种基本的融资方式。股权融资是企业股东出让部分企业所有权，通过企业增资的方式来引进新股东融资。随着资本与金融市场的不断成熟，股权融资理论也不断成熟。股权融资除了可以较好地充盈营运资金外，还能较好地满足企业的资金需求，众多特点和优势使其在融资领域内具有十分广阔的前景。但作为一种融资形式，企业在通过股权融资筹集资金时必然会面临一定的风险。股权融资风险管理便是结合具体的风险来进行风险应对、控制等管理活动的总称。股权融资风险往往伴随着股权融资活动的开展而产生，对具体风险进行管理的目的在于降低风险爆发的可能性。由于风险管理中包含风险识别、风险应对等诸多事宜，因此相应的风险管理蕴含着较为丰富的内涵。

（二）股权融资的优势

股权融资的优势主要体现在以下五个方面。

股权融资所筹集的资金构成了企业的权益资金，没有固定到期日，是公司的永久性权益资本。股权融资所筹资金没有必须偿付的义务，在破产清算时股东只有剩余求偿权。股权融资资金能够满足企业日常的运营需求，对于促进企业持续稳定发展具有重要意义。

没有固定的股利负担。针对是否支付股利，企业有自主选择权，可以根据经营情况、盈利状况与现金流量，决定是否分配股利以及分配多少，而银行贷款与发行债券都必须承担固定的利息负担。

股权融资财务风险较小。通过股权融资所获得的资金一般不用支付固定的股息，因此企业没有无法偿付到期债务的财务风险。

股权融资规模较大。通过向社会公众或特定投资者发行股票，股权融资可以将社会闲散资金聚集起来，充实企业资本实力，一般而言融资规模较大。股权融资能在很大程度上缓解企业资金缺口，推动中小企业发展壮大。

股权融资能够提升企业社会地位。股权融资通过向社会公众或特定投资者发行股票以获取资金，能够增加投资者对企业的认识，提升企业社会地位，为企业之后通过其他渠道融资提供强有力的支持。

（三）企业股权融资中的具体风险

企业股权融资中隐藏着一定风险，根据风险来源和表现差异可以将股权融资风险大致划分为市场风险、企业治理风险与政策风险等。市场风险具体是指股票价格波动与市场环境变化所导致的企业股票价格出现波动，进而导致融资损失。企业治理风险通常是指由财务不透明或财务造假等问题导致的股权融资事宜受到负面影响。政策风险是指外部政策变动所导致的股权融资中的不确定性。虽然股权融资中的风险形式并不相同，但无论何种风险都会对正常股权融资活动的开展，以及最终融资成效产生影响。此外，风险的本质并未改变，即股权融资中的风险无法被完全消除。因此，降低风险爆发的可能性成为风险管理的基本目标。

（四）企业股权融资风险管理的影响因素

从开展股权融资活动的角度来看，由于需要基于股权处理在市场上进行融资，因此融资这一市场行为必然具有一定的风险性。较好地进行风险管理能够为股权融资活动的顺利开展提供保障。从达成股权融资目标的角度来看，系统地进行风险管理和控制后，股权融资顺利程度会有所增加，有助于更好地凑集资金，即相应的风险管理也可以为提升股权融资的成功率做出贡献。从企业发展的角度来看，股权融资风险一旦爆发，必然会对企业的融资、财务、运营、发展等环节产生直接的影响。在股权融资中较好地管理各种风险能够为企业融资需求的满足、业务的更好开展以及企业整体的更好发展提供支持。由于股权融资必然隐藏一定的风险，风险管理也应当成为贯穿股权融资活动全过程的基本管理事务。

1. 内部因素

企业股权融资风险管理是一个动态的过程，能够对其管理状况产生影响的因素较为多样，其中，内部因素是影响最为直接的因素。企业对股权融资风险管理的重视程度、对具体风险的识别、风险管理策略的选用以及企业内部财务管理状况等都会对股权融资风险管理事宜造成影响。除上述几项外，诸如企业内部股权融资经验的多寡、股权融资风险管理经验的多寡等也会对股权融资风险管理事宜产生直接影响。股权融资风险管理中包含着较多的管理内容，风险的识别与应对等也与管理工作具有密切的联系。由于股权融资风险管理中的工作内容较为多样，因此在企业内部可能会对相应风险管理造成影响的因素也就比较多。受此影响，企业股权融资风险管理的系统性和复杂性也就处于较高水平。

2. 外部因素

企业股权融资风险管理不仅会受到诸多内部因素的影响，各种外部因素的影响也不容小觑。股权融资需要在资本与金融市场上筹集一定的资金，股票市场的成熟度、股票价格的变动等便成为影响股权融资的因素，同时这两项因素也会对股权融资风险管理产生直接影响。例如股票价格的异常波动会直接诱发市场风险，进而加大企业股权融资风险管理的压力。政策变动以及相关法律的出台和实施同样也会对企业股权融资风险管理产生直接影响。外部政策法规的出台通常会直接影响股权融资所面临的政策环境，政策法规的变动也容易加大股权融资的不确定性，从而对股权融资风险管理产生影响。

二、企业债务融资

（一）企业债务融资的概念

企业债务融资的方式主要包括银行等金融机构贷款、商业信用筹资、债券发行和融资租赁。商业信用筹资以实物商品为客体，属于无息债务；融资租赁的债权人在合同结束前都用于租赁物的所有权，具有信用和贸易的双重性质，且相关数据较难获取；债券发行由证监会等监督管理机构严格审核，只有信用等级较高、经营发展状况良好的企业才能够发行，难以证明企业的债券融资是否"量跌价升"，因此金融资产投资的变化对债券融资获取难度的影响不够直观。债务融资成本是债权人为弥补机会成本所要求的借款报酬以及相关的手续费，借款报酬由基础利息和风险溢价构成。从债权人角度来看，债权人通过从公共渠道收集信息，对企业财务状况、面临的风险以及风险应对能力做出评估而要求的风险溢价率是其提供资金的使用成本的重要部分。债权人仅有收回本金和利息的权力，其收益在签订债务契约时就已既定，债权人最关注的是企业的违约风险。因此，影响公司债务违约风险的因素都会影响债权人要求的风险溢价，进而影响债务融资成本。

（二）企业债务融资的影响因素

1. 企业特征对企业债务融资的影响

（1）财务状况

良好的财务状况意味着企业拥有较强的偿债能力和较低的违约风险，有助于降低债务成本、增加债务规模。在企业债务融资相关实证研究中，财务变量是必不可少的控制变量。企业贷款利率与资产负债率正相关，与企业规模、经营活动现金流、净资产收益率、流动比率、总资产周转率负相关。

（2）产权性质

相对于非国有企业，国有企业能够获得成本更低、规模更大的债务资金，这是因为国有企业享有政府提供的各种资源优惠，包括低成本的信贷资源；在政府的隐性担保下，国有企业发生经营困难和财务危机时获得救助的可能性更高，违约风险更低。在经验证据方面，民营企业面临相对更高的债务成本，国有企业民营化后要承担更高的债务成本。相反，民营企业通过并购引入国有产权可以享受国有产权的担保作用，进而降低债务成本。具体到债券融资成本，随着政府持股比例的下降，一些国有企业的债券信用利差逐渐上升。在债务融资规模方面，在相同的条件下，民营企业获得银行贷款的可能性更低、规模更小，在获取长期贷款时可能会受到银行的歧视。

（3）客户特征

企业的主要客户为了保证供应链稳定会对企业进行监督。如果企业与主要客户保持较长时间的供应关系，该企业将被银行认定为低风险企业，可以获得较低的贷款利率，贷款条件也会较为宽松。有研究发现，较高的客户集中度意味着较高的贷款利率和较少的贷款金额。这是因为，大客户依靠较强的议价能力会要求供应商企业提供价格和支付方式上的优惠，影响供应商企业的财务状况；如果大客户流失或者赖账，供应商企业也将遭受重大财务损失。而民营企业的客户集中度越高，能够获得的贷款规模越大。他们认为，较高的客户集中度表明企业的产品和信誉得到了客户的肯定，这种积极信号会超过其负面效应。

2. 公司治理对企业债务融资的影响

良好的公司治理有利于提高企业经营绩效，改善企业财务状况，降低企业发生财务危机的可能性，也有利于提高信息披露质量，增强信息透明度，缓解债权人与企业之间的代理冲突，进而可能起到促进债务融资的作用。部分文献从多个角度综合考察了公司治理水平对债务融资的影响。Bhojraj 和 Sengupta 研究发现，较高的机构投资者持股比例或者外部董事比例能够降低债券信用利差，但是过于集中的机构投资者持股则会提高债券信用利差。Klock 等、蒋琰以不同的公司治理 G 指数作为代理变量，发现提高公司治理水平具有降低债务融资成本的效果。姚立杰等的研究结论是：董事会特征、监事会特征和股权集中度对贷款规模无显著影响，董事会规模和独立董事占比对贷款利率无显著影响，监事会规模与贷款利率负相关，股权集中度与贷款利率正相关。更多的文献从公司治理的某个方面考察了其对企业债务融资的影响，如股权特征、董事会特征、高管特征、内部控制等。

（1）股权特征

在股权集中度较高的企业，控股股东对企业的控制程度大，更容易通过资金转移、关联交易等方式"掏空"企业，加剧企业和债权人的利益冲突，进而推高发行债券的信用利差。大股东的两权（控制权和现金流权）偏离程度越大，大股东侵占企业资源、损害债权人利益的动机越强烈，债权人将要求更高的利率水平。不同类型的最终控制人侵占企业资源的可能性也有所不同，由家庭控股的企业面临较高的信用利差，由国家或者金融机构控股的企业面临较低的信用利差。当企业拥有多个大股东时，非控股大股东可以发挥监督作用，约束控股股东的自利行为，进而降低债权人要求的风险溢价。

（2）董事会特征

董事会的规模越大、独立性越高，越能更好地监督管理层、财务流程和经营活动，这将提高财务透明度和可信性，进而起到降低债务成本的作用。同样，外部董事占比、富有经验的董事占比越高，债权人要求的利率水平越低。Ben-Nasr 等基于 29 个国家的企业数据发现，旨在提高董事会独立性和促进两职分离的制度改革措施实施以后，企业对具有监督功能的银行贷款的依赖程度下降，导致贷款规模减少。在股权相对分散的企业中，大股东进入董事会可以有效发挥对管理层的监督作用，债权人也将从中受益，进而降低债务利率。拥有多家企业管理职务的"繁忙董事"为了追求自己的管理声誉会弱化股东控制权，当董事会中"繁忙董事"的比例上升时，企业贷款利率会下降。

（3）高管特征

高管性别、薪酬、个人经历、特殊身份等特征也会影响企业债务融资。由女性担任 CFO 的企业将面临更低的银行贷款利率，因为女性 CFO 的风险厌恶程度更高。在 CEO 的薪酬中，定额收益养老金会抑制 CEO 的冒险行为，降低债券信用利差，而较高的股权激励会加剧 CEO 的冒险行为，提高债券信用利差。权力较大的 CEO

更容易谋求私利，从而做出极端决策，加剧业绩的波动性和财务风险，为此，债权人将要求更高的利率水平。周楷唐等认为具有学术经历（高校、科研院所任职经历）的高管行事更加稳健、自我约束能力更强，这会降低盈余管理程度，提高会计信息质量，减少自利行为，有助于降低债务成本，提高债务可得性。郑建明等发现，高管的劳模身份意味着其具有较高的道德水平和责任心，可以提高会计信息的可信度，为企业偿债能力提供声誉担保，有助于企业获得成本较低的债务资金。

（4）内部控制

建立严格的内部控制制度和流程有利于企业获得低成本的债务资金。严格的内部控制，尤其是关于财务报告的内部控制，可以约束管理层捏造和美化会计信息的行为，确保财务报告真实可信。良好的内部控制也有利于提高公司治理水平，减少管理层的自利行为以及企业的非效率投资，降低债权人与企业之间的代理冲突。在经验证据方面，陈汉文和周中胜使用涵盖了144个评价指标的内部控制指数衡量内部控制质量，发现企业提高内部控制质量可以显著降低银行贷款成本。企业在年报中披露内部控制缺陷会显著增加债务成本，随后的修复则会降低债务成本。

3.信息披露对企业债务融资的影响

（1）会计信息质量

会计信息特别是财务信息反映了企业的偿债能力和违约风险，在债务合约制定过程中具有重要的参考价值。但是，企业的股东和管理层出于各种动机可能会操纵甚至捏造会计信息。如果会计信息的可信度较低，债权人将面临较高的信息风险，这也会反映在债务合约之中。分析师认为具有较高信息披露质量的企业发行债券时面临较低的信用利差。在货币政策紧缩时期，具有较高信息披露质量或者会计透明度的企业能够获得数量更多、成本更低的银行借款。与此相反，会计质量较差的企业更愿意选择银行贷款而不是发行债券，并且要承担更高的贷款利率和更加严格的贷款条件。财务重述表明会计信息质量不佳，将对企业债务融资产生不良影响，表现为更高的贷款利率、更短的贷款期限和更加严格的贷款条款。

（2）会计稳健性

会计稳健性是指企业及时确认损失，同时慎重确认收益。会计稳健性有利于约束管理层粉饰经营业绩、操纵财务信息的行为，能够为债权人提供更加可靠的会计信息。会计稳健性对于企业获得银行贷款具有正面影响，包括更低的贷款利率和更大的贷款金额，特别是那些遭受过股价负向冲击的企业。在债券融资方面，会计稳健性提高了企业债券评级，这意味着更低的信用利差。

（3）审计

审计发挥着评估会计信息质量的作用，审计事务所也为企业的履约能力提供了一份保险。对于企业来说，经过审计的财务报告有助于债权人更好地判断企业的履约能力、降低监督成本，进而起到降低债务成本的作用。同时，审计事务所的相关特征也会影响企业债务融资，包括规模、聘期、发表的审计意见等。企业聘请的审计所规模越大、聘期越长，债券融资成本越低。企业聘请声誉更高的审计事务所可以改善债务融资，表现为更低的利率水平、更大的融资规模。在审计意见方面，如果企业被出具非标准审计意见，债权人将收取更高的利率水平。周楷唐等将非标准审计意见进一步区分为持续经营类和非持续经营类，发现前者对企业债务融资的负向影响更大，即造成更低的债务融资规模和更高的债务融资成本。

（4）风险信息和负面信息

企业在年报中披露风险信息、企业面临诉讼或者证监会处罚都会影响债务融资。企业在年报中披露风险信息有利于减少风险信息不对称，降低银行风险感知，进而降低银行贷款成本。对于民营企业来说，有关最终控制人的负面报道会引起债权人对企业的经营绩效、公司治理的质疑，进而抑制企业债务融资规模。当企业存在尚未判决的诉讼或者诉讼风险较高时，资产损失或者债务增加的可能性就会上升，债权人将要求更高的借款利率。如果公司被证监会判处"信息披露违规"，这意味着公司的财务信息透明度和可信性较低，可能会导致公司股价下跌，进而降低公司获得银行贷款的概率和规模。

4. 宏观经济和政策对企业债务融资的影响

（1）经济周期

低融资约束企业的债务水平具有逆周期性，因为经济衰退导致企业股价和利润下降，管理层薪酬减少，这将使得企业更加偏好债务融资；高融资约束企业的债务水平具有顺周期性，因为经济衰退导致抵押品价值下降，企业的抵押借贷能力被削弱。当预期通货膨胀率上升时，企业进行债务融资的实际成本下降，导致银行贷款规模增加。

（2）财政政策

第一，税收征管。税务部门对企业的稽核检查可以增强财务报表的真实性和可信性，有利于债权人了解企业的偿债能力，降低债务求偿成本。当企业被税务部门全面审计的概率上升时，债券的信用利差趋于下降。如果企业位于税收征管力度较强的地区，其债务成本相对较低，债务规模相对较大。

第二，财政补贴。财政补贴代表着政府的关注和支持，相当于一种隐性担保，能增加企业现金流；企业获得财政补贴后，银行对其风险评价趋于降低，所提供的贷款利率也会下降。

第三，政府债务。对于投资者来说，借钱给政府与借钱给企业（尤其是规模大、风险低的企业）是相互替代的。政府债务水平与企业债务水平显著负相关。对于中国企业来说，马树才等、余海跃和康书隆的研究显示，政府债务会提高企业债务成本、降低企业债务规模。

（3）货币信贷政策

利率政策方面，当短期政策利率上升时，企业获得银行贷款的可能性下降。随着我国利率市场化进程的不断深化，银行获得贷款定价权后为了争夺优质客户展开价格竞争，上市公司的银行贷款成本显著降低。存款准备金率方面，当央行提高法定准备金率时，由于经营成本上升、风险承担水平下降，银行会向中小企业收取更高的贷款利率。信贷政策方面，绿色信贷政策实施之后，重污染企业面临较高的债务成本，其债务规模，尤其是长期债务规模显著下降。限贷政策会对房地产企业贷款产生显著的抑制效应，表现为贷款规模下降、贷款利率上升。央行的定向支持政策对于民营企业发行债券具有促进作用，能提高发行成功的概率，降低信用利差。

5. 制度环境对企业债务融资的影响

（1）法律制度

注重保护投资者并且执行力度较强的法律环境可以促进企业债务融资。提高债权人的保护程度有利于降低贷款利率、延长贷款期限。较强的债权人保护可以降低贷款利率但对贷款规模无显著影响，较强的可执行性不仅可以降低贷款利率还可以增加贷款规模。我国《物权法》通过增加可担保资产的种类、改进担保物权的实施程序提高了对债权人的保护程度，这既有利于民营企业增加长期借款，也有利于固定资产占比较低的工业企业降低债务成本。

（2）政府干预

在政府干预较低的地区，银行对民营企业的贷款歧视有所下降。从期限来看，短期贷款基本不受政府干预的影响，长期贷款则受地方政府干预较多。当然，如果政府提供贷款帮助，民营企业获得贷款的可能性和金额都会增加。此外，提高市场化水平可以缓解政府干预对企业债务融资的不利影响。

（3）政治关系

政治关系在很多国家都是正式制度的重要替代机制，对信贷资源配置具有显著影响。通过构建政治关系，民营企业可以及时掌握政策方向，获得更多政策优惠和市场资源，还能够保护自身权益，减少各种外部侵占。政治关系还成为彰显企业质量的一种信号，因为业绩优秀的企业更容易建立政治关系。在银行贷款方面，政治关系给民营企业带来了较低的贷款利率和更大的贷款规模，尤其是长期贷款规模。政治关系对于民营企业发行债券也具有促进作用，表现为提高发行成功的可能性，增加融资规模。

（4）银企关联

银行关联对企业债务融资的影响类似于政治关系。在墨西哥，银行向其股东控股的企业发放的贷款利率更低、期限更长、抵押要求更少，但是这些贷款的违约率更高。在泰国，与银行有关联的企业能获得更多的长期贷款。在美国，银行家董事可以给企业带来更多的银行贷款，投资银行家董事可以给企业带来更大的债券发行规模。对于中国企业而言，银行关联主要包括两种：一是企业高管具有银行工作背景，二是企业参股某家银行。首先，银行关联高管可以为企业提供投融资方面的专业建议，化身企业和银行信息沟通的桥梁，还可能直接或者间接影响银行的信贷决策；声誉较高的银行关联高管也能为企业提供个人声誉担保。因此，建立银行关联对于我国民营企业贷款数量的增加，尤其是长期贷款数量具有促进作用。其次，通过持股银行，企业与银行建立起了更加密切的互动关系，从而可以获得更多的银行贷款。在利用银行关联方面，高融资约束企业、民营企业持股银行的动机更加强烈，它们通过持股银行可以降低利息成本，增加贷款规模。

三、企业融资决策

（一）融资决策的动机

对于企业融资决策的研究问题，始于1958年莫迪里亚尼和米勒提出的不相关假设，该理论认为，当不同来源的资本被视为成本同质性时，公司的资本成本与其资本结构无关。此后对该理论的研究放松了不相关假设，同时考虑税收影响，Kraus和Litzenberger随后提出公司将从债务融资中获得税收减免好处的论点，因此税收相关假设中，债务融资优先于股权融资。随后的学者又提出"优序融资理论"，该理论从信号传递理论视角出发，认为公司内部管理者与外部利益相关者存在着信息不对称。从成本动机的视角来看，公司的内部融资要优先于外部融资，根据融资成本的差异，外部融资中债务融资优先于股权融资。已有对公司融资动机的其他研究认为，债务融资在某种程度上阻碍了管理者的自由裁量权，因而它也被视为一种外部监督方式。代理理论认为资本结构反映公司管理者对债务代理成本和股权代理成本的权衡。债务代理成本是指在债务发行后产生的风险成本，如果风险投资失败则债权人承担风险，投资成功则股东收益。股权代理成本是指股权融资后，企业经营者的权益将稀释，从而导致经理人因个人利益做出不利于提升公司价值的决策，当企业发行债务风险与发行股票产生的风险成本相平衡时，可以获得最优的资本结构。公司的战略也在融资决策中起着关键作用。企业战略方向通过企业财务变量直接影响公司负债水平。而不同融资模式背后代表的是公司不同治理机制，股权融资代表公司内部分层治理模式，给予管理者较大的自由裁量权，而债务融资代表外部市场治理模式，外部投资者通过债务投资的方式对公司进行监督，管理者自由裁量权较小。

（二）影响企业融资决策重要因素

1. 业绩期望反馈理论

Hoppe 研究发现管理者对于组织的目标期望会影响其管理决策的判断，而目标期望水平是指管理者对其正常能力的评估与其可感知的理想绩效之间的某个值，即"能够给决策者带来满意的最小产出"。

业绩期望反馈理论一直都是企业行为理论研究文献中的重要部分，近年来有关它的研究越来越多。该理论的核心含义是组织的决策者往往会利用已经设定好的组织预期水平来评估其组织绩效。基于实际绩效与目标期望水平的相对差距进行战略决策是企业行为理论的精髓。业绩期望反馈理论提出基于过程的组织变革和组织搜索理论，该理论认为，当企业业绩低于期望值时，此时存在负向的期望绩效差距，企业更倾向于承担风险和进行组织搜索行为，管理者们被激励去寻找提高公司业绩的替代方案。而当企业达到业绩目标时，即实际绩效高于期望绩效时，存在正向的期望绩效差距，此时管理者处于"满意"状态，同时组织产生"组织惰性"。随着绩效的进一步提高，管理者通过利用积累的闲置资源进行学习和搜索，再次形成新的组织期望目标。

2. 不同融资决策背后公司治理模式差异

债务融资提供外部市场治理模式，减少了管理者的自由裁量权，股权融资提供分级治理模式从而加大管理者的自由裁量权。绩效反馈理论认为，当企业实际绩效低于期望绩效时，将加大组织搜索强度，为了应对高强度的组织搜索行为，企业管理者将需要更大的自由裁量权（如股权融资方式）。

当企业实际绩效低于期望绩效时，公司需要积极调整经营战略以应对绩效亏损，采取组织搜索行为以改变公司现状，如采取创新研发、风险承担、战略变革、企业投资等行为。为了便于组织采取以上组织搜索行为，管理者需要更多的自由裁量权。当公司绩效表现较差时更倾向使用内部留存现金。但是当绩效较低时公司现金流处于枯竭状态，公司会寻求外部融资支持。如果债务和股权的治理属性之间没有差别，那么随着业绩下降，公司可能更喜欢利用债务，因为进入股票市场被广泛认为比发行债务成本更高。

股权融资能增大企业管理层的自由裁量权，管理者可以对企业利润进行更全面的管控。相比之下，当公司业绩表现不佳时，债务持有人可能会通过要求公司以支付利息的方式来给公司现金流增加负担，此时的债务融资将抑制管理自由裁量权，这反过来会抑制企业的搜索行为。总之，期望绩效反馈理论认为，当企业进行问题搜索时，负向的绩效反馈差距将加大企业搜索强度。而债务融资通过限制可获得现金流从而抑制管理层的自由裁量权。

第三节 企业期货市场套期保值

一、企业期货市场套期保值概述

（一）期货市场套期保值的概念

由中国期货业协会编写的《期货市场教程》中，商品期货市场套期保值的定义如下：套期保值，是指在商品期货市场上买进或卖出与现货商品或资产相同或相关、数量相等或相当、方向相反、月份相同或相近的期货合约，从而在期货和现货两个市场之间建立盈亏冲抵机制，以规避价格波动风险的一种交易方式。分析和研读商品期货市场套期保值的定义，有以下几个要点对其定义进行解释。

传统的商品期货市场套期保值要遵循四大原则：第一，商品种类相同原则，即套期保值者在保值前要了解商品期货交易所商品期货合约的具体交割标准，在现货市场中选择可以交割的现货品种，即使不能符合交割标准也要尽量选择与商品期货交易所中的商品有极强相关性的现货商品。第二，商品数量相等原则，即套期保值者的套期保值策略在商品期货市场中持有的商品期货头寸与在现货市场上所经营的商品数量相等或者数量相当。第三，交易方向相反原则，解读为套期保值的交易策略必须是由期货市场上和现货市场上买卖方向相反的交易构成，在期现货两个市场中形成对冲组合的格局，即在两个市场中有相反的头寸。第四，时间期限相同或相近原则,即套期保值者在选择具体的期货合约时要充分考虑将来在现货市场上将现货商品实际买进或卖出的时间,最好与所选择的商品期货合约的交割月份相同或相近。

套期保值本质在于现货和期货市场交易的对冲性,即锁定采购成本或销售利润从而对冲未来的价格风险。

套期保值策略必须由期货市场和现货市场两个市场的交易方向相反的头寸构成,这是充分必要条件。如果只有期货市场头寸或现货市场头寸都不能构成套期保值的交易策略。

套期保值中的期货交易是为产品购销或现货贸易服务的,目的是规避价格风险。

贸易商为了规避价格风险,摸索和设计出一套远期交易方式(期货交易的雏形),随着远期合同的标准化,保证金制度的实施,逐渐形成了现代意义上的期货交易,因此套期保值交易规避价格风险的功能就是期货交易和期货市场产生的原动力。生产企业和贸易商在农产品、金属或者能源市场中经营时面临现货价格剧烈波动的风险,甚至会波及企业的生存,为抵抗价格波动的风险,经过长期的实践而自发形成了买卖远期合同的交易行为。这种买卖远期合同的交易行为引入到交易所集中交易后,经过不断的发展和完善,将合约标准化,并引入平仓机制,建立统一的保证金制度和集中清算机制等,从而逐渐发展形成了现代意义的期货市场。

(二)期货市场的功能

期货市场来源于现货市场,又服务于现货市场,是企业转移和规避价格风险的专业市场,是信息化、国际化的大市场,具有价格发现和套期保值两大功能。

一是价格发现。期货市场汇集了全国乃至世界各地的生产者、加工者、消费者、贸易者和投机者,他们凭借自己所掌握的信息决定自己的投资方向,按照各自认为最合适的价格在市场上成交,通过大量资金的流动和重新分配来产生有价值的信息——期货价格。期货价格具有权威性和前瞻性,反映的是整个行业的未来趋势,具有明显的代表性,这些宝贵的信息资源和价格发现对企业发展有着极其重要的指导作用,能够为企业的经营提供方向性的指导,从而避免无序的盲目投资与生产经营。

二是套期保值。在生产经营过程中,当企业感到现货市场的价格波动给自己带来了无法克服的风险时,为了规避和抛售这种价格风险,通过参与期货市场,买卖同种商品替代商品的期货合约,作为现货商品的临时替代物,对未来的价格风险进行保险,这就是套期保值。套期保值是风险管理的一个工具,它保证了在一个市场上亏损的同时,在另外一个市场盈利,以此来弥补或抵消现货市场价格波动所带来的风险，从而达到保值的目的。

（三）套期保值的作用

套期保值的作用相当于保险，就是给企业的原材料或产成品买了一份保险，使企业规避了商品后期价格波动的风险，不会因为商品价格的波动造成企业利润的大起大落，将风险减少到最低限度，使企业的生产经营保持稳定的利润水平，从而实现商品的保值功能，转移市场风险。企业通过期货市场参与套期保值，可以转移和抛售现货的价格风险，企业的经营规模越大，现货的价格波动越大，对套期保值的需求就越强烈。所以，套期保值可以起到在企业生产经营中提前锁定采购成本，保证经营利润的重要作用。

（四）基差概述

1. 基差的概念

基差是在某一特定地点某种商品的现货价格与同种商品的某一特定期货合约的价差。基差可以用数学公式表示为：基差＝现货价格－期货价格，也被称为狭义的价差。所谓广义的基差是指，套期保值的标的资产的现货价格与资产衍生产品价格的价差。一般而言，在没有附加说明的情况下，基差运算公式中的期货价格指离现货月份最近的近月期货合约的价格。

由公式可知，基差是衡量期货和现货两种价格间差异的参数，包括分隔现货市场与期货市场的时间因素与空间因素，这个价差也可以理解成期货和现货两个市场之间的运输成本和持有成本的总和。现货与期货市场之间的空间因素是指剔除市场的时间差异，假设在同一时间里，不同地点的同一商品的价格不能完全相同，存在价差；现货与期货市场间的时间因素，包括仓储成本、持有成本、资金利息和产品的损耗等，其中利息变动对持有成本的影响很大。由于持仓成本体现的是期货价格形成中的时间价值，因此持仓成本应该是持有商品时间的函数。根据期货价格形成理论中的理性预期理论的解释，期货价格体现的是市场对某种商品未来现货价格的预期值，对于同品种的期货和现货，期货价格和现货价格从动态角度来看受到相同价格影响因素（包括供求关系、持仓因素等）的影响和作用，期现货两个市场的价格走势原则上呈现运行趋势相同的趋同性以及临近交割月最终要走向一致的聚合性。在实际情况中，由于影响因素不完全一致，或者即使影响价格变动的因素一样，期货价格和现货价格对影响因素的敏感程度也不一致，所以现货价格与期货价格的价格走势在大多数情况下并不完全一致。这种现货价格与期货价格之间变化幅度的不一致用基差这个参数来描述。

2. 基差的分类

根据基差的定义可知，基差作为一种反映价格对比关系的动态指标，揭示了期货价格与现货价格之间的相对强弱关系，它是通过数据来表示的。对于这一特殊的数据，期货理论上依据基差性质和强弱进行了两种分类。

按照基差数据的性质可分为负数、正数和零，是一种静态的表示方法。当基差为负数时，即为现货价格小于期货价格，可以理解为"钱多货少"。按照期货价格形成理论中的持有成本理论的解释，期货价格等于现货价格加上持有成本。正是由于持有成本的存在，在正常情况下的现货价格应该小于期货现货，基差为负数。基差为负数的市场情况被称为正向市场；反之，基差为正数，即为现货价格大于期货价格，可以理解为"货多钱少"，因此，基差为正数的市场情况一般称为反向市场。

按照基差的变化强度表述为走强、走弱和不变，表示基差数据变化还会因为一些因素的影响，在变化幅度上产生差别，体现为时而扩大，时而缩小，最终趋零的形态。基差由负数变成正数（-20→0→50……），基差由绝对值较小的正数变成绝对值较大的正数（40→70→120……），基差由绝对值较大的负数变成绝对值较小的负数（-120→-70→-50……），以上三种情况都属于基差走强的范畴；基差走强体现了现货价格要强于期货价格，也就是在上涨行情中期货市场价格上涨的幅度要小于现货价格上涨的幅度，或者在下跌行情中期货市场价格下跌幅度大于现货市场价格下跌的幅度。反之，基差由正数变成负数（120→0→-50……），基差由绝对值较大的正数变成绝对值较小的正数（140→70→20……），基差由绝对值较小的负数变成绝对值较大的负数（-20→-70→-150……），以上三种情况都属于基差走弱的范畴；基差走弱体现了期货价格要强于现货价格，也就是在下跌的行情中期货市场价格下跌幅度要小于现货市场价格下跌的幅度，或者在上涨行情中期货市场价格上涨的幅度要大于现货价格上涨的幅度。基差没有变化，维持在一个固定数值上，就是基差不变，体现了期货价格和现货价格的走势强弱相当。基差的三种数据和趋势的变化，又反映了现货和期货市场价格关系的多种情况。通过组合，基差的变化有六种情况，分别是正向市场中基差走弱、正向市场中基差走强、反向市场中基差走弱、反向市场中基差走强、从正向市场转为反向市场和从反向市场转为正向市场。因此基差管理是一种数据方向的组合管理。市场形态和基差走势决定了套期保值的效果。

二、期货市场套期保值得以实现的经济基础

企业为规避价格风险,通过利用商品期货市场保值功能进行交易,与现货市场中的头寸形成对冲,商品期货市场规避风险的功能之所以能够实现,主要是依赖期货价格和现货价格的波动规律,波动规律总结为差异性和聚合性,即期货价格和现货价格走势呈现随交割时间的由远及近从价格差异到趋于一致的变化规律。

(一)同品种商品的现货价格走势和期货价格走势基本一致

因为价格影响因素对同一种期货和现货商品是基本一致的,所以一般情况下(特别是从长期来看),同一种商品的现货价格和期货价格在长期走势上具有趋同性,相关性很高,呈现同升同降的趋势。在某段时间内,期货价格和现货价格对影响价格变动的成本因素、时间因素或者市场预期等其他因素影响的敏感度不同,两种价格走势就会出现偏差,价格的涨跌幅度出现不完全一致的情况,从而在两个市场间形成的价格波动差异。套期保值者就是利用期货和现货存在的时间差异而导致的价格走势差异(特别是异常价格差异),从一个市场(一般是期货市场)获得的盈利来弥补另一个市场(一般是现货市场)中价格不利变化所导致的亏损。期货价格等于现货价格加上持有成本,期货市场上的报价是未来几个月甚至一年以后的价格。现货市场和期市场是完全不同的两个市场,由于期货市场中存在大量的投机资金、较高的市场流通性以及较低的市场准入门槛,期货价格的敏感程度要高于现货价格。当价格影响因素对价格出现下跌作用时,期货市场价格比现货价格敏感,一般会先于现货市场转空,通过期货市场的价格反映出来,跌幅一般大于现货市场。这时,企业应及时在期货市场中适当的价位建立看空头寸,对未来的销售价格进行保值;一段时间后,如果现货市场价格也下跌,企业即可以选择按照当初建立的空头头寸的价格进行实物交割,也可以选择将期货市场上的空头头寸反向平仓获得盈利。具体采用哪种方式结束套期保值交易要计算两种方式的利润大小,由于操作简单便捷且费用少,后者在实际应用中经常被采用。

(二)临近交割月现货价格和期货价格走势的聚合性

期现价格的聚合性是指期货价格和现货价格的走势随着临近商品期货合约交割月会逐渐趋于一致。期现价格聚合性的形成有以下两方面原因:第一,随着商品期货合约交割月的临近,期货和现货的时间差异逐渐缩小,市场预期值不存在差异,持有成本逐渐趋于一致;第二,商品交易所规定期货合约到期时如果不采取反向平仓,就必须进行实物交割,且参与交割的必须是法人,不能是自然人,使得投机者

的持仓在临近交割月时必须要全部平仓撤出；综上，当期货合约临近到期日时，随着持有成本的缩小和投机盘的退出，期货价格和现货价格的差异必然接近于零。临近交割月时如果期现价格之间一旦出现不合理的价差，专做套利的机构就会有利可图，从而进入市场套利，使期现货价格向不利于套利交易的方向波动，套利空间缩小，促使期货和现货价格进一步趋于聚合。

套期保值交易在理论层面得以实现正是由于现货价格和期货价格走势的一致性以及临近合约交割现货价格和期货价格又呈现出聚合性。套期保值者在有利的时机在期货市场和现货市场中建立买卖交易方向相反的头寸。假设期货价格趋势呈现下跌，那么按照期现价格走势的一致性现货价格也会跟随下跌。为了防范现货价格下跌给企业带来的亏损，企业会在期货市场上建立空头头寸，当期货价格下跌的幅度大于现货价格下跌的幅度时，企业就可以将期货市场上的空头头寸通过反向平仓取得盈利，来弥补现货市场的亏损后仍有盈利，达到规避价格波动风险的目的。如果套期保值比例是 1：1 的话，套期保值者在期货市场中获得的平仓盈利可以完全弥补现货市场价格下跌全部的亏损还有利润盈余。

三、企业通过商品期货市场做套期保值的必要性

随着全球资本市场的迅速发展和经济全球化逐步深化，当今世界各国之间的经济紧密性之强、关联度之大前所未有，"蝴蝶效应"明显，商品价格波动与全球的联动性日趋紧密，货币商品化、商品金融化、金融全球化将世界强制性推进"价格动荡"时代，尤其是近几年，原材料价格的波动幅度巨大。传统的供求理论已经不能用来完全解释国际商品市场的价格的波动，供求关系只是商品价格形成的一个因素，国际商品市场由于投资和投机的增加而出现了金融化的趋势。

（一）商品的供需因素

在经济学理论中，市场价格是由市场供求决定的。当某种商品的供给量和需求量不平衡时，价格会出现波动；当供给量与需求量相等时，才会达到均衡价格。期货市场是在现货市场基础上发展建立起来的，所以期货价格与现货价格都会受到供求因素的影响，是共同影响因素之一。除了供给量和需求量以外，另一个影响价格的重要因素是库存量。一般而言，当库存水平处于较高水平时，说明供给相比需求是宽松的，价格有下行压力；当库存水平处于较低水平时，说明供给相比需求是紧张的，价格有上涨的动力。另外还有很多因素都会影响到商品的供需情况，比如即将投产的产能估算等，使得统计供给量时有一定的难度。由于需求的分散和层级关系，

在统计需求总量时更加困难。

（二）金融因素

金融因素涵盖的内容非常广泛，其中最重要的是利率和汇率的变动。利率代表资本的价格，政府常用的财政政策之一就是调整利率。利率上升，表示资金的成本增加，属于紧缩性财政政策，投资会缩小；反之投资会增加。汇率作为两种货币的兑换价格，直接影响国际贸易和国际投资。本币升值有利于出口贸易和对外投资；本币贬值，则有利于进口。投机者是期货市场上的重要参与者，投资者充分考虑其他投资的机会大小和利润率的大小后决定是否将资金用于投资期货市场，银行同期利率的高低，股票市场的发展规模及规范程度也会在考虑的范围。在一些特殊的情况下，投机因素对价格的影响可以占主导地位。

（三）宏观经济因素

企业经营的状况与国家经济状况息息相关。企业要关注宏观数据披露，并根据数据解读经济走势和国家政策。当前我国整体经济处于低速运行时期，统计局披露的各种经济数据喜忧参半，经济增长率缓慢下降，保就业成为政府的短期目标，预期不乐观，政府出台拉动生产、促进投资和进出口等各方面的政策。由于受到政府政策的影响，宏观经济因素是价格影响因素中最为复杂和不确定的。

（四）商品的季节属性因素

季节属性因素是指由于季节的变化给商品的价格带来的影响，主要体现为农产品供给的季节性与工业品消费的季节性。商品内在属性决定了商品的季节属性，有固有的规律，因此属于确定性因素。例如甘蔗的播种生长收获周期影响白糖的供给，从而使白糖的价格呈现出规律的季节特征；再例如线性低密度聚乙烯（LLDPE）的消费季节性也非常显著，春节前后，由于春季农膜生产渐近尾声，工厂停工会导致线性低密度聚乙烯的需求量明显下降，每年的1月左右是线性低密度聚乙烯的季节性低点。

（五）持仓成本因素

持仓成本是期货市场中的一个重要概念，是仓储费、运输费、检验费、保险费、利息的总和。在期货价格形成理论的持仓理论中，持仓成本度量了现货价格和期货价格间的不同交割月份时间因素的差别。持仓成本因素在一段时间内相对稳定，可以通过计算获得，属于确定性因素。

（六）天气因素与自然灾害因素

较长时间的天气和自然灾害很难准确预测，对商品的生产、运输、消费等环节的影响也很难预测，因此属于不确定性因素。

在以上因素的共同作用下，国际商品市场的价格波动日趋呈现出常态化，价格波动幅度趋于增大。企业除了面临经营环境风险之外，还面临着来自世界各地的各种风险挑战，特别是国际化商品和资产价格波动的风险。企业生产销售的全过程需要一定的时间周期，原材料和产成品价格如果处于不断波动之中，企业难以实现平稳经营，同时还会给企业带来巨大的经营风险。企业在参与全球竞争和再生产分工中，就必然要面临巨大的价格风险，必然要受到商品市场价格波动的巨大影响，要实现平稳发展，就无法回避对全球风险和价格风险的防范，而这仅仅依靠传统的经营管理思维和手段已经显得力不从心。因此，迫使企业通过期货市场套期保值不断实践，迫使企业在风险管理理念上不断创新和拓展，在期货市场和现货市场中建立相反的资产头寸，有效地降低风险。首先，可以为企业提供有效的风险对冲机制，助力企业平稳发展；其次，企业在套期保值中不断实践，只是简单地规避风险已经不能满足企业发展的要求，通过期货市场套期保值获得超额利润，使其成为企业盈利的核心竞争力之一，并优化企业经营管理效率。

四、套期保值的实施

市场分析。开展套期保值业务，不是简单的现货交易的同时进行反向的期货交易，这是传统的、机械的套期保值。而现代的、灵活的套期保值操作应从市场分析入手，这是套保成功的关键。通过全面的市场分析，评估出市场目前处于何种状态，才能形成相应的保值策略。

趋势操作。顺势而为，是期货市场取得成功的不二法则，企业的套期保值也不例外。如果市场处于牛市状态，就多做材料买入保值，而尽量不做产品卖出保值；如果市场处于熊市状态，就多做产品卖出保值，而尽量不做材料买入保值；如果市场处于平衡状态，就什么也不操作。

担忧什么就做什么。企业在生产经营过程中，若担忧原材料价格上涨，增加采购成本，就考虑买入保值；若担忧产成品价格下跌，减少利润空间，就考虑卖出保值；若什么也不担忧，只须做好生产经营，无须保值。

关注长期趋势，忽视短期波动。企业开展套期保值，最关心的是商品价格的运行趋势是否有利，而不是在乎短期的价格波动。现货价格每天都会有波动，若过分关注这种短期行为，套期保值就将难以真正落实和正确实施。

五、套期保值考核

企业套期保值的操作是否成功，考核标准是什么，如何评价，一直困扰着套保企业和相关审计、监管部门。多数企业照本宣科，计算每一笔套期保值的有效性，以数值是否在 80%～125% 范围内作为考核套期保值的唯一标准。其实，这是传统套期保值的产物，是片面的、机械的、静态的考核。应从全面的、灵活的、动态的角度和视野对现代套期保值考核进行新的理解和探索。对于原材料保值，综合采购成本低于当初的保值成本，考核为成功；若又低于市场平均采购成本，考核为非常成功；反之，考核为一般或失败。对于产成品保值，综合销售收入高于当初的保值收入，考核为成功；若又高于市场平均销售收入，考核为非常成功；反之，考核为一般或失败。这种考核标准简单、直接、十分有效，通过良好的策划，利用周全的套保方案，实施动态保值策略，是完全可以做到的。

六、套期保值的风险管理

（一）套期保值风险管理的重要性

企业套期保值交易的盈亏主要是由企业在商品期货市场中获得的平仓盈亏与现货市场中获得的盈亏加总构成，也就是由基差来决定的。因此，基差的走势是企业通过套期保值交易是否可以取得盈利的关键，必须高度重视。卖出式套期保值策略是由期货市场的空头与现货市场的库存构成，当基差由弱变强时该套期保值的结果是盈利的，当基差由强变弱时该套期保值就会亏损；买入式套期保值策略是由期货市场的合约多头和现货市场的空头构成，当基差由强变弱时该套期保值的结果是盈利的，当基差由弱变强时该套期保值就会出现亏损。只有在经典的套期保值理论中才能完全消除价格风险，在实际中套期保值交易是不能完全消除价格风险，而是由基差风险代替了价格风险，而一般情况下基差波动相对较小。基差风险在套期保值交易不可避免，特别是对于按照基差原理设计的套期保值策略，有必要把基差风险作为一个要点提出来，并有针对性地进行风险管理。

相对于价格风险而言，在正常的市场情况下，基差的波动幅度小于价格的波动幅度，相对比较稳定，原因在于基差通过运算已经剔除了现货市场和期货市场中相同的变动因素，因而基差风险比价格风险更易于管理。但是，如果期现货价格出现严重背离，基差的波动幅度甚至可能超过现货单边的价格波动幅度，出现恶性基差，基差风险会随之加大，这就构成恶性基差风险。套期保值的理论是建立在基差相对稳定、波动相对较小的基础上的，一旦基差超出正常波动范围，甚至出现异常波动，在此基础上设计并执行的套期保值方案就会面临恶性基差风险，不但不能规避价格风险，还会因为恶性基差的出现带来更大的风险。因此，企业在套期保值中必须采取风险管理措施来应对这种恶性基差波动的风险。

（二）套期保值中基差风险的产生

很多企业认为套期保值是价格风险的避风港，认为只要做了套期保值就万事大吉了，事实上是非常错误的。套期保值交易是由交易方向相反的期货和现货头寸组成，通过买卖方向相反的对冲操作，对冲掉了相同的影响因素，对于同品种的期现货可以对冲掉影响价格波动的大部分因素。因此套期保值比单纯做现货贸易在价格波动风险上要小很多。但是套期保值交易的本质是将价格投机转变为基差投机，基差风险不可回避。以下具体分析套期保值中基差风险的由来。

移仓操作会导致基差风险累积。国内商品期货市场中的期货合约的有效期为1年，虽然为期限较长的套期保值交易提供了可能性，但是远期合约流动性较差，成交量很小，加之期货价格波动因为时间跨度过大增加了更多的不确定性，企业一般不会选择远期期货合约交易。为了有效执行长周期的套期保值方案，企业需要经常采取滚动的套期保值策略，操作方法是：选择有利的基差先在主力合约上建立期货头寸，待该主力期货合约交割月前采取平仓操作，同时在下一个主力合约上建立期货头寸，直到完成套期保值。当企业为完成长周期的套期保值而必须进行移仓操作时，企业就会面临基差的累积，有时甚至是多个基差的叠加。如果相邻主力合约的价差的绝对值比较小，期货头寸移仓的收益或损失相对比较小，对套期保值的效果影响程度不大；相反，如果相邻合约的价差的绝对值比较大，尤其价差出现不利于套期保值效果的情况，时间越长，对套期保值的效果影响程度越大。

对远期市场极度悲观导致异常巨大的正基差。对远期市场极度悲观导致异常巨大的正基差一般有以下几种表现：价格走势处在上涨趋势中，在期现货价格触及或者超过历史高价时，市场往往会有不好的预期，普遍认为高价格会使供需形势在未来会产生逆转，远期期货价格就会呈现巨大的贴水。另外，如果宏观经济形势剧变，特别是全球经济形势的突变，会导致商品价格出现恐慌性下跌，市场在短期内发生由牛市到熊市的转变，远期期货价格也会受宏观经济形势的剧变的影响下跌，出现相对现货价格的巨幅贴水。

套期保值期间供需发生牛熊市场反转时，基差波动巨大。市场由多转空，或者由空转多时，经常会导致基差的巨大变化。比如牛熊市场发生反转时，基差出现巨大波动，原因在于期货价格体现的是未来的市场价格，期货市场对影响价格变动的因素比现货市场敏感，因此期货市场会通过期货价格的波动体现出来，波动幅度较大，所以导致基差的巨大波动。例如还是在2008年金融危机在全球范围爆发，短时间内由牛市逆转成熊市，绝大多数工业品期货价格出现下跌，同时伴随出现了基差的巨幅变化。

逼仓导致的基差异常波动。有些企业或者机构会蓄意控制价格操纵市场进行逼仓。逼仓一般出现在现货供给偏紧张、仓单稀缺的情况下，期货多头蓄意抬高期现货的价格，逼迫空头平仓或者交割。如果逼仓正在进行中或成功时，会导致逼仓合约出现相对现货过高升水，而远期货合约相对现货明显贴水的异常基差波动，两个期货合约产生巨大的价差，如果空头选择移仓就要先承担巨大亏损。如果逼仓退却或以失败告终，又会导致该挤仓合约甚至后续合约逼仓后又弃仓，导致基差的巨幅波动。

保值标的物与期货合约标的物的不匹配。企业在现实操作中，会采用交叉套期保值策略，使得套期保值标的物与期货合约标的物不完全相同，有的甚至相差很远。例如大连商品交易所的线性低密度聚乙烯，具体是指溶质2的线性低密度聚乙烯，交割品种仅仅是通用塑料的一小部分，而低密度聚乙烯和高密度聚乙烯与线性低密度聚乙烯有很强的价格正相关，但是不能忽略品种的差异性，这种差异性就造成了基差风险偏大。

在上述的五种特殊情况下，导致基差持续大幅度扩大或缩小有时出现极值，异常的市场和基差会对套期保值不利，从而使套期保值交易出现巨大的亏损。如果没有采取适当的止损，套期保值交易会造成巨大的损失，有的甚至波及到企业的经营。虽然偏离正常水平的基差波动只是小概率事件，但是不能心存侥幸，在设计套期保值交易时不做止损方案。这些小概率事件如果不能妥善及时地处理，套期保值方案会彻底失败，产生巨大的亏损。因此一个完善的套期保值方案，不能只考虑套期保值的科学性也要关注安全性，也要把应对小概率事件的发生的方案设计在内。

（三）套期保值中基差风险的管理

风险管理是套期保值的重要内容。为了避免或者减少因基差异常波动带来的风险，提高套期保值的效果，套期保值者应该重视风险管理并且采取有效策略。首先，套期保值者在设计套期保值策略前要计算现货和期货价格的相关性，选择合适的期现货品种，并认真分析基差的波动规律。其次，在制订套期保值计划时，设计入场点位、出场点位、套期保值比例以及预设止损点位。最后，在套期保值交易中，企业要选择有利的入场时机，密切跟踪基差变化，及时调整套期保值策略，并在基差出现重大不利变化时能够按照预先设计的止损方案执行，严格控制亏损在可承受的范围内，坚决避免基差风险带来巨大亏损。

1. 选择有利的套期保值入场时机

套期保值方案的第一项就是选择套期保值入场时机，为了更好地达到套期保值效果，套期保值者应该尽量选择有利的初始基差作为套期保值的切入点，或者市场情况不配合时尽量避免极为不利的初始基差。在套期保值策略中入场点的设计十分关键。如果价格趋势已在现货市场和期货市场中确立，套期保值者按照套期保值方案在期货市场和现货市场上建立头寸时要捕捉一个有利的初始基差，套期保值交易的入场时机至关重要，是交易过程操作的第一步。对卖出套期保值来说，若想取得净利润，基差走势是由弱到强，选择基差比较小的区间作为套期保值交易入场的切入点对套期保值有利，待基差走强时在现货和期货市场上做平仓交易即可获得额外的利润；反之如果在基差相对较大的时候入场就可能会影响套期保值的效果，严重的可能会遭受亏损。因此，在实际操作中，卖出套期保值者在入场时应该选择尽可能小的初始基差，或者选择小于一段时间基差的平均值的时机入场。对买入套期保值来说，若想取得净利润，基差走势是由强到弱的，选择基差比较大的区间作为套期保值交易入场的切入点对套期保值有利，待基差走弱时在现货和期货市场上做平仓交易即可获得额外利润；反之如果在基差相对较小的时候入场就可能会影响套期保值的效果，严重的话可能会遭受亏损。因此，在实际操作中，买入套期保值者应该锁定基差尽可能大的初始基差，或者选择大于一段时间基差的平均值的时机入场。如果现货价格下跌的概率增大时，套期保值者也不能一味地等待对套期保值有利的基差出现，应该尽可能凭借自己的实际操作经验分批次选择相对比较好的基差介入。切忌不能因为初始基差不好就放弃卖出套期保值操作或者坐等有利基差的到来，等待的风险以及成本也是不可小视的。

2. 通过套期保值比率控制基差风险

套期保值比率要根据实际情况来确定和调整，具体分为两个方面：一方面在设计套期保值策略时运用公式计算得出套期保值的临界比率（也就是套期保值的最小比率）或者得出最优套期保值比率，可以将基差风险降到最低水平；另一方面，套期保值交易实施的过程中，如果基差出现异常波动，特别是向不利方向异常波动时，会影响到套期保值效果时，可以通过降低套期保值比率甚至不做套期保值的方法来提高保值效果。从实际经营看，与对现货资产做1∶1的套期保值方案相比，在1∶1之间找到一个适当的比例，实际的套期保值效果更好。

3. 设计止损方案

由于引入了风险对冲机制，套期保值交易与期货市场中的纯投机交易操作或者纯现货操作模式相比存在明显差异。在企业的风险管理中止损的概念不够清晰，认为套期保值基差波动幅度较小，风险是相对有限的。在特殊的情况下，基差出现巨幅波动且超出合理范围，必须调整套期保值策略对期货和现货市场的头寸进行止损操作，防止风险扩大，造成亏损。预判市场出现异常变动趋势时能够及时采取止损的策略是套期保值基差风险管理的重要内容。实践中，采取止损措施要坚决果断，不能心存侥幸。基差偏离正常波动范围的情况主要包括：第一，现货基本面出现重大变化，尤其是供需结构的变化，破坏了期现货之间的正常比价关系。第二，多逼空行情中，经常导致基差关系严重偏离和扭曲，这种偏离和扭曲对卖出式套期保值极其不利。第三，企业资金管理不得当，导致期货账户产生巨大的浮亏，又无法补足资金时，必须采取止损。对于基差风险，企业套期保值交易止损策略总原则是如果影响套期保值基础的因素在短时间内可变（也就是具有弹性的），例如难以成功逼仓，则可以选择适量减仓，以降低风险。如果影响套期保值基础的因素在短时间内不可变，一般是长期积累的结果（也就是刚性的），例如市场供需基本格局的改变，必须考虑止损。如何判断影响因素是刚性还是弹性的，一直以来都是企业在实际操作中遇到的难点，也是争论的焦点。企业的套期保值止损策略中经常采用的是以下两种：一是基于历史基差的科学系统的分析，从而确定某个商品基差波动的正常区间，如果市场走势发生突变，导致基差突破正常基差区间一定的百分比，比如10%至15%，表明市场出现异常情况，此时就应该及时启动止损措施。二是在设计套期保值策略时确定最大可接受的亏损额或者亏损比率，一旦触及这个预设的亏损额或者亏损比率就要无条件采取止损策略。由于第二种止损策略的亏损数额比较直观，容易被监管，因此被企业广泛采纳，例如当期货市场的浮亏达到所用保质金的50%时就采取止损措施。

4. 套期保值交易中的期货账户资金管理

资金管理是参与套期保值交易的企业不能忽视的工作，是规避套期保值交易风险的重要手段之一，参与套期保值交易的企业根据交易规模有的会设置专门的职位做资金管理工作，另有一些企业是由会计兼任。通过实践总结，有以下几个要点值得在套期保值的资金管理工作中注意。

第一，用于套期保值交易的期货账户中的资金使用比例。资金使用比例目前已经成为一个专门的研究课题。用于套期保值交易的期货账户中的资金使用比例应遵循的总原则是：在基差风险可控的前提下，最大限度地发挥资金使用效率。根据套期保值交易的特点，套期保值相对于现货单边贸易虽然面临的价格波动风险较小，但是由于在期货和现货两个市场的资产头寸都需要资金占用，所以资金占用率相对较高。有些企业考虑到运营成本，为提高资金的使用效率和投资回报率，不惜在套期保值交易的期货账户的资金管理工作中铤而走险，选择几近满仓的操作，期货账户的资金使用率经常在70%以上。一旦基差出现异常波动超过正常范围，就可能出现因期货账户上的浮亏增大而被迫止损出局，满仓操作的风险显而易见。

第二，现货和期货市场的资金配比。由于套期保值交易是期货市场和现货市场的交易组合，所以两个市场都需要占用资金，期货市场只需要一定比例的保证金，而现货市场根据产品不同有时候需要全额的货款，因此资金如何科学分配成为企业需要解决的问题。资金在期货市场和现货市场中具体如何分配应考虑套期保值策略的方向、价格的运行趋势以及公司当前的具体运营情况。例如对于买入式套期保值交易，在基差可控的情况下，如果市场处在跌势状态，则期货账户暂时会出现一定金额的浮亏，在没有采取止损措施时要增加期货市场的资金比例。

第三，补仓资金的设立。例如虽然设计套期保值交易策略时有入场点位，但是在实践中很难做到一次入场百分百成功，有时会出现入场的初始价位不太理想，但是又不能够盲目等待不做套期保值，当出现合适的价位时再适当补仓，就需要启用补仓资金。

第四，适当调整套期保值的比率。比如卖出式套期保值交易，在涨势中，可以选择适量敞开部分现货头寸（即持有适量投机头寸）不在期货市场中做套期保值，在上涨行情中增加套期保值的盈利效果。

第三章 中小企业资本运营

第一节 中小企业资本结构调整与优化

一、资本结构的概念

资本结构是指企业各种资本的价值构成及其比例关系，是企业一定时期筹资组合的结果。广义的资本结构是指企业全部资本的构成及其比例关系。企业一定时期的资本可分为债务资本和股权资本，也可分为短期资本和长期资本。狭义的资本结构是指企业各种长期资本的构成及其比例关系，尤其是指长期债务资本与（长期）股权资本之间的构成及其比例关系。最佳资本结构便是使股东财富最大或股价最大的资本结构，即公司资金成本最小的资本结构。企业资本结构反映的是企业债务与股权的比例关系，它在很大程度上决定着企业的偿债和再融资能力，决定着企业未来的盈利能力，是企业财务状况的一项重要指标。合理的资本结构可以降低融资成本，发挥财务杠杆的调节作用，使企业获得更大的自有资金收益率。因此，企业应尽量选择最佳资本结构来实现理论上的最低加权平均资本成本。

二、数字金融与中小企业资本结构调整

（一）数字金融与资本结构调整速度

一方面，数字金融的发展有利于企业降低债务融资成本。数字金融在信息传输、分析、处理等方面具有得天独厚的优势，通过数据能够精准对接参与主体，根据参与主体的投资需求、风险偏好等行为降低交易成本和信息不对称；同时数字金融具有明显的技术溢出效应，通过缓解企业融资约束，降低债务融资成本，进而提高企业资本结构调整速度。数字金融具有参与门槛低、高固定成本、低边际成本的特点，参与的企业数量越多，数字金融所提供的金融服务平均成本越低，债务融资成本也就越低，规模经济得以显现。因此，数字金融所带来的经济外部性、规模经济和范围经济使得金融资源"增量补给"，中小企业获取金融资源的门槛降低，债务融资成本进一步下降。

另一方面，数字金融可以通过竞争效应影响企业行为，使企业投资金融资产的收益率和财务费用下降，提高企业在市场的竞争能力与响应能力；金融市场投资者对其信任程度提高，进而降低权益融资成本。数字金融可以利用强大的信息处理技术了解企业的经营状况和财务情况，降低信息不对称和道德风险。基于此，充分利用数字金融提供金融服务的企业可以追踪市场变化和客户需求，灵活地调整企业生产决策，提高市场响应能力。这将会增大企业通过债务融资渠道进行融资的概率，有利于提高企业资本结构调整速度。

（二）数字金融与资本结构调整方式

企业可以通过调整债务和权益来调整资本结构，具体可分为增加债务、偿还债务、现金分红、发行股票四种方式。当企业向上调整资本结构时，可以增加负债或者现金分红。数字金融的快速发展，使得银行业竞争加剧，债务融资成本得以降低，企业更愿意采取增加负债的方式提高资本结构。此外，在市场竞争中资本结构也可看作企业战略部署，增加负债可以使企业债务税盾最大化，通过提高负债限制对手进入。虽然企业进行现金分红也可提高其资本结构，但企业现金流减少会影响其正常运行，使得企业无法进一步扩大生产规模，不利于与同行业企业展开竞争，无法在激烈的市场竞争中获取更多收益。

因此，中小企业通过债务融资即增加负债向上调整资本结构时，调整收益大于调整成本，有利于企业资本结构调整与未来发展。当企业向下调整资本结构时，可以减少负债或者发行股票。一方面，从权益融资视角来看，数字金融的发展通过竞争效应以提高企业的竞争优势，企业价值得以提升，提高了该企业在资本市场的声誉，赢得金融市场投资者的信任。中小企业通过权益融资渠道进行融资时成本会降低，因此，其会采取发行股票的方式调整资本结构。另一方面，从风险防控的视角看，数字金融的发展可能会使企业面临更多的风险，企业通过偿还债务以减少经营风险和财务风险。

（三）数字金融与中小企业资本结构调整速度的机制

数字金融的创新发展极大地影响了银行业的资产端、负债端和中间业务，改变了银行业的竞争格局；同时，数字金融的发展也推动了我国银行利率市场化的进程，在新型业务、商业模式等方面与银行业展开竞争。虽然数字金融给银行业带来了极大的冲击，但同时也推动了银行业积极变革，使其与企业进行信息共享和合作的概率大增。银行业利用互联网技术拓宽服务边界和服务范围，所开展的线上服务能够有效降低银行的交易成本。从宏观层面看，数字金融与银行业形成一种竞争合作的关系，两者进行资源共享和信息互补，提高了银行业的全要素生产率，同时扩大了银行对实体经济的支持力度。由此看来，在数字金融的冲击下，银行业开始采取行动，借助数字金融的"红利"积极转型，倒逼其进行改革，加强竞争。而数字金融与银行业这种竞争合作的局面有利于中小企业从银行获取贷款的成本下降，也就是其债务融资成本得以下降，其资本结构调整速度得以提高。

依托区块链、大数据、人工智能等前沿技术发展的数字金融可以多维度、深层次地为企业提供金融服务，特别是数字金融可以作为传统融资方式的替代性融资方式，能够以较低成本和便捷的方式为企业提供融资。例如供应链融资、企业发票融资等，以技术为依托的数字金融为其提供了可行性方案。

数字金融在解决传统金融存在的信息泄露、信息欺诈等问题的同时，也促进了金融机构的数字化革新，引发一场金融科技风暴，进一步完善了交易体系、支付清算体系、监管体系。同时，数字金融嵌入的区块链、大数据与智能算法等技术可以优化传统金融机构前台获客、中台运营以及后台风控等业务流程，降低金融获取成本以及银企之间的连接费用，企业资金可获得性增加。因此，数字金融通过底层技术在金融市场的发展能缓解企业的融资约束。

中小企业的有效发展需要有良好的金融技术作为支持，然而我国资本市场一直存在信息披露质量较差、信息透明度较低等问题。随着数字化的发展，数字金融能够实时获取、分析企业决策，消除传统资本市场信息透明度低的痛点。与此同时，数字金融借助先进技术，能够快速甄别企业信息，使得企业内、外部信息透明度提高，同时能够增加企业违规成本，进而倒逼企业披露信息，提高其信息透明度。

就企业外部而言，当企业信息透明度提高时，投资者可以根据企业披露的信息及时了解企业禀赋及经营现状；当投资者根据企业信息对企业未来经营持乐观态度时，会愿意为企业提供资金，有利于企业及时调整资本结构。另外，私有信息与公开信息之间具有替代作用，数字金融的发展可以约束投资主体进行内幕交易，避免因风险而造成企业杠杆增大，影响资本结构的调整。从企业内部来看，数字金融可以有效甄别企业信息，倒逼企业提高信息透明度，从而利用数字金融提供的"红利"激发"企业家才能"，提高中小企业资本结构调整的能力。

三、中小企业资本结构的影响因素

（一）宏观因素的影响

宏观层面主要是指经济影响因素和政策法律影响因素。而其中经济因素又细分为经济发展水平、通货膨胀水平、资本市场的发展状况和经济的周期性四个主要方面。

1. 经济因素

（1）经济发展水平

企业发展的总体态势与国民经济的总体运行相互作用，企业发展的总体态势能够决定国民经济的总体运行趋势；而国民经济的总体运行趋势又决定着宏观经济环境，能够反映出企业发展总体态势。所以我们常用GDP增长率和总量来对经济发展水平做出最有力的说明。当GDP增长率较高时，说明市场需求总量大，企业能够取得的盈利水平高，所以企业能够担负的财务困境成本高，企业的财务风险水平低。而在经济处于衰退时期，市场需求量小，企业的盈利水平随之降低，财务风险水平增加。这时为了克服困难，企业会使用紧缩负债经营的政策来尽可能避免可能遭受的损失或破产的风险。国内外学者研究表明，在经济发达的国家或地区，企业资产负债率较高；在经济发展水平相对落后的国家和地区，企业资产负债率较低。在很多实证研究的文章中，研究结果也显示：发达国家的负债率常常高于发展中国家。

（2）通货膨胀水平

大量理论与研究均表明，若一个上市公司的资产负债率较高，通货膨胀的经济环境对这家企业就十分有利。因为企业在通货膨胀前借入的资金，由于通货膨胀，此时的实际价值要低于之前借入时的价值，这使得公司的实际资产增加。但是也有部分学者提出反对意见，他们认为在通货膨胀的大环境下，企业的销售数量、产品价格和产品成本都会受到不同程度的影响，企业的经营状况不稳定，企业的经营风险、财务风险和破产风险相对提高，届时企业一般会采用降低负债比率，从而控制企业财务困境成本。另外，通货膨胀会致使企业遇到想要投资的项目时，对它的预期收益无法准确估量，计算预期收益时可能会采用较高的折现率，这会使企业减少投资项目的数量，这时企业对资金的需求也就降低了。所以这种情况下的通货膨胀不仅降低了债务融资的需求，而且会降低企业成长速度，影响到企业资本结构的优化。

（3）资本市场的发展状况

在资本市场发展水平比较高的时候，企业的融资渠道就更加广泛，融资工具的多样化为企业提供了更多种类的选择，更好地满足了企业的资金需求，这将有助于企业资本结构的优化调整。通常，资本市场发展水平越高，这一资本市场里面的股债价格就越是合理。目前我国的资本市场发展水平还不高,尤其是企业债券市场,国家对企业债券的发行要求比较严格,这就将许多中小企业拒之门外,对它们的融资选择造成约束,致使这些公司只好选择其他方式来获取资金需求,例如向银行贷款等,这对于我国中小企业资本结构的改善产生了很大的弊端。所以,资本市场的发展水平会对企业资本结构优化改善产生一定的影响。

(4)经济的周期性

经济周期对资本结构的影响主要体现在对资本市场及企业资本市场选择的影响上。若市场经济处于繁荣期与上升期,市场需求量大、供不应求,通常很多企业为了取得更大的收益,会通过融资等获取更多的外部资金来扩大企业生产规模。而当市场经济处于萧条期或者是衰退期时,市场经济的不景气会影响到许多企业的财务状况,尤其是作用于市场竞争力较弱的中小企业,甚至可能导致这些企业直接走向破产。在经济萧条期,企业往往会通过降低企业的负债率来克服市场经济带来的财务压力。除此之外,一个企业必须能够保证企业具有良好的偿债能力才算是拥有较好的企业资本结构。企业应当根据自身经济实力做出合理的债务结构,另外应当尽量分散债务偿还期,以缓解债务到期日过分集中造成的企业资金压力。

2. 政策法律因素

现如今,中小企业已然成为我国市场经济的主力军,所以我国政府发布的各项相关经济政策与法律规定都会对中小企业资本结构产生重要的影响。自从2016年3月国家"十三五"规划颁布以来,各项规定对中小企业发展取得了非常积极的作用。为了鼓励中小企业发展,政府也制定出台了一系列与中小企业相关的支持性政策,譬如颁布《中小企业促进法》;建立技术创新基金、企业担保基金;设立多层次的金融信贷系统为中小企业提供资金支持;对中小企业给予一定的税收优惠政策等。

(二)行业因素的影响

中观层面主要是指行业因素所带来的影响。不同的行业由于行业之间的发展本身存在诸多差异,就会处于不同的宏观大环境中,由此可见企业所处的行业不同也会影响到企业的资本结构。行业间发展水平的不同会表现为一些行业企业的负债水平总体处于较高水平,而另外一些行业的则普遍处于较低水平,因此企业必须要考虑行业因素对企业资本结构的影响。不同的行业具有不同的经营特征,享受着不同的国家政策支持,它们还有不同的市场集中程度、行业经营特点和行业生命周期等,这些行业因素都将对资本结构产生深刻的影响。

1. 市场集中程度

行业竞争水平体现在这个行业的市场集中程度上。一般而言,市场集中度越高,说明大企业的市场支配能力越强,则企业间的竞争程度就越低;反之,竞争加剧。市场集中度根据其集中程度的不同可以分为低度集中市场、中度集中市场和高度集中市场。在部分行业中,假如完全接入到市场,那么市场集中程度早已达到很高的水平了,但是由于很多的原因,一些企业的相互竞争,地方政府对地方企业的保护,使得市场集中程度发展得比想象的慢很多。在实际生活中,可能会有很多的影响因素,影响因素越多,解决的问题也越多,需要的方案、投入的精力也相对越多,市场集中程度就会很难提高,如果企业能够及时地分析发现问题的所在,发现解决问题的途径,问题就越早解决,越有利于企业的发展。

2. 行业经营特点

由于受到各行业间不同的经济发展水平、经营风险和获利能力等因素的影响,不同行业会在经营特点上产生诸多差异,而这些差异最终都会影响企业的资本结构。比如科技型产业属于高风险、高收入产业,相比通过银行借贷获得资金需求,企业更加倾向于采用风投的方式,所以科技型企业资产负债率相对较低。

3. 行业生命周期

行业生命周期是指某个行业从开始发展到退出市场所经历的经济活动的时间周期。行业生命周期存在着好几个阶段,每个企业都有自己的发展历程。在起步期,企业的规模可能很小,发展方向也不确定,针对的人群也有着自己内部的讨论,产品的性质、方向也摇摆不定,但会随着市场的发展、目标人群的喜好而发生的相应改变。这个时期的企业的服务机制并不完善,产品设计也存在缺陷,但如果产品符合当下时代的消费需求,竞争力就会提高。成长期的企业规模已经初步形成,出货渠道也相应地完善,想要继续发展,需要获取市场更大的认可,需制定一个发展目标,吸引更多的投资,以提高自己的竞争力,同时鼓励员工进行改革创新,利润也相对稳定。当投资并不能满足股东的需要和预想时,可能股东会撤出资金,此时的企业需要提高创新能力,以满足消费者的需要。衰退期的企业处于没落状态,产品滞销,研发新产品受阻,逐渐被市场抛弃。

(三)公司内部因素的影响

微观层次主要是指公司内部因素带来的影响。企业内部的影响因素有很多,如企业资产成本、企业规模、企业成长性、企业盈利能力、资产担保价值、股权集中度、非债务类税盾和资产流动性等。本节就一些对中小企业资本结构的影响较为明显和深刻的内部因素进行整理，其中主要包括：

1. 企业规模

公司规模的大小会对企业选择融资结构产生深刻的影响。规模较大的企业通常比规模较小的企业施行更完善的管理制度，拥有更稳定的资金流。因为多元化战略能够帮助企业有效地分散风险，所以在选择经营战略时，有能力的规模较大型企业一般都会选择同心多元化或者复合多元化的经营战略。我国中小企业在企业规模上有着很大的差异，企业规模的大小造成中小企业的风险水平差异从而间接影响企业资本结构。根据融资优序理论，大公司更有可能出现低杠杆性，而债务融资的杠杆性较高，原因在于大公司更愿意选择内部融资与权益融资。信息传递理论认为，大公司通常更愿意将自己的公司信息提供给公众，因此其信息的透明度较高，所以说在一定程度上企业的规模与管理人和投资人之间信息不对称程度负相关，而对于那些信息的对称程度较高的大公司，其市场价值没有受到太大的扭曲，同样使用权益融资方式所遭受的损失相对较小，因此，规模较大的公司更愿意选择权益融资方式。而那些小企业，在股权方面则没有这样的优势，因此其债务的选择只能是债务融资，所以其负债比例相对较高。

2. 偿债能力

企业的偿债能力是指企业用其资产偿还长期债务与短期债务的能力。通过对流动比率、速动比率、现金比率、资金周转率、清算价值比率和利息支付倍速的计算，我们可以获取企业偿债能力分析。企业的诚信和偿债能力与上层人员的思想观念、管理方式是企业生存和发展的一个关键的因素。偿债能力越强的企业具有越好的资产偿还能力、越高的企业声誉级别，债权人的权益有保障，就会更愿意把资金借给偿债能力强的企业，企业更容易得到债务融资。这就是一个良性循环，这样的企业更适合采用负债率高的资本结构。

3. 盈利能力

通俗地说，企业盈利能力就是与产品的成本以及相关的服务管理费用有关。部分表现为在一定的时间内赚取的利润多少。目前学者们通过理论与实证研究得出的有关于企业盈利能力对资本结构的影响并没有统一的结论。权衡理论学派认为，在选择最佳资本结构时，企业通常为了实现价值最大化会在企业抵税收益和困境成本之间进行对比，做到权衡利弊。因此当企业的盈利能力越强，可能产生的困境成本越低。融资优序理论学派则认为，企业进行融资决策时会把内部融资放在首位进行选择。因此企业盈利能力越高，越会尽可能先使用企业留存收益作为资金；而盈利能力较低的企业由于内部资金不充足，只能依靠外部融资获取资金，所以他们认为盈利能力与资本结构呈负相关。但假如从另一个角度来看，倘若企业融资获得资金是运用财务杠杆获取更多的收益，那么盈利能力与资本结构呈正相关。信号传递理论学派认为，企业内部管理层与外部投资人的信息不对称会致使外部投资人认为，负债率越高的企业盈利能力也越强。

4. 营运能力

企业的营运能力与效率和效益相关。效益主要与周转率和这个企业的资金流动速度及一些相关指标有关。企业为了实现这个目标，会主动适应市场规则，满足目标群众的消费需求，企业也会通过各种各样的方式来提高自身价值，使得自身资产得到更有效的发挥。企业的资金周转速度越快，企业财务状况越稳定，公司声誉就越好。当公司声誉达到很好的程度时，外部投资人更愿意投入资金，这就形成了良性循环，对企业资本结构产生了积极作用。

5. 成长能力

企业成长能力通俗来说就是该企业发展的具体目标以及对市场占有率的目标、规模、能力等，对企业未来的发展有着至关重要的作用。企业成长能力会随着消费者的需求发生变化，也会随着管理层面的思维方式、发展观念的变化而变化。企业要根据自身情况、市场的发展规则和消费者的爱好制定符合自身企业的资本机结构。

目前学者们通过理论与实证研究得出的有关企业成长能力对资本结构的影响也有不同的结论。权衡理论学派认为，一个公司的企业成长能力越强，经营风险与财务风险也相对较高。当处于高风险经营时，企业通常会选择适当地降低企业负债而缓解这些风险，所以企业成长能力和资本结构呈负相关关系。代理成本理论学派认为，因为企业控制权在其股东手中，从自身利益最大化角度考虑，他们会有侵占债权人利益的倾向，所以在进行投资决策时会更加倾向于选择高风险、高收益的项目。但是，企业成长能力越强，对于外部资金的依赖性就越强，企业经营选择灵活性越强，债务代理成本就越高，企业管理者在权衡代理成本与投资收益后，通常情况下都会选择较低的资产负债水平。因此企业成长能力和资本结构的关系是相反的，发展呈现相反的方向。也有学者认为外部投资人与企业内部管理者之间存在信息不对称，这在企业进行股权融资时容易造成股票价格的低估，从而致使企业退而选择债务融资的方式获得资金，所以他们认为企业成长能力与资本结构之间呈正相关关系。

四、中小企业资本结构优化策略

中小企业的健康发展能够积极推动总体社会经济的良好运行，为我国的经济发展向上一个台阶做贡献，所以中小企业能够拥有良好的资本结构尤为重要。而中小企业的自身特点决定了它们在选择合适的资本结构方面与其他企业存在着重大差异，因此在资本结构优化选择时，就应综合考虑公司的行业特征与企业特征。行业因素、企业规模、成长能力、盈利能力、偿债能力和成长能力都与中小企业资本结构的选择有重要的影响。研究也在一定程度上验证了西方资本结构理论对中国中小企业的适用性。不同行业的中小企业资本结构存在差异，企业规模和成长能力等因素的限制，使得中小企业进行债融资的能力较低。对于盈利能力较弱的中小企业，内部融资不能满足其资金需求，在这种情况下，中小企业股权融资的倾向性加大，而中国目前的资本市场发展尚不完善，中小企业通过股权融资的门槛较高。

要想使我国市场经济得到更快更好的发展，国家应该从政策上进行支持，让中小企业获得更大更持久的发展。企业也要学会通过选择更为有效合理且更为方便的方式来优化自身的资本结构，只有这样，中小企业的生存与发展才能得到应有的保障。同时，通过对我国中小企业板上市公司资本结构影响因素的分析，我们可以清楚地看到企业如何选择融资方式是一个很复杂的过程，除了我们研究的这几个因素外，还有很多其他因素在起着作用。如何使得企业的资本结构处于一个比较合理的区间内，并得到进一步优化，一直都是理论界的难题。

（一）基于政治法律方面的优化

在宏观政治法律方面的优化建议，主要是增加政府对中小企业发展的支持力度、完善有效的资本市场、建立我国中小企业融资担保体系、实现融资工具多样化、建立中小企业无形资产价值评估体系等。

外部融资环境借助贷款利率水平、资本市场和债券市场的有效性、政策环境等因素，对中小企业的融资渠道和融资方式有重要影响，最终影响着中小企业的资本结构。因此，进一步完善融资环境的建设也是优化调整中小企业资本结构的一个重要方面。

从世界各国解决中小企业融资困难问题、实现资本结构优化的经验看，构建有效的信用担保体系，可以补充中小企业向银行等金融机构融资时的信用、担保资产不足，从而降低金融机构的贷款风险，成为解决中小企业融资难、有效优化其资本结构的重要途径之一。

由于我国中小企业普遍缺乏可抵押和可担保的固定资产等，它们很难从金融机构取得足够的贷款，这样就会限制中小企业的良好发展，对我国资本市场的发展不利。因此，我们可以学习借鉴国外的经验，并且根据我国的自身国情，增加其他融资方式。比如建立一个无形资产价值评估系统，这有利于中小企业无形资产的价值评估，可使外部投资人加大对投资企业的兴趣，增加了企业获得资金的机会，促进中小企业更好地发展。

（二）基于不同行业间的优化

当企业面临融资决策时，要确定自身所在行业，注重自身行业的特征，比如行业内部的竞争程度、行业的经营特征等，根据企业自身发展水平和企业定位特点制定适合企业的资本结构。如果企业所在行业的市场竞争很强，企业在生产经营过程中就应该不断地优化自身资本结构，增强竞争力。同时企业也应根据经济大环境所处的不同周期阶段来调整企业的融资方式。在经济衰退和萧条阶段，企业的发展一般会受到很大的影响，收入减少、利润降低，这些都可能使企业面临破产的威胁，此时企业应当尽量减少债权资本的比例，以减少必须的成本费用，从而能够尽量减少企业的财务风险。在经济复苏和繁荣阶段，宏观经济向好的方向发展，此时企业应当尽可能抓住机遇，在合理的范围之内尽量使用负债经营来充分发挥财务杠杆所带来的好处。

（三）基于公司层面的优化

第一，结合企业规模合理负债。企业在进行融资时要根据企业的规模来做选择，规模稍大的企业可以适当提高资产负债率。企业规模是影响公司资本结构的重要因素之一，企业在进行资本结构决策时应结合自身的规模来选择适合自己的融资方式。我国中小企业资本结构与企业规模存在着显著的正相关关系，尽管公司债券有很多优势，但对于目前我国许多中小企业来说，由于发行条件的限制，证券法对于企业发行公司债券的条件如公司的净资产、公司最近三年的平均可分配利润、累计债券余额都有明确的要求，由于中小型公司大多实力、资质不够，能发行公司债券的主要还是一线龙头公司。所以企业要实现规模经营，应在合理的范围内尽量多地选择债权融资，充分运用资本经营，获取财务杠杆利益，取得规模经济效益。规模稍小的企业不应当过多地使用债权融资，从而避免财务风险过大而使企业陷入危机。

第二，优化资本结构时要考虑偿债能力。速动比率是影响中小企业资本结构的重要因素之一，制造业、批发和零售业、建筑业与信息传输、软件和信息技术服务业的速动比率与资本结构负相关。速动比率代表了企业短期偿债能力，企业短期偿债能力越强，通常长期偿债能力也越强，即资产负债率越小。因此，这些中小企业在进行最优资本结构决策时，应对自身的速动比率、流动比率等短期偿债能力重点关注。

第三，根据企业盈利能力来融资。许多行业中中小企业资本结构都与企业盈利能力呈显著负相关，所以企业在进行融资时必须考虑到自身的盈利能力。盈利能力也是我国银行对于企业的信用评估的重要指标，盈利能力低的企业很可能无法获得银行的贷款，同时，盈利能力也是企业在资本市场进行股权融资时投资者最为看重的指标。企业的盈利能力越强，在决定融资方式时就能拥有更多的选择。另外，只有当企业的资本收益率高于负债利率时，负债融资产生的收益大于负债的利息支出，股东的实际收益率才会高于企业的资本收益率，否则，债权融资将使股东收益率低于企业的资本收益率。因此，确定最优资本结构时应分析企业的收益能力。

第四，优化资本结构时考虑营运能力。中小企业资本结构受自身营运能力的影响，制造业与信息传输、软件和信息技术服务业的营运能力与资本结构正相关。营运能力反映出企业在管理效率和资产运作上的能力，通常营运能力越强，企业资产周转快、流动性高，经营风险低，企业更容易获得债务性融资。因此，制造业、信息技术业中小企业在进行最优资本结构决策时，也应重点考虑自身的营运能力，即营运能力较强的中小企业可以适度地增加债务融资以降低资金成本，营运能力较弱的中小企业面临的经营风险较高，应减少融资以降低财务风险。

第五，根据成长能力进行融资决策。一个企业成长能力决定着企业未来的发展速度和发展前景，从而直接关系到企业对于资金需求的规模和紧迫性。我国中小企业上市公司的成长能力与其资本结构有着显著的正相关关系，有着较高成长能力的公司为了避免公司的股东利益遭到稀释，通常会采用提高公司的资本结构来满足自己的融资需求，这种做法不可避免地会增加公司的财务风险。因此，具有良好成长能力的公司在合理利用债务融资的同时也应当注意企业外部的环境以及自身财务状况，综合考虑调整自己的资本结构，在降低融资资金成本和融资风险的同时，实现资本结构的优化。

第六，确定合适的资产负债率。理论上来讲，企业存在一个最优资本结构，即企业加权平均资本成本最低、企业价值最大化，但因受到来自外部和内部各种其他因素的影响，往往很难做到。企业当下要使资产负债率水平保持在一定的水平，比如在行业内处于平均水平，以此作为评价企业资本结构优化调整的依据，找到企业自身与其存在的差距，然后从对资本结构有影响关系的重要因素为依据对资本结构进行适度的优化处理。

第二节 中小企业资本并购重组

并购重组是我国市场经济体制改革后形成的一种交易活动，该交易活动能够保留原始企业法人资格，或重新建立多企业法人资格，在活动完成后，一方企业能够充分把握另一方企业的经营情况。企业在展开并购重组活动时，通常会采用以下两种方法：其一，资产交易；其二，股权交易。企业开展并购重组活动的原因有多种，但主要目的是提升企业的经济效益、扩大企业的经营规模、提升企业的市场竞争力，保障企业的持久稳定可持续发展。

一、中小企业资本运营的基本类型

（一）破产重组

提到破产人们的第一印象就是企业走向绝境，其实，中小企业在面临发展困境时破产并非唯一的选择，中小企业很可能在发展过程中的某次决策失误便搭上了企业的全部家当，也可能是选择的合作伙伴不合适，种种因素都可能让中小企业面临难以周转的困难，甚至负债累累。很多中小企业在面临困境的时候会选择破产，但是破产其实是最后的不得已之举，在破产之前还可以选择破产重组。简而言之，就是让有实力的企业对面临困境的企业进行收购，这样一来，实力较强的企业便是面临困境企业的一根救命稻草，得到优势企业的资金支持和信誉支持，劣势企业也能够争取到更多的整顿资本和调整资本结构的时间。中小企业破产重组其实是将面临破产企业的债务进行分担，当有优势企业进行收购时，债务压力便会由两个企业共同承担。破产重组其实是给予中小企业除了破产之外的另一种选择，中小企业在面临困境即将破产时，在法律保护下中小企业可以获得资产重组的机会。

（二）企业兼并

企业兼并处理的更多的是优势企业和劣势企业的关系问题，优势企业之所以能够有优势是因为在企业起步的时候就制定了符合时代发展趋势的战略策略，而劣势企业在起步时拥有的资金等方面并不比其他企业差，但是在发展的过程中却逐渐搭上了企业的全部而无法顺利抽离，企业自身存在的发展问题使得不少企业将会面临劣势困境。企业兼并是优势企业和劣势企业不谋而合的一种认可关系，优势企业本身具有发展潜力，它需要吸收更大的力量来激发更大的发展潜力，因此，优势企业的自身优势的保持性和追求进步性促使优势企业的兼并行为；而劣势企业则认为企业兼并的行为更利于自身脱离困境重获发展，因此，劣势企业也更愿意被兼并至优势企业中，以帮助自身摆脱困境。企业兼并的形式是根据双方实际情况而定的，比如被兼并企业的债务情况比较简单，债务负担并不是很重，那么兼并企业便可以只让被兼并企业资金入股，当资金获利分红时被兼并公司便可以将利润积攒起来，从而自己偿还债务。如果被兼并企业本身的产品知名度比较高，但是所负担的债务比较重，那么通过其产品知名度的吸引会让兼并方愿意承担相应债务对企业进行兼并。业务相近的企业也可以通过重新组合的方式进行互相兼并，兼并以后由一方控股，另一方则是附属企业，从而扩大规模形成集团公司，如果兼并方有足够的实力也可以选择购买被兼并企业。

（三）融资租赁

融资租赁是在企业之间确立一种租赁关系，对于企业间的资源共享有着不可替代的作用，比如有的企业的资金不足以购置所有的设备或者所有的生产车间，而另一些企业虽然具有生产车间和相关设备，但资金最近流转困难，这种情况对于双方都是困境，同时也为双方带来互相弥补的机会。当出租方将资金投入到某一个项目的时候就可能会搭进不少的资金，然而企业运行日常仍需要大笔开销，如果为了解决资金问题，卖掉生产设备和生产车间比较可惜，因此，将设备或者生产车间租出去则是一个不错的选择，设备和车间的闲置不如用来获得一些流转资本。承租方在生产的过程中可以采用租设备和车间的方式来满足生产需求，租赁虽然也需要资金，但是这些资金远比购买全部设备和购买车间要少得多。出租方和承租方最重要的就是要制定好信誉合同和融资租赁的注意事项，在给双方带来融资租赁安全感的同时，也能避免合同后期的一些麻烦。

（四）中小企业上市

中小企业上市有两种方式，一种方式是直接上市，直接上市对于中小企业的自主宣传要求比较高，当中小企业上市的时候可能很少会有人认可，这就需要中小企业自身宣传到位，但是，这种方式有利于中小企业建立自己的原创品牌并提高上市知名度。同时，在宣传企业形象的路上自然也会走得较为艰难，毕竟一些知名品牌和一些大企业的形象已经在大多数人心中，要想让人们青睐，就要拿出真正的实力和更多的时间去捕获人们的内心。除此之外，直接上市还需要办理各种繁琐的手续，前期遇到的问题也会比较多，但是只要挺过了困难期便会迎来光明。另一种上市方式则是买壳上市，买壳上市相对于直接上市就会省去一些繁琐的申请环节，买壳上市主要是利用已经上市的企业空壳进行注资，也就是对已经上市的企业进行挂牌交易。这些上市企业有可能是成功赢得上市的机会而后期发展的过程中经营不善，中小企业买壳上市可以为之前的挂牌企业带来重生的资金，这对于刚刚起步的中小企业而言上市压力也比较小，无论是从费用还是申请环节上都比较有利。

二、中小企业资本并购重组概述

（一）中小企业资本并购重组的动因

并购重组是指在市场经济体系中，企业为了掌握其他企业的控制权而进行的相关产权交易活动。企业具有明确的转让交易意向是中小企业并购重组的基本前提。中小企业的并购重组有利于企业规模的进一步扩张，经济实力迅速增强。而最大限度地追求企业价值则是企业资本并购重组的动因及基本目标。基于这个基本目标，分别从不同维度出发，得出以下三点促成企业并购交易的并购动因。一是并购可以打破资金、技术、经验、行业、市场以及渠道等方面的限制，以低风险、低成本的优势进入一个全新的行业，借壳上市，占领市场份额，实现布局的全球化和经营的多元化；二是并购重组有利于企业规模的快速扩张，从而充分发挥企业的规模效应；三是在并购重组的过程中，可以优化整合及重组企业的有效资源，取长补短，发挥财务、管理及经营方面的协调效应。

（二）中小企业并购重组对并购双方的相互作用

对并购方来说，企业的并购重组是建立在企业利益及发展需要的基础之上的。中小企业由于规模较小，在激烈的市场竞争中无法发挥规模效应，通过并购重组，其经营规模和实力能得到迅速壮大。且并购方并购与自身经营属性不同的企业也可以丰富产业和经营种类的多样性，从而实现多元化经营。除此之外，并购方在并购重组的过程中，可以从被并购方中汲取设备、技术以及人才等方面的优势，从而缓解中小企业自身技术以及管理上的劣势，使企业的核心竞争力得到进一步增强。因此，中小企业进行并购重组不仅可以达到优化产业结构、提升经营实力的目的，还可以稳步提升其在行业及市场中的地位，拥有更多的话语权和主动性，从而推动企业的可持续发展。对被并购方来说，被并购企业接受并购方的并购请求而进行并购重组是建立在资金运作和企业发展需要的基础之上的。通常而言，企业经营管理不善会大大降低企业的盈利能力，对企业经营发展造成不良影响，更有甚者会出现高负债率等现象，此类企业仅仅依靠自身力量取得发展是十分艰难的。通过并购重组，被并购方可以引入足够的资金以解决资金链方面的困境，在并购方资金、技术、管理等各个方面的帮助下盘活企业活力，增加股东收益。

三、企业并购重组的发展历程与趋势

随着国际局势的复杂化、全球经济的疲软，企业全面承压。为了实现更好的生存和发展，企业经营者必须找到一个快速实现企业可持续发展的方法。研究发现，并购重组是起源于西方国家的实现企业迅速扩张的经营策略，后结合中国国情得到新的开发和应用。该策略在实现企业多元化战略、发挥协同效应、扩大市场份额及向社会传递信息方面具备天然优势，无疑是企业规避风险、实现快速崛起扩张的"金钥匙"。基于中国国情的并购重组，是在国家政策指引下顺应市场机制的经济活动，是一条围绕国企改革主线的企业经济发展之路。当下，关于并购重组的理论研究已经颇为丰富，其中，并购动因的研究深刻表明，并购对我国企业的发展产生了强大的支撑力。同时，关于并购绩效的研究产生了多种检验并购效果的模型分析方法，利于对企业并购的效果进行科学的评估。企业并购重组已逐渐被人们熟知和认可。理论研究奠定了思维基础，但只有将理论研究应用到实践当中，才会产生具体的实际意义。例如我国学者通过研究指出，关于并购重组的理论研究无疑是金融学理论的重要课题，学者们的研究热情空前高涨，围绕并购活动展开了大量研究，在并购动因、影响绩效、评估方法等方面取得了丰富的成果。当前的并购文献可谓百家争鸣，但是，对此仍未形成一个统一的结论。究其原因，并购的理论需要与我国的经济基础相匹配，不同的历史时期对于并购的理解和操作均有所不同，这恰恰与我国的并购浪潮相匹配。只有结合中国的国情，适时调整并购政策及企业的角色和定位，才能让理论研究落到实处，产生强大的经济效益。

（一）政策梳理

早在1984年"两权分离"原则的指导下，企业便开启了并购重组的试水阶段。1992年，在明确建立社会主义市场经济体制目标的指引下，党的十四届三中全会审议通过《中共中央关于建立社会主义市场经济体制若干问题的决定》，成功激发经济活力，掀起第二波市场化主导的并购浪潮。2001年，我国成功加入世贸组织，直接带动了第三波以"走出去"为目标的并购浪潮。经过数年的发展，国务院于2010年印发了《国务院关于促进企业兼并重组的意见》，明确兼并重组的重大意义在于

深化企业改革、促进产业结构调整、强化抗风险能力、实现可持续发展，这为我国并购重组正式奠定了政策基础。2013年，国家的支持政策全面铺开，"一带一路"倡议则发起了一波以国际市场竞争为主要方向的并购浪潮。2014年底发布的关于兼并重组的三份财税文件，为广大企业解除了后顾之忧，全面激发改革热情。"十三五"期间，国企改革取得了重大突破性成就，国企改革"1+N"政策体系构建成型，但改革不平衡、落实不到位的情况依然存在。2020年6月30日，中央全面深化改革委员会第十四次会议审议通过了《国企改革三年行动方案（2020—2022年）》，这是党中央基于企业现状和经济环境吹响的一个攻坚冲刺号角，旨在全面提升企业核心竞争力、风险抵御能力，发挥国有经济的支撑作用。2022年是国企改革三年行动的收官之年，截止到2022年5月底，中央企业改革三年行动举措完成率达94.7%，主体任务基本完成。时间不停，改革继续，2022年4月10日《中共中央国务院关于加快建设全国统一大市场的意见》发布，标志着国企改革进入了一个全面市场化的新阶段。

（二）并购重组的发展历程

1978年，我国确定从计划经济逐步向社会主义市场经济转轨、实行改革开放，历经40余年的艰苦奋斗，走上了一条非凡的经济发展之路。国家性质决定了国企的重要地位和特殊使命，为实现与国际市场接轨，由此走出了一条国有企业为主导、多种经济体制并存的发展之路。依据不同时间段的企业改革重心，企业并购重组可分为四个阶段（见表3-1）。

表3-1 并购重组的发展历程

发展阶段	时间	具体内容	企业并购重组模式
第一阶段	1978—1992年	"放权让利"的改革试水阶段，是我国市场经济的萌芽阶段 通过阶段性释放国家对国有企业的管控，充分调动企业自身的活力，实现市场化的调节；以国企改制为主，帮助国企脱困，向市场经济转换经营体制，承包制应运而生。其间，被兼并企业6966家，亏损企业减少4095家	由政府直接参与，局限于地区内的国有企业和集体企业之间的横向并购

续表

发展阶段	时间	具体内容	企业并购重组模式
第二阶段	1993—2002年	初步建立现代企业制度、市场经济概念深化的阶段，实行"抓大放小"策略；确立以公有制为主体、多种所有制经济共同发展的基本经济制度；非公有制经济获得发展契机，国企数量进一步减少。国家进一步放权，企业完成股份制改造；此阶段的典型事件有邓小平同志的南方谈话，明确了经济发展的基调，中小企业得到了蓬勃发展，但是国有企业仍然表现平平	由政府行为向市场行为转变，多种经济体制和跨地区并购成为主要方向
第三阶段	2003—2022年	改革国资监管阶段，我国加入WTO、国资委成立，推动国企兼并重组策略，实现由直接管理向资产全面监管的转变，但由于国有资本的强大和政企不分，国企业绩普遍低迷。经历了上述两个阶段，国家的市场经济重心，逐渐由国有企业转变为更具有活力的中小型企业，对国有企业实行了力度更大的战略整合操作	政府逐渐退出企业并购活动，以市场力量和企业自身为主要动力
第四阶段	2013—2022年	这一阶段的工作重心仍然围绕提升国有企业活力和业绩。全行业参与并购，海外并购获得蓬勃发展，强强联合更加深化，头部企业迅猛发展；2013年，国家提出共建"一带一路"倡议；经过前3个阶段的放权、激励、监管等措施，继续深化改革，达到提升业绩、激发活力的目的，但是从实际效果看，国有企业的表现仍然不及预期；为数不多的中小企业依靠自身的现代化企业管理制度和市场的敏感性逐步壮大，跻身世界前列，仍有多数企业挣扎在生存线上	政策给予大力支持，鼓励企业实行"走出去"战略，目标为提升企业国际竞争力

（三）新趋势展望

面对当前越来越复杂多变的国内国际市场环境，小经济体灵活的优势逐步被由全球市场冲击造成的安全风险取代。显然，企业的经营策略需要做出同步的调整。结合中国的国情，企业可以尝试从以下两个方面进行调整。一方面，基于国有企业强大的资源背景、特殊使命和极具影响力的身份，应保持国有经济的主导地位，充分激发其活力；另一方面，应解决中小企业面临的体量小、抵御风险能力差、发展缓慢的问题。因此，需要跳出仅围绕国企进行变革的思维，探索企业改革的新模式。中小企业能够通过并入国有控股企业，实现企业的转型升级，同时，国有企业也可吸收优质的中小企业，以提升多元化经营和核心竞争力，实现更高的经济效益。这种新的并购现象是基于我国国情，结合市场经济和全球化进程的一种新形态，是混合所有制改革的一种高度市场化表现。该模式有利于激活国有企业中仍然落后的个体，同时，带动中小企业发展，实现资源互补、合作共赢的模式，暂时将其定义为我国企业改革的第五阶段，即以促进国有企业发展、中小企业生存、为国民经济发展增添新的经济增长点为目标，最终实现各方共赢的阶段（见表3-2）。

表3-2　并购重组的新阶段

发展阶段	时间	具体内容	企业并购重组模式
第五阶段	2023年开始	巩固和保持现有优势企业的发展状态，彻底解决困难国企的发展经营问题，同时，将改革的红利惠及中小企业，政府给予相应支持。以"十四五"规划和2035年远景目标纲要的发布作为转变节点，目标是实现国企多元化战略，完善产业链配置，帮助中小企业优化资源配置、扩大发展空间，最终以优质的企业形象参与国际竞争，增强抵抗风险和角逐全球市场的能力	国有企业为平台，发挥背景和资源优势，中小企业利用自身的核心竞争优势参与合并，实现集团"抱团出海"的模式

四、中小企业实施并购重组的风险控制

（一）中小企业实施并购重组过程中面临的主要风险

1. 融资风险

融资风险是中小企业开展并购重组过程中经常面临的风险，这些风险集中于企业并购重组财务风险范畴内。在开展并购重组活动时，首先应当准备充分的资金，

保障并购重组活动的顺利实施,但中小企业的资金往往有限,无法充分满足并购重组活动的需要,因此在这一过程中,不少中小企业都会采取多种手段统筹资金,为并购重组活动的开展提供稳定可靠的资金来源。但不管是采用外借资金的手段,还是采用出售资产的手段,都会对企业资金框架带来影响,进而为企业带来融资风险。

2. 信息风险

一般情况下,中小企业在开展并购重组活动前,都会对被并购企业的具体情况展开详细的调查,充分掌握被并购企业真实的财务状况与运营情况,为并购重组价格评估工作提供依据。但在实际开展这一活动的过程中,常出现被并购企业的主观道德与客观信息不相符的情况,为企业带来信息风险。例如被并购企业为谋求利益,更改或隐藏部分重要信息,这会为企业带来一定的损失。

3. 协议风险

目前我国市场经济快速发展,中小企业在开展并购重组活动的过程中,应当严格遵循我国相关流程与法律,在法律的要求下签署相关文件,并严格执行。若企业未依据相关标准展开并购重组,或对并购重组协议的执行不力,就会造成两家企业之间出现矛盾,甚至引发经济诉讼。现实中不少并购重组案例都是由于并购重组协议不合理或参与企业出现违反相关法律标准的情况,导致并购重组失败。例如某企业为医药对外贸易企业,在对某小规模医药企业展开并购的过程中,因并购协议内容不够规范,为企业带来了较为严重的税务压力,进而导致了并购重组的失败。

4. 资源风险

并购重组活动中的并购主体在对被并购企业执行并购方案后,被并购企业中的核心人员往往会出现流失的情况,导致并购主体不得不在接收被并购企业后,对企业人才开展重新培育,耗费大量的人力、物力、财力,为企业带来本可避免的损失,这在我国中小企业并购重组活动中十分常见。相关调查显示,并购重组活动中出现人力资源流失的根本原因在于企业没有全面贯彻被并购企业的运营理念、受到其他离职员工的影响以及并购之后员工薪资待遇减少等。人力资源的流失会为并购重组企业带来极为不利的影响,尤其核心人员的流失很有可能导致企业重要资源的流失,为企业带来难以挽回的经济损失。

(二)对中小企业并购重组风险的控制措施

1. 做好融资风险把控工作

企业在执行并购重组方案时,应充分把控企业并购重组中需要的资金,同时仔细分析企业内部的资金情况,实现对融资风险的全面把控。具体而言,企业可以采取以下手段：其一，拓宽企业的融资渠道。近年来我国市场经济高速发展，国家不断为中小企业提供丰富的融资渠道，例如放宽了对中小企业信贷的要求等。因此，并购企业应当充分借助国家颁布的相关政策，开拓融资渠道，控制融资风险，为企业平稳开展并购重组活动保驾护航。其二，均衡并购企业的融资框架。企业在并购重组过程中，因要转变企业资本框架，从而会有财务风险。企业在设定并购融资方案的过程中，应当均衡管理企业内部的资金以及所有者权益关系，最大限度降低企业资金框架的改变所带来的影响，减少融资风险的发生概率。

2. 加强对被并购企业相关信息的核查

在选择被并购企业的过程中，应当遵循价值原则，加强对被并购企业相关信息的核查，明确了解被并购企业是否存在相关风险，防止被并购企业故意隐瞒相关经营、财务状况，给企业的发展造成不利影响。企业应当加强对被并购企业的综合核查，设计全面的核查范畴，尽可能完整地分析被并购企业的运营状况与财务信息，从财务并购的视角出发，分析并购之后企业的发展趋势，保障企业的健康稳定发展，在完成对并购企业的核查与选择之后，应当在保证并购企业现有资产的情况下设计并购方案，实现企业的健康发展。

3. 科学制定并购协议

企业在开展并购重组活动时，应在结合企业各项具体情况的基础上设计科学、合理的并购方案，并在方案执行环节中彻底满足约束要求。这些约束要求主要集中在以下三个方面：其一，签署对应的并购协议，长期债务协议会对企业的并购重组活动起到一定的约束效果，企业应结合自身在并购重组中的需求，向债务人明确告知实际情况，并签署对应的并购协议书；其二，在整个方案的实施过程中，企业应当严格遵循国家相关法律规范；其三，企业资金的流动情况也会直接决定并购方案是否能够依据原始规划标准执行，在并购方案实施后，为保证企业流动资金能够满足企业自身的要求，企业应当对资金流动数额制定严格的标准。另外，在并购方案实现后，企业应当对被并购企业债务状况进行制约，这一点也应当在并购方案设计中体现出来，企业应当综合思考自身实际的财务情况，并在协议书中标注债务偿还计划。

4. 加强对并购环节中的资源管理

加强对并购环节中的资源管理也能够提升企业运营水平、增强企业的市场竞争力、扩大企业的运营规模，为企业带来更多的经济效益。在这一过程中提到的资源主要包括企业的高新技术以及相关的优惠政策，其中高新技术是企业稳定发展的原动力，对企业的市场竞争力具有直接的影响力。因此，在开展并购重组活动的过程中，企业应当将技术创新作为重点注意的部分。相关优惠政策是企业实现运营规模扩充的切入点，企业应当及时借助国家颁布的优惠政策，提升企业的自我价值。总之，在开展并购重组活动的过程中，企业应当将高新技术与优惠政策应用到位，提升并购结果的理想性。

5. 强化企业运营管理整合

被并购企业在并购重组工作完成后，应当及时转变运营战略，此时多数企业主都会将短期效益当作核心标准，在市场竞争不断加剧的今天，被并购企业应当科学调整运营标准，以企业的长期效益为导向，集中企业运营实力，大力发展自身的优势，快速转变财务经营情况，优化企业的各项财务指标，有效规避财务风险。同时，被并购企业还应当全面扩充、创新产品类型，不断开发规划新型产品，延长产业链，提升产品品质，提升并购完成后企业的整体效益。为充分落实"增加收益、减少亏损"的目标，企业应当对被并购企业的产品以及价格弹性进行充分的思考，并购企业在并购完成后，应当及时调整产品价格，及时转变生产工艺，对当前的工艺成本以及产品价值展开综合评估，不断优化工艺技术，在减少成本投入的同时提升企业的竞争力。另外，被并购企业应当及时强化自身的市场营销实力，依据市场发展的需求，提升自身的市场营销力度，创新营销方式，提升产品在市场中的占有率，获取理想的经济效益。

第三节 中小企业资本市场融资

一、中小企业资本市场融资现状

（一）中小企业融资现状分析

1. 融资难以满足资金需求

中小企业对经济发展做出的贡献难以忽视，但其融资支持度却难以和其为经济做出的贡献相称。《2021年中国中小微企业融资发展报告》中指出，我国中小企业贷款余额规模自2016年的27.3万亿元增长到了2020年的43.2万亿元，年复合增长率达12.2%。但如果以中小企业对经济做出的贡献来计算，贷款空间预计为当前规模的1.5～2.3倍；如果以满足单户企业的融资需求为计算标准，预计贷款空间应为当前规模的 2.7 倍，体现了我国中小企业融资所得资金难以满足其对资金需求的融资现状。

2. 普惠性小微企业贷款利率有所下降

国务院于 2016 年 1 月 15 日下发了《关于印发推进普惠金融发展规划（2016—2020 年）的通知》，我国的普惠金融建设由此开始。截至 2021 年末，普惠性小微企业贷款余额显著增加，自 2016 年的 7.4 万亿元增长到了 2021 年的 15.3 万亿元，平均年增长率接近 20%。2018 年中国银监会办公厅发布了《关于 2018 年推动银行业小微企业金融服务高质量发展的通知》，加大了对普惠性金融建设的力度。自此，我国普惠性小微企业贷款利率呈现逐年下降的趋势。

（二）中小企业融资存在的问题

1. 融资结构不合理

内源融资和外源融资是企业主要的两种筹资渠道。内源融资一般有企业自营资金、亲友借贷、风险投资和企业自身运营积累的资金等来源。外源融资一般分为直接融资和间接融资。目前，我国中小企业在成立初期大多依靠内源融资筹措资金，据世界银行属下的国际金融公司调查报告显示，我国中小企业用于企业创立、运转的资金 50%～60% 来自企业业主的个人资本及企业运营的资本积累，另外约 20% 的资金来自银行贷款，相比之下，公司债券及外部股权等融资所得资金只有约 1%。根据我国有关部门发布的统计报告显示，银行贷款占中小企业融资总量的 98.7%，因此银行贷款是我国中小企业融资的主要渠道。但只有 77% 的中小企业借贷申请能成功获得银行借款，相较于大型企业 88% 的银行贷款成功率明显偏低，突显出我国中小企业融资渠道单一、融资结构不合理的问题。

2. 银行融资成本高

从银行获得贷款的融资方式是外源融资中间接融资的一种，这种融资方式是通过第三方金融机构（商业银行是最常见的金融机构）把资金的供给方和需求方联系在一起。然而商业银行对中小企业的借贷通常因不信任中小企业财务状况、管理制度及其经营现金流量等各方面因素从而对中小企业的还贷能力持怀疑态度，即中小企业与商业银行之间存在一定的沟通障碍，双方难以达成互相信任；同时，近年来商业银行的风险控制机制不断更新，其抵押担保条件不断抬高，并且其贷款的审批流程也变得愈加复杂，即使银行通过了对中小企业的贷款审批，也会因为平衡中小企业的借贷风险，从而提高其贷款利率。而这种风险溢价不得不由企业承担，企业的融资成本也因此升高，不利于企业发展。

(三) 中小企业融资难的原因

1. 中小企业信用意识淡薄

首先，除了一些新兴的高科技企业外，我国大部分中小企业的管理者或决策层整体素质偏低，没有良好的信用意识，而且这些决策者普遍认为利润最大化是企业最大的发展目标，因而会出现企业过度看重短期效益，企业运营过程中存在拖欠工资、逃避债务等信用问题，造成我国中小企业在社会面普遍信誉不佳；其次，很多企业在起步和发展阶段不择手段地获得发展机遇，导致更高的负债率，恶性循环导致最后企业资不抵债，无法偿还债务。由此而来的就是更高的道德风险，因此当商业银行等金融机构在审批中小企业的贷款时总是格外谨慎。

2. 中小企业抵押资产不足

商业银行为了降低借贷风险，确保自身效益及借贷资金安全，很少通过信用借贷向中小企业发放贷款，转而采用担保制度或抵押贷款制度向中小企业发放贷款。但我国中小企业固定资产的规模通常不大，因此也就发生了中小企业可供抵押的资产不足以满足借贷需要的情况。同时，考虑到其营运风险高、营利性差、负债能力不足等因素导致符合银行担保标准的担保人不愿冒着风险为企业提供担保。中小企业和商业银行之间的借贷业务也因此陷入僵局。

3. 中小企业财务管理制度不完善

我国大多数中小企业是由家族企业发展而来，任人唯亲是家族产业的一大弊端，导致企业的管理层、决策层通常缺乏财务管理意识，会计人员业务素质水平参差不齐，部分企业更是希望通过对财会信息弄虚作假而取得不错的经营成绩，导致我国中小企业的财务信息普遍存在漏洞。当企业需要外源融资来扩充企业流动资金时，必须公开企业的财务报表，而财务信息披露不完全、真实性差、缺乏可信度等问题都会影响企业的资信评估，进而影响企业的融资，使企业难以获得金融机构的贷款。

4. 中小企业适应市场能力弱

我国中小企业大多属于劳动密集型产业，产品可替代性强，价格是我国中小企业的竞争优势，但普遍存在产品单一、技术落后等问题。例如2021年新冠疫情稳定后幸存的企业大面积复工复产；而国外受疫情困扰生产力不足，因此我国企业可以大量出口商品。但我国中小企业并没有因此获得更高的盈利收入。究其原因是我国中小企业生产的产品大多是劳动密集型商品，技术含量普遍不高，可替代性强，企业之间的恶性竞争导致产品供大于求，使原本应该是卖方市场出口贸易变成了买方市场，最终因产品滞销、恶性降价导致企业利润进一步压缩。

5.信息不对称

银行在为企业发放贷款时,通常会通过企业各方面的信息对企业的信用做出综合评价。其中包括企业财务信息、相关信用机构对企业的信用评价等直接评价信息和企业涉足领域、企业高管素质、企业管理层以往的信用记录等间接评价信息。由于中小企业有成立时间短、财务信息披露不完全等特点及没有获得相关信用机构对其进行信用评价,银行无法准确了解企业的经营状况。银行在不参与企业生产运营的情况下,无法深入了解企业的管理层,对其能力素质、信用状况不得而知,无法预测企业的经营风险和未来的贷款偿付能力。这种风险溢价又体现在借贷利率的提高上,导致中小企业的融资成本升高,不利于企业经营发展。

二、助力中小企业融资的国际经验

中小企业融资难、融资贵是世界性难题,国外较早认识到中小企业的重要作用,出台各类扶持政策。债券市场方面,国外主要发展高收益债市场和资产证券化产品来助力中小企业融资;同时加强政府主导,发挥担保等机制作用,健全资本市场体系,助力增强中小企业的韧性。

从海外中小企业融资具体经验来看,国外债券市场主要通过发展高收益债市场、资产证券化等方式来支持中小企业发展。以美国、韩国、德国为例,经过多年发展,其制度设计逐渐成熟。从美国的市场经验看,发行高收益债券是美国中小企业最重要的直接融资方式。信息披露要求高、投资者保护机制完善以及高收益债市场流动性好,是美国高收益债券市场助力中小企业融资的关键。此外,美国小企业局(SBA)会对创投机构发债提供增信、担保、贴息的措施,鼓励创投机构发行中长期债券,引导加大对中小企业投资。从韩国债券市场经验看,中小企业债券融资主要采用P-CBO(基础债券抵押凭证)模式,将一组高收益债券重新打包处理,以高收益债券为底层资产设计 ABS 产品。由于债券数量较多,信用风险分散,并通过内部增信机制缓释了优先级债券投资承担的违约风险。德国以间接融资为主,主要通过将商业银行所持中小企业贷款资产证券化的方式来助力中小企业融资。通常,ABS 产品的次级部分由发起的商业银行自己持有,且证券化的资产不出表,可以避免银行盲目放贷。同时,欧洲投资银行和欧洲投资基金提供购买、增信等服务,是支撑德国中小企业贷款证券化的重要力量。

国外还通过发挥政策性金融机构支持作用、加大政府性担保支持力度、健全服务中小微企业的全链条资本市场体系等,扶持中小微企业融资,支持方式大同小异。

在政策性金融机构支持方面，美国小企业局管理的中小企业投资公司（SBIC）既可以直接向中小企业提供贷款，也可以通过购买股票或者高收益债券来提供融资支持。法国支持中小企业融资的主要政策性金融机构是法国公共投资集团，帮助中小微企业获得银行信贷和股权融资。日本金融政策公库（JFC）由政府全资持有，通过分支机构向中小微企业提供贷款。在政府性融资担保方面，美国小企业局（SBA）通过多种贷款担保计划，为小微企业创业、业务发展和资金周转等提供贷款担保。德国各州都有专门为中小企业提供贷款担保的担保银行，同时联邦政府和州政府免费为担保银行的代偿损失进行再担保。日本也设置两级信用担保体系，信用保证协会与贷款银行实行"责任共有制度"，日本金融政策公库为信用保证协会提供再担保。在全链条资本市场体系中，韩国交易所中小企业板（KONEX）专为规模较小、处于早期阶段的风险企业提供挂牌服务，并与创业板（KOSDAQ）建立了多条转板渠道，为企业提供了灵活的转板选择。欧洲投资基金（EIF）整合欧盟委员会、金融机构的基金进行合并管理，形成欧盟、欧盟成员国和地方政府三级创业投资引导基金体系，调动社会资本参与中小企业融资。

三、我国中小企业的融资高质量发展

不断完善中小企业融资制度，是我国推动金融供给侧结构性改革，增强金融服务实体经济能力的重要任务。解决我国资本市场资源配置失衡问题，建立高效的债券市场直接融资渠道，弥补中小企业债券融资短板，建议多措并举，综合治理，从深化债务工具创新与应用、建立健全融资担保体系、发展高收益债券市场等角度提高直接融资能力，大力支持中小企业融资发展。

深化债务工具创新与应用，鼓励更多中小企业进入债市融资。建议进一步完善中小企业债券融资准入要求，以创新的债务融资工具为抓手，用好现有的政策工具箱，深化债务融资工具创新应用；利用好创新创业债、科创票据等固定收益创新产品，鼓励符合条件的"专精特新"中小企业进入债券市场融资；进一步发挥供应链金融资产证券化产品在稳产业链、稳供应链中的作用。

建立健全中小企业融资担保体系，完善信用风险缓释机制。针对中小企业信用薄弱、融资难等特点，建立健全优质中小企业信用融资担保体系，推进政府性融资担保机构改革，完善融资担保风险补充机制，发挥信用风险缓释机制效力。

发展高收益债券市场，培育不同风险偏好的多层次投资者。相较于海外高收益债券市场而言，中国高收益债券市场仍处于初步发展阶段，配套设施建设尚不完善，

投资者风险偏好趋同。推进中国高收益债券市场制度体系建设，是完善多层次资本市场融资体系的重要举措，不仅有利于拓宽低评级、高风险发行人融资渠道，还有利于健全市场化发行定价。

优化中小企业信息披露机制，加强投资者保护。优化中小企业的信息披露机制，提高中小企业信息的透明度、完整度、可信度，降低外部机构的信息获取成本，减少信息不对称行为，提高风险定价的有效性。通过大数据、云计算等技术整合分析、交叉验证企业多维度数据，搭建中小企业数据服务平台，推进数据共享与流通。通过提高对信息披露造假等犯罪行为的惩罚力度，有效增强信息披露要求及相关制度的法律约束力。

强化中小企业评级方法体系研究，提供更高质量的评级服务。信用评级机构在支持中小企业融资过程中发挥着重要作用，推动创新产品在资本市场的普及，助力我国普惠金融和科技创新发展。在充分借鉴全球先进信用评级理论与实践经验的基础上，结合定量和定性指标分析，强化中小企业评级方法体系研究。结合金融科技应用、风险预警体系等，健全对企业跟踪评估机制，实现定期及不定期跟踪，提供更高质量评级服务。

第四节 具体行业的中小企业资本运营分析——以旅游企业为例

一、旅游企业融资方式研究

（一）旅游企业特点概述

旅游企业整体规模较小，属于典型的轻资产运行，持有的固定资产价值低，企业在运行的过程中现金流较少，从金融借贷的角度考虑，旅游企业属于高风险的借贷对象，各种类型金融机构针对旅游企业制定了一系列的风险防范措施，直接导致旅游企业获得融资的难度较大，而获取到一定的融资对于促进企业自身发展具有非常重要的意义。部分地区也采取了一系列积极的措施，拓宽旅游企业的融资渠道，促进旅游企业的发展。例如山东烟台为中小型旅游企业搭建了"融资合作联盟"，有效地解决了一部分中小型旅游企业融资难的问题。在合作过程中，旅游企业充分意识到积极展开同业协作，有效解决融资难题的重要性。目前大部分地区的中小型企业对构建专门的融资平台，共同抵御企业在经营过程中面对的现金流风险已经形成了共识。搭建专业的合作平台，企业互相之间能够进行资金的拆借，还可有效避免恶性竞争，提升企业利润率。此外，当中小型旅游企业整合为一个整体向金融机构进行借贷时，可有效降低借贷门槛和成本，进而利于旅游企业获取低成本的资金。

（二）旅游企业融资模式概述

1. 银行借贷融资

银行借贷是一个较为广泛的概念，本质上是指企业或个体借助抵押或担保的方式从银行或其他类型的金融机构中借出需要还本付息的资金。依据借贷的时间长短可以将银行借贷划分为短期借贷和长期借贷。这两种借贷方式在企业经营过程中发挥着不同的作用和价值。短期借贷能够有效解决旅游企业在短期经营过程中存在的资金周转问题，对缓解旅游企业在旅游淡季的资金压力具有非常重要的作用。长期借贷能够有效帮助旅游企业落实自身制定的各种长远战略。商业银行在借贷时为有效减小自身面对的商业风险，优先选择拥有高价值抵押物、流动性较好的大企业，通常情况下中小型旅游企业高价值抵押物较少，且自身的经营状况受旅游行业的季节性影响，从而导致中小型旅游企业在银行借贷时需要面对较高的借贷门槛，如高利率，甚至一些不利于旅游企业发展的附加性条款。从整体上看，现阶段旅游企业在银行等金融机构融资时获得融资的难度大，融资成本高，对自身的发展无法起到有效的推动作用。

2. 股权融资

股权融资是指企业原股东出让部分股权，通过向企业引入新股东的方式进行融资。借助股权融资获得的资金企业不需要支付利息，但新股东同老股东一样获得企业经营过程中的所得利润。对上市公司而言，股权融资的重要形式是通过资本市场发行股票，以借助股权融资的方式低成本获取资金，进而有效推动企业的发展，但是这部分企业只是国内旅游企业之中的极少数，现阶段国内旅游产业中实现上市的旅游企业只有几十家。此外，国内对于发行股票的企业要求较为严格，如必须连续3年实现盈利，公司的资产规模超过5000万元。大部分旅游企业均为轻资产企业，自身持有的资金较少，无法满足上市要求，这也导致了大部分的企业无法借助公开发行股票的方式获取足够的资金。

3. 私募融资

私募融资是采用不公开的方式直接同投资人或者债务人进行洽谈进而获取资金的融资方式。私募融资的优点是募集的资金用途不受限制，能够便捷、高效地进行融资。现阶段我国对私募融资机构有着较为严格的监管和限制。例如要求私募融资机构法人的注册资金不少于1000万元，合伙人的认缴总额不能低于5000万元人民币。由于旅游产业属于典型的周期性行业，其盈利受多种因素的影响，因此获取私募机构融资的难度也较大。

4. 资产证券化融资

资产证券化融资是当前旅游行业新兴的一类融资方式，也是国家明确提出的支持发展旅游投资项目的重要证券产品，对于缓解地方经济压力，搞活地方旅游市场，防止旅游企业常规举债压力过大而导致的过度开发、过度服务等现象尤其重要。2014年8月，国务院在《关于促进旅游业改革发展的若干意见》中提出："支持符合条件的旅游企业上市，通过企业债、公司债、中小企业私募债、短期融资券、中期票据、中小企业集合票据等债务融资工具，加强债券市场对旅游企业的支持力度，发展旅游项目资产证券化产品。"随后又在2015年8月对资产证券化融资途径做了提倡。目前，大多数资产证券化的旅游企业融资均是以项目门票收入作为资产证券化的基础资产设计相关产品。

（三）旅游企业融资现状

1. 融资风险管理存在的欠缺

由于旅游企业或其他涉旅游产业的经济组织存在法人主体多头难以监管、企业治理结构不足、内部控制制度不完善等现象，旅游企业的融资风险管理活动存在很大的不足，导致投资者、金融机构等资金供给方难以提供更广泛的融资途径。一是产业法人主体地位不明确所致的融资风险。由于存在景区资源多头监管、尚未规划归入监管的景区资源等因素影响，旅游企业要想实现资产权益的整合，难免会存在很大困难，导致旅游产业依托的资产标的不明确、法人载体不明确，进而不利于旅游企业充分高效地开展融资活动和融资风险管理活动，导致融资偿债风险、融资信用风险偶现。二是旅游企业内部控制制度不健全。由于部分旅游企业根本不具备完善的内部章程和岗位分离机制，或者说旅游企业尽管具备了权责分离机制，但是企业对内部控制流程的执行存在形式主义，导致企业融资风险管理活动存在不足。三是旅游企业的融资计划监督机制不完善。作为内部控制要素的重要组分，旅游企业一旦缺少了相应的内外部融资监督机制，企业融资可行性评估、融资风险控制流程的执行就难免存在弱化环节，使融资无序性和低效率性风险增加。

2. 融资时间和融资规模存在的不足

由于旅游企业对传统融资工具的应用不熟练，企业资质提升缓慢，同时对创新融资工具的应用探索不顺畅，导致旅游企业难以灵活、及时地获取筹资。一是应用融资工具的时间规划不足。由于旅游企业的经营管理活动存在周期性和不稳定性，再加上企业对预期资金计划的编制不完善，企业进行短期、长期贷款活动的临时性过强、导致企业融资成本偏高，融资效率难以获得保证。二是针对创新途径的融资组织形式探索不完善。尽管旅游产业资源受到多头监管，由于旅游企业没有积极地成立具备单一法人单位的产业联合单位组织，导致分散的旅行社资源、景区资源、旅行广告公司及景区配套酒店资源整合效率不高，融资条件难以达标。

3. 旅游企业融资难的原因

（1）从金融体制的视角来看

双轨制国家治理结构逐步形成。1949年新中国成立到1956年社会主义改造基本完成（多种公有制并存，1956年基本完成社会主义改造）；1956年到1978年："单轨制"的国家治理结构（高度集中的计划经体制）；1978年到现在：改革开放形成双轨制国家治理结构（计划经济与市场经济并行，形成体制内和体制外的国家治理结构）。双轨制意味着形成两个市场，市场分割是主要特征；市场分割表明市场间存在价差，即套利机会存在。依托于中国的改革，金融（包括资金）要素为有序放开的过程，旅游企业如果没有认清金融体制，融资效果将会大打折扣。

国家金融体系的构成。中国金融体系包括中国人民银行、政府、商业银行、证券公司等金融机构、企业、个人六大主体，简单说，资金在这六大主体之间及金融市场中循环流转，生生不息。

资管新规对信贷政策的影响。资管新规出台之前，在金融创新的过程中，商业银行为规避监管，美化部分监管指标，通过多种渠道开展了非标债权的投资业务，特别是通过理财计划、资管计划、信托计划等方式，形成了大量的表外信贷资产。银行通过信贷资产假出表操作，使全行业资本耗用、不良总额下降，从而实现监管套利。2018年4月27日，中国人民银行、国家金融监督管理总局、中国证券监督管理委员会、国家外汇管理局正式印发了《关于规范金融机构资产管理业务的指导意见》，要求资金穿透到自然人，禁止多层嵌套，产业基金募资来源进一步压缩，权益类私募基金优先劣后配比不得高于1∶1，从而资金池错配被禁止，基金配资难度增加，融资杠杆大幅压缩，对银行表外资产进行规范。

（2）从资源管理的主体来看

目前我国的旅游风景区并非统一管理，不同的风景区分属于各自的行政管理部门，从而也导致了管理体制不统一、管理体制混乱的问题。混乱的旅游业管理体制很难对管理的主体进行一个清楚的界定，从而使银行信贷对于旅游业的信任度大大降低，也使得旅游业很难获得银行信贷的资金支持。

景区的多头管理。在我国，旅游资源或者旅游景区，根据其资源的不同性质，重点品牌旅游景区往往分属于不同的政府部门管理："风景名胜区"由建设部门管，"森林公园"由林业部门管，"自然保护区"由环保部门管，"文物保护区（单位）"由文化部门管，"地质公园"由国土资源部门管，"寺庙"由宗教部门管，"江河湖泊"和"水利工程"由交通、水利部门管等，难以形成符合银行信贷要求的主体。

"一山多治"和"一水多管"。一些品牌性的核心旅游资源不仅分属于不同的管理部门，且分属于不同的地域管辖，出现了"一山多治""一水多管"的现象，进一步造成了资源难以资产化、资产难以资本化和证券化。

部分国有旅游资源转让经营权。因为历史原因，部分国有旅游资源经营权转让而形成的资源型民营旅游景区，所有权和经营权分属两种不同的体制，又有不少国有民营旅游景区出现了层层转包的繁杂情况。金融介入旅游的先决条件是三权分离，理顺体制，实现投资渠道多元化，经营管理市场化，使以旅游公共服务为核心的产业金融发展成为可能。

（3）从企业运营的能力来看

规模较小，经营分散。虽然随着旅游业的普及出现了许多旅行社和旅游公司，但大多数的旅游企业规模比较小，还不够成熟，多数没有达到最低经济规模，由此带来的长期成本过高、经营不善，无法产生规模效益。或者缺乏完善的治理机制，使得银行信贷存在着很大的风险，因此银行信贷往往更加青睐于运营稳定的大公司。

产品单一，品牌力弱。我国旅游企业经过多年的发展，已逐渐形成一批知名的品牌，但总体来说这些旅游企业的品牌开发力度仍然不够，且许多品牌内容单一、品牌知名度和美誉度都难以和国际知名企业品牌相比，还无法与国际企业竞争。

资产较重，运营偏弱。我国旅游企业发展迅速，但是由于缺乏专业的管理运营人才，与国外发达国家相比，总体运营能力还相对滞后，旅游业项目前景不稳定。一般的银行对旅游业了解不够，无法对旅游业发展的预期和结果进行有效判断，从而对旅游业的收益和风险无法进行合理的预期，再加上旅游业的行业标准较低，就业人员素质参差不齐，这些不稳定性导致了银行信贷不愿向旅游业投资。

（四）提升旅游企业融资效率的建议

1. 提高管理者对融资的认识，优化直接融资与间接融资的权重比例

要解决旅游企业在融资规模和融资效率方面的不足，企业管理者需要改善融资认识、通过拓展多元化融资方式间接地转变企业自身的资本结构，从而提升融资效率。

一是需要旅游企业改善融资认识。由于旅游产业具有资产收益方向单一、盈利能力薄弱、服务附加值低等特征，企业要想获得可靠的直接或间接融资，管理层就需要逐步优化经营管理模式。从营销策略、定价策略、产业规划和创新商业模式入手提升经营核心竞争力，使企业获得更优良的经营资质，以及更良性的资产质量用于融资抵押，或在融资协商活动中拥有话语权，从而融通到股权投资占比高、债券融资成本低的资金。例如提升旅游企业的商业信用，便于应用商业票据获得更便捷的债权融资。

二是最大限度地利用商业银行融资。中小旅游企业需要逐步完善内部财务管理制度、企业治理结构等银行信贷合规性条件，使企业在融资审批力度加重加深的情况下提升银行融资的可得性。同时，保证银行融资主要应对短期融资需求、股权融资主要对应长期融资需求的基本原则。特别是地方旅游企业要积极研究、充分利用来自政策性银行的优惠融资，从而降低来自银行层面的融资成本。例如国开行针对扶贫旅游项目存在财政贴息的融资额度，那么就需要旅游企业积极研究政策审批条件，使自身旅游项目的运营符合融资条件，从而降低融资成本。

三是保证直接和间接融资的权重合理。这要求旅游企业定期评估资本结构，特别是需要评估直接和间接融资活动的风险可能性权重和损失程度。同时，完善编制多种融资形式下的风险矩阵和风险清单，合理权衡股权融资、信贷融资、债券融资、小额企业贷款融资等形式的融资风险，最终实现旅游企业融资活动的风险最小化、效率最大化。

2. 构建独立的风险管理组织结构，逐步完善风险管理机制体系

应对旅游企业内部控制制度不完善等现象，旅游企业需要构建独立的风险管理组织结构，从而逐步完善风险管理机制体系，最终保证旅游企业能够广泛地应用来自个人投资者、金融机构等资金供给方的融资途径。一是需要明确多头监管背景下的产业法人主体地位。这要求各级旅游产业单位，包括旅行社、民营和国有景区等单位在内的旅游产业组织实施一定程度的重组并购活动，使产业优势资源得到整合，逐步提升融资资质，最终保证企业融资可得性的稳步提升。二是需要健全内控制度背景下的风险管理组织结构。这要求旅游企业构建独立的风险管理部门或岗位，分工细化经营和融资风险信息收集、风险清单编制、风险评估报告出具，最终保证旅游企业对融资风险的有力控制。三是完善旅游企业的融资计划监督机制。这要求旅游企业完善内部控制组织要素，使信息沟通要素、内部监督要素基本确立，从而保证企业融资活动的信息沟通真实、可行性评估全面、融资风险控制流程的可靠执行，最终增强企业融资活动的有序性、提升融资效率。

3. 探索创新型融资工具及其应用，优化融资时间计划

为保证旅游企业逐步提升融资活动的广泛性和规模性，旅游企业需要探索资产证券化、互联网金融、天使融资等形式的创新型融资工具。具体而言，需要关注两方面内容。一是需要积极探索创新途径的融资组织形式。这要求旅游企业分析现有条件和一切积极因素，在成立产业联合组织的基础上，对企业经营活动的资产特征进行放大分析，使分散的旅行社资源、景区资源、景区配套酒店资源和旅行拍摄资源等产业资源得到高效的聚集和配置，从而形成分梯度、有特征、定价合理的旅游服务产品，以保障企业融资可抵押标的进一步扩大，企业资产性特征的增强，最终便于旅游企业探索应用限制性条件更多的创新型融资工具。例如针对单个景区项目的建设，需要不仅放大其门票资产权益的特征，同时也需要放大其景区特许经营权，以及旅游房地产资产的收益性，通过专项基金、产业联合的公司债券等创新形式，从而扩张来自非银行金融机构的融资规模。二是完善融资活动的时间计划。要应对旅游产业的周期性和不稳定性，企业财务管理者需要妥善地分析和反馈内部财务报告、行业环境报告，使企业资金计划的编制符合经营特征，特别是需要强化融资计划的时间规划，使企业长期融资的占比逐步提升、短期融资的预测更加准确，最终杜绝临时性融资成本过高的现象。例如针对中短期的融资计划，旅游企业需要结合宏观政策和经营现金流评估融资需求的同时，结合新旅游项目的开发进行完整的融资计划编制，以期实现企业长短期融资的效率提升。

二、旅游企业风险管理

（一）旅游企业面临的主要风险分析

1. 法律风险

法律风险在旅游市场环境中比较普遍，所呈现的风险影响也十分显著。众所周知，旅游企业的经营环境比较复杂，与生态、经济等都存在着紧密联系，正常情况下，企业在开发和执行旅游项目的过程中，需要遵守相关的法律法规，如《环境法》《广告法》《消费者权益保护法》等，所涉及的法律种类、覆盖范围和适用条件比较复杂。然而，就目前来讲，旅游企业在实际运营期间，关于相关法律的掌握和了解并不全面，因为法律意识薄弱或者对相关法律法规认知出现偏差，而导致在开发和拓展具体旅游项目的过程中出现违法、违规等不良现象，从而严重影响旅游市场良性发展。

2. 市场风险

在旅游市场中，影响旅游经济的市场因素有很多，其中包括政治、经济体制变化与调整等，也包括一些突发性的自然灾害和风险。从"非典"到新冠肺炎疫情，每一次疫情都给旅游市场造成了很大的冲击。以新冠肺炎疫情为例，国家提出全民居家隔离的战略方针，出于人们安全以及疫情防控考虑，人们的旅游空间和机会受到限制，即便是在疫情得到初步控制的阶段，旅游市场的经济效益仍然不理想。以四川为例，通过网络短视频爆火的藏族小伙丁真，就理塘的文旅文化进行了有效的宣传，也让更多人产生了去四川旅游的想法，但是突然出现在成都的新冠本土病患，让很多人的旅游规划就此终止，也让四川的旅游发展再次陷入窘境。

3. 财务风险

财务是支撑旅游企业得以稳定运营和实现持续发展的重要支柱，同时也是容易发生风险隐患的关键载体。然而，就目前来讲，在旅游企业实际运营和开展具体旅游项目的过程中，因为在财务方面管理不到位，未能遵循国家的战略法规制定完善的财务管理机制，再加上对市场环境缺乏有效的调研，导致企业面临着较大的资金风险，甚至严重制约旅游项目的开展，给企业自身今后的持续性发展造成明显阻碍。一般而言，造成财务风险的原因有很多种，主要分为内因和外因，即内部的体制和财务管理职能不合理，以及外部的债务风险、投资风险以及市场波动风险等。

4. 旅游安全风险

旅游市场若想实现稳定发展，需要提高安全保障方面的思想重视。风险预防意识薄弱、管理体制和覆盖面不合理，会导致企业在发展旅游项目的过程中，经常出现安全隐患，这给旅游市场的拓展以及旅游客户人群的储备都造成了不良影响。在旅游市场中，所存在的安全风险类型多样性，包括交通风险、环境风险、媒体安全以及旅游人员的人身安全等。一旦发生安全问题和事故，则导致旅游人群对旅游项目和企业运营实力失去信心，将导致客户群严重流失，给企业的经济发展造成重创。在确定当前风险管理中所存在的问题之后，旅游企业需要结合实际从风险管理和内部控制层面着手，探索科学、有效的管理方法，从而使企业的内部运营环境逐渐趋于稳定。

（二）旅游企业风险管理与内部控制的路径分析

1. 强化风险管理法律意识

为实现风险有效管理，旅游企业需要从法律层面端正自身思想态度，丰富法律知识储备，从而构建合法的运营环境，保证所开展的各项旅游项目符合法律要求，构建依法经营的管理体系。首先，针对与旅游行业有关的法律法规进行全面调研，从旅游市场影响、广告、服务、旅游生态、环境保护、消费者权益等多个方面就相关法律要素进行收集，从而保证所掌握的法律常识具有较强的覆盖面。其次，通过有效整合，有效地渗透给内部员工队伍，促使其形成良好的法律意识，并在参与工作的过程中，能够严格遵守相关的法律法规，就具体的工作职能进行规范，避免出现违法、乱纪等不良现象。同时，根据国家在旅游立法方面的战略调整，积极开展法律知识培训也十分重要，让内部员工能够不断地更新自身的法律知识储备，不断完善法律认知体系，从而保证各项旅游开发和服务项目在合法的环境下进行。

2. 加强市场环境调研和统筹分析

在运营过程中，旅游企业为有效规避市场风险，需要合理规划管理工作。首先，多渠道、多载体出发，就当前的市场环境进行全面调研，了解目前的旅游市场发展现状，国家所提出的战略方针，以及政策机制的调整与变化；其次，也需要通过网络问卷调研等多种方式，就人们对旅游的需求进行调研和分析，根据所掌握的数据和信息，就今后的旅游市场发展趋势和潮流旅游产业项目进行统筹分析，在此基础上针对当地的特色旅游资源进行合理开发，保留当地的生态环境特色，促进生态与旅游经济之间实现共同发展。同时，在开发旅游项目的过程中，需要加强对当地人文内涵的发掘，构建文旅发展体系，通过文旅有效融合丰富旅游项目的文化底蕴，从而实现优秀、特色民族文化的有效传承。

3. 构建风险管理独立组织

为了全面提高风险管理工作的可执行性，旅游企业需要从内部出发，根据管理目标构建独立的管理组织，引进专业的人员队伍，并合理规范具体的管理职能，保证各项管理工作能够得到高效、有序落实。挑选财务、营销、外贸、审计等不同部门中的优秀人才，组织独立管理部门，发挥内控功能优势。同时，加强管理组织内部人员的素质培训也十分必要，需要积极组织法律知识讲座，强化法律意识，并将市场调研数据进行全面整合并作为统筹规划依据，从而保证所设置的风险管理体系与市场环境更加贴近，提高整体的适应性。积极落实责任机制，让组织机构的内部人员能够认真、负责地对待风险管理。

4. 建立风险预警防范机制

为有效规避风险，旅游企业需要建立良好的预防意识，针对有可能发生的风险隐患事先进行预判，在技术体系上进行革新，构建完善的防范机制，以便在风险发生时，能够有效防范，从而保证所构建的旅游市场环境更加安全、稳定。积极引入信息技术，构建智能化的防范体系，针对旅游市场中的风险要素进行智能分析，合理划分风险等级，然后设置不同管理模块，实现分层性和针对性管理。同时，也可以构建共享中心，以便旅游企业之间能够通过信息共享，整理和分享风险管理的有效经验，通过共同努力净化旅游市场环境，让旅游市场所创造的经济收益获得全面性的提高，以推动国家整体经济的有效增长。

5. 建立风险补偿基金

针对可能存在的安全风险问题，需要合理设置补偿资金，就不可规避的自然灾害风险，给予受害人一定的资金补偿，从而维护企业在市场和客户中的形象。同时，也需要合理设置补偿资金，在风险发生时，能够通过资金配置和投放，就设施进行维护、处理，在资金的支撑下，将风险管理工作切实、有效地落实，助推企业实现纵深发展。

6. 全方位强化内部控制

旅游市场需要从内部控制层面着手，进一步端正思想态度，并根据企业实际情况就相关的控制体制进行优化与完善，从而有效发挥内控的管理和监督作用，保证内部的各项旅游项目和服务业务能够规范、有序开展。

通过信息共享与反馈加强各个部门之间的沟通。全面分析在企业内部环境中的风险，并进行有效规避和控制。例如针对可能存在的财务风险进行内控，从流动资金规划配置、债务管理、物资采购等多个方面进行管理，加强财务部门的内部审计，及时发现存在的职业违规行为，并参考相关法律法规进行严肃处理，有效杜绝职业犯罪风险。

在内部控制领域，需要制定完善的监督体制。从各个层面进行监督，就旅游项目的生态保护、服务效果等进行全面监督，从而促进旅游企业实现持续性发展。在监督机制建设期间，需要时刻关注国家的战略法规，并及时调整，从而有效发挥监督机制所具有的支撑和导向功能，保证内部运营和管理环境更加规范。

优化流程管理，规范职能设置。在内控领域，做好流程管理十分必要，针对各项业务实施标准进行合理规划，确定具体的作业流程和实施要点。加强部门的职权范围、人员的具体工作职能规范设置，保证职能划分更加合理，突出整体管理实效。强化人员素质建设，构建高素质的工作队伍，从而有效地规避内部运营环境中所存在的风险。

第二部分 企业管理创新

第一章 企业经营管理

第一节 企业经营管理和发展战略

一、企业经营管理改革创新

在世界经济一体化的大环境下，中国大部分企业都对自己的发展战略进行了调整，希望能更好地应对全新的经济发展形势，达到推动企业稳步发展的目的。企业经营管理要进行改革创新，可以通过以下途径。

（一）注重加强信息化管理，采取现代化管理模式

在当前互联网高速发展的时代，互联网技术在一定程度上提高了各个行业的工作效率与核心竞争力。因此，企业要注重将互联网技术运用到企业经营管理的改革创新中，充分利用互联网的高效性推动企业管理改革与创新，打造线上与线下共同管理的模式，合理地利用信息化技术，将其应用在企业人员的管理当中，以提升企业的经营管理效率，实现现代化管理。例如在企业的仓储管理中，互联网信息技术能够通过其独特的大数据模块对所有的仓储货物进行核对，让企业的仓储数据实现精确化，为企业发展提供更加精准的数据。互联网信息技术还可以应用到企业的进度管理当中，智能化的信息技术能够帮助企业监督全体员工的工作状态和各个工作环节的开展情况，确保企业对于每一个员工工作情况的掌握，促使每一个员工都能够高效地完成工作。

（二）注重优化内部组织结构，合理分配内部权力

首先，在今后的发展当中，企业要注重不断地优化内部组织结构，构建企业内部组织的控制体系，从而更好地管理企业。优化企业内部结构需要减少管理层次，因为传统的企业管理方式在某种程度上对管理者的管理幅度有一定的限制，而要想扩大管理幅度与范围，管理者就要注重对公司运营中重要的工作环节进行直接的管理与领导，只有这样才能有效提高决策发布与落实的效率与速度。因此，简化企业的管理流程，有利于进一步提升企业的经营管理效率。

其次，企业要对内部权力进行合理分配，在企业管理当中，权力分配是影响企业今后发展中内部结构稳定性的一个关键点。一个好的权力执掌者能够合理地利用

自己的权力，有利于让企业的内部更加稳定有秩序地运行。建立专门的部门管控企业内部组织，只有这样才能将管理制度落实在各个部门的各项工作中，以提高企业所有部门之间的协调配合度，从而促进彼此协调发展。

最后，在创新企业内部组织结构时，管理者应注重将信息技术应用到组织与管理中，加强建设企业内部信息管理系统，实现现代化、信息化管理，促进企业内部结构与组织优化。同时，利用信息技术为控制与管理工作提供数据支持，从而增强控制与管理的科学性与合理性。

（三）注重完善企业管理制度，提高经营水平

在未来的发展中，企业需要积极构建适合企业的经营管理制度，剔除传统制度中不利于企业发展的部分，最大限度地保留适应当前时代发展的部分。

1. 企业管理制度内涵

中国经济体制转型以来，党的十四大明确提出建立现代企业制度。狭义企业制度用于界定所有者间以及所有者与经营者间相互利益关系的一系列规则集合，广义企业制度包括从产权到企业内部各项管理等诸多方面。本部分内容讨论的企业管理制度指维系企业内部日常运营的各项管理规定的总和。李占祥认为企业管理制度是企业制度的重要组成部分，包括经营战略、配置管理、营销管理、生产要素优化、公共关系和资产经营等。许多文献涉及企业内部不同领域管理制度，包括质量、营销、财务、人力资源等方面，还有学者对企业管理制度创新思路进行分析，如上下级间互动、权责利平衡等。企业理念、宗旨、价值观、文化等作为指导人们行为规范的软约束机制也是一种制度，此种"软"制度有其无形约束和精神感化方面的特征。

2. 企业管理制度构成

（1）财务制度

财务制度的构建首先要以国家宏观制度和企业整体战略为基础，从企业财务管理的具体范围、方式、主体及内容等方面入手，从企业日常经营活动等角度出发，构建完备的财务制度体系，包括管理层面的财务管理制度、会计管理制度、经营计划制度、投资管理制度、筹资管理制度以及日常经营层面的财务控制制度、往来管理制度、财产管理制度和会计档案管理制度。

（2）内部控制制度

内部控制制度作为现代化企业管理手段，使企业内部业务活动相互联系、相互制约。其中企业会计控制制度更是内部控制制度中的重要环节，直接影响到企业内部控制制度工作的执行效果。内部控制制度是企业高质量发展过程的重要环节，也

是管理制度的重中之重。因此，构建完整的内部控制制度对企业管理不可或缺。

（3）人力资源管理制度

人力资源管理制度的核心是以人为本，通过构建人力资源管理制度确保人力资源工作规范化、合理化，促使员工潜能和创造力得到发挥和提升，激发员工积极性，实现企业发展的目标。绩效考核制度是人力资源管理制度的重要部分。制定科学有效的绩效考评制度，是决定人力资源管理制度能够助推企业更好更快发展的关键，完善人力资源管理制度能够为企业高质量发展提供动力支持。

（4）生产经营制度

生产经营制度又称企业业务制度，是企业的业务部门制定的在面临外部经济环境以及企业内部生产经营活动中的一系列行为规范。这些行为规范必须具有较强的约束力，应该从企业各个业务层级出发，规范企业所有业务部门以及员工在内外部环境中具体应该遵守的行为准则。这些行为准则使得企业各部门不再是单独的个体，加强了不同部门间制度的系统性和关联性。因此，企业的高质量发展应该不断剔除陈旧的、不合时宜的部分，建立并施行与企业发展相适应的生产经营制度。

（5）信息管理制度

信息管理制度是企业为了规范内部信息的收集、处理和传播等行为，保证企业信息高效流通而实施的一项制度。企业针对各项资产管理、物流和资金流都建立了较为全面的管理制度，但在配套信息管理方面较为薄弱。信息制度描绘了企业整个信息工作的蓝图，指导企业建立符合企业业务信息的组织结构和业务流程，规范整个企业的信息化工作，为企业高质量发展保驾护航。

（四）注重创新管理观念，改革经营理念

在经济快速发展的背景下，企业要想实现可持续发展，要注重创新企业的管理观念。通过创新管理观念，提升企业管理者的管理水准，促使企业各项工作能够顺利开展。许多企业在经历数十年的发展后，企业的规模与市场所占份额较大，在这种情况下，管理人员容易出现安于现状、不求上进的情况。他们错误地认为企业根基非常稳定、不会动摇，仍旧沿用传统的管理观念，缺乏创新意识与危机意识。企业在改革经营管理理念与管理制度的过程中，如果不能实现精细化管理，增加内部消耗，高层管理人员和新进工作人员之间缺乏交流和沟通，就会出现企业经济效益和工作人员利益之间存在矛盾等问题。除此之外，如果企业领导人员仅重视企业当下的发展与经济利益，而忽略内部管理，久而久之，就会导致其内部经营不稳定。同时，对外业务同样会失去足够的内部支撑，从而导致企业管理风险发生率升高，

因此，在行业竞争压力较大的情况下，要确保企业健康稳定且获得长足发展，就要注重创新管理理念，吸收更多的新思想与新知识，加大内部管理的力度，充分利用新型思想，进而有效引导企业整体的运营走向正轨，最终推动企业健康稳定地发展。

二、市场定位与企业经营战略

市场定位是企业经营战略的重要组成部分，是一个关键环节。如果要对市场定位下定义的话，可以是企业从自身出发，考虑到企业实际以及市场竞争状况，进而找到企业以及自身生产产品在市场当中所处的位置，即在目标市场当中形成企业自身特色，有效塑造预定化的企业和产品形象，获得消费者的认可和肯定。在市场定位时，需要清楚地展现企业及其产品和其他潜在竞争对手存在的差别，使得目标市场更加清晰化和明确化。有效提升产品以及企业形象，挖掘其内在价值，增强目标市场当中目标消费者的正确认知以及理解企业特色的行为就可以称作市场定位。市场定位可以运用多种概念，例如物超所值、服务全面、技术水平高等。市场定位需要企业设身处地地进行分析，并有效发现以及建立优势，从而更好地吸引消费者，赢得消费者的忠诚度和认可度。

总而言之，市场定位并不是企业对自身的产品或者服务进行一些具体的操作，而是要在潜在顾客方面下功夫，让顾客清楚地感受到本企业和其他竞争者之间的巨大差别，在消费者心中占有特殊地位。

（一）企业经营战略中的市场定位类型

1. 避强定位

避强定位是企业经营战略中市场定位的一个重要类型，其含义是企业在对自身实力进行客观衡量后发现无法与强大竞争对手抗衡，避免与强大企业正面抗争，选择的一种从自身企业条件以及优势出发能够突出自身不同特点的市场位置，而这样的市场位置还没有被其他的竞争者发掘出来，因此企业的产品在一些特征以及特色方面与较为强大的企业有着明显差异。采用避强定位可以让企业在市场上快速立足，并树立良好的形象，降低企业的运营和发展风险。企业避开强手进行市场定位往往有着较高的成功率，尤其是对于实力弱小的企业，更是能够通过准确市场定位和挖掘潜力巨大并且尚未被发现的市场位置而取得巨大的成功。但避强定位也有缺点，要求企业能够做到谨慎对待，这种方式会让企业放弃最佳市场位置，有可能选到最差位置，从而处在劣势地位。

2. 迎头定位

迎头定位属于一种针锋相对的市场定位方法，是一种强与强的对抗。即企业在对自身实力进行评估之后，为了争得良好的市场位置，占据一定的市场份额，直接和市场上有着强大实力的竞争者进行正面竞争和对抗，以便使得企业的产品或者服务能够占据相同的市场。迎头定位的方法会产生较为强大的轰动效应，在实际的竞争中非常引人关注，而且消费者能够快速地了解企业以及相关的产品和服务，能够帮助企业快速在市场当中建立形象。要想选择迎头定位，就必须具备相应的条件以及优势，否则将会面临极大的风险，具体条件包括：第一，和其他竞争者相比，企业生产的产品在质量以及价格方面都有优势。第二，企业所抢占的市场有着极大的容量，可以让多个竞争者的产品在市场当中存在。第三，企业自身实力强大，而且拥有优于其他竞争对手的资源优势。在具体的实践当中，这样的市场定位类型风险性较大，但对于企业发展的激励性较强，能够让企业奋发向上，在激烈市场竞争中赢得优势。

3. 创新定位

创新定位属于一种填补空缺的市场定位类型，指的是企业在自身的经营战略当中选择一种探寻新领域并且有效占领市场空缺需求位置的定位方式，挖掘出的市场有着潜在需求，而且当前市场当中并没有存在相关的特色产品以及服务，那么企业就可以有效填补市场的空缺，采用创新定位的方法找到自身的特色和优势，进而生产能够满足消费需求且市面上还未有的产品。在创新定位实施之后，原本无行业优势的企业就具备了相对优势，占领了较大的市场。企业在选用创新定位方法之前，必须具备进行创新定位的技术以及经济条件支持，同时还要认真考量市场当中是否具有较大的容量，是否具有挖掘的潜能，以便能够规避风险，提高企业的经营效益。

4. 重新定位

企业经营战略当中在制定了市场定位的方略以及目标之后，出现定位不准确问题，或者是在初步定位阶段取得了显著成果，定位的准确度较高，但是之后整个市场环境发生了翻天覆地的变化，如有其他的竞争者选用了相同的定位方式，使得本企业的市场位置被侵占，失去原有的优势地位。或者是受到一些因素的影响，消费者偏好出现巨大的变化，反而对其他竞争者的产品或者是服务产生了较大的信赖度和忠诚度时，企业就需要采用重新定位的方法，重新对自身的优势以及特色进行衡量和分析，根据自身发展需求来重新制定市场定位的战略，也就是以退为进，让自身的市场定位更加有效和合理。企业要进行重新定位，就需要对产品以及企业形象进行重新设计,在实际当中必须要做到谨慎小心,进行反复比较以及深入调查后,选择恰当的突破口和着力点,以免出现市场定位失误,同时避免多次进行重新定位耗时耗力。

(二)企业市场定位的方法

1. 企业竞争力分析

随着现代化趋势的发展,社会经济的发展也不断加快,各行各业所面临的竞争局面也是非常残酷的,企业为了巩固自身的市场地位,需不断增强竞争力,最关键的是要找准自身的市场定位。为了准确判断自身在市场中的定位,企业需要分析自身的竞争优势。主要包括两个方面的内容:一是与市场上的竞争企业相比,本企业与竞争企业之间的生产成本差异或产品差异化程度。也就是说,要将企业自身的生产经营情况与竞争企业相比,判断本企业是否具有成本优势。二是在充分了解本企业及竞争企业各自的相对优势之后,通过进一步地改进技术和细分市场,从而创造出与竞争企业的差异化竞争力。差异化竞争力是影响现代企业的核心竞争力的重要因素,已经成为当前企业竞争理论的核心理念。

2. 企业竞争力比较

在进行企业竞争力分析的基础上,企业应对自身的竞争力进行静态比较,也就是说,要具体分析究竟哪一种竞争力可以有更高的投入产出比,从而识别本企业是否具有内在的、长远的发展潜力,进而对这种具有更高投入产出比的竞争力进一步的优化。例如本企业与竞争企业之间只是产品质量略有差距(这里不妨假定本企业的质量相对高一些),在服务质量上几乎不存在差异,那么,在这种情况下,如果企业希望进一步提升产品质量,就需要投入大量人力、物力和财力,而增加的市场份额却不能与投入的资源成正比例的增加。这时,如果企业从服务上进行投入,改善服务质量,就有可能以较少的资源投入获得更高的市场份额。

3. 企业目标市场分析

企业在探讨和研究自身的市场定位,通过竞争力分析和竞争力比较,可以明确自身的优势和劣势,进而使优势竞争力在目标市场和目标客户中得以强化,并以此为立足点和出发点,发掘出更多的潜在市场需求,从而在日益激烈的市场竞争中生存。

(三)企业市场战略发展的存在的问题

1. 传统市场定位的局限性

市场定位活动对企业的发展至关重要,但是企业在开展传统市场定位活动时,主要存在以下四个问题。

第一，市场定位缺乏特色。定位趋同，企业开展了太多的相同或类似的市场定位活动，它们并没有认识到，定位活动的目的就是要打造出个性突出、特色鲜明的产品，利用企业的核心竞争力，生产在质量上或设计上竞争力强的产品。定位模糊，在企业开展业务时，没有明确好自己的品牌形象，没有选择好自己的目标市场，没有认清自己的目标客户，开展业务时普遍撒网，没有定位的重点，最后丧失自己原有的市场份额。

第二，市场定位沟通不到位。定位沟通思维短路，企业一定要以适当的方式向顾客传递产品形象，以顾客认知基础来采取相应的沟通方式，用简明有效的方法，达到顾客对产品和企业的准确理解。缺乏市场细分和对竞争者的研究，许多企业在选择产品市场时，往往省略市场细分活动，没有重点市场，导致市场反响一般。另外，没有对竞争者进行透彻的研究，没有根据竞争者的策略来制定本公司的定位策略，我行我素，最后被市场抛弃。

第三，心理定位没有得到重视。企业对消费者心理缺乏深入的了解研究，没有把握好顾客的真正需求，没有理解顾客的消费偏好，没有使自己的产品在消费者心目中占据一个有力的位置，形成一个良好的产品形象。

第四，市场定位不够精准。定位不恰当，产品不符合定位形象，定位过低会造成产品品牌形象的减损，定位过高会使消费者产生欺骗感，从而丧失顾客，定位混淆也会使消费者不知所措，对产品形象认识不统一，印象不深。定位不切实际，企业盲目地运用新技术，导致产品性能过度，超出消费者的使用能力。

2. 大数据时代市场定位面临的新问题

在传统市场中，在客观条件的限制下，生产技术落后的工厂只能生产出相似的产品，此时人们的需求特征具有一致性，同质化程度较高，在此情况下，企业只要运用依靠一种定位的方法，就能实现消费者市场的开拓。但是上述情况，在大数据时代，随着顾客个性消费意识的崛起面临着很大的困难,传统市场定位面临极大困境。消费者个性化的消费欲望随着网络和电脑的普及变得强烈起来，消费者都会希望自己消费的是一个独一无二的产品，本人的独特品位也能通过所消费的产品来表现，展现理想的消费形象，这些都需要企业针对自己产品进行市场定位精准化活动来向消费者表达出它的产品内涵。

传统的定位活动难以满足消费者以上的需求，原因有两个。第一，传统的定位活动并不能辨识每个消费者的个性化需求；第二，受制于成本的因素，传统的生产条件也没有能力为每个顾客生产出他们偏爱的不同的产品。在大数据时代，我们运用大数据技术来分析顾客的数据，就能分析出顾客的差异化需求，同时随着计算机信息技术应用到企业产品的生产过程中，大大提高了企业产品的设计能力，降低了生产成本，使得工厂能以极低的代价生产出各种各样的产品来满足消费者不同的需求，能最大限度地满足顾客的个性化消费。同时，新的技术也能使消费者随意设计自己想要的产品，企业会依据顾客不同的要求调节自己的产品生产线，生产出相应的产品，实现对顾客服务的精准化。

（四）市场定位精准化的可行性

在人类社会生活领域，大数据对思维、经济和组织方面均产生了实质的变革。

1. 大数据带来的变革

对于大数据时代的到来，人们都已经形成了共识，但是大数据对于人们生活的变革到底表现在哪些方面，产生的影响到底是好的还是坏的，我们都需要弄清楚。

（1）精准分析顾客需求

大数据技术通过挖掘和分析收集到的消费者数据，企业就可以对每个顾客的内容需求和兴趣偏好，甚至能辨识那些顾客群体具有的相同特征，这些数据分析可以帮助公司更好地掌握市场变化趋势和顾客消费特点，从而能够生产出完全满足顾客需求的产品和服务，实现精准定位。在大数据时代，我们通过大数据技术能够收集大量的市场、消费者和商品的信息，然后运用大数据高性能的存储技术，管理好数据，构建一个完整的顾客信息数据库。为了把消费者和商品有机串联起来，我们运用相关性分析技术，对消费者的行为、地点、消费状态及商品的周转路径进行分析，精准把握用户的消费偏好，从而生产出个性化的产品，真正实现由消费者驱动来生产产品，更有导向地为客户提供的服务。同时，通过运用大数据技术，我们可以挖掘分析消费者对产品的态度，通过对消费者信息的处理，细分潜在顾客，确定公司的目标消费者，针对性地设计产品和服务，从而大大提高我们开展定位活动的精准度，降低定位活动的成本，提升潜在顾客的购买率。

另外，在精准定位活动中运用大数据技术，可以极大提高顾客的让渡价值，首先，精准定位活动中会使用现代化的信息工具将商品和服务的信息一对一地传递给顾客，极大提升了消费者搜寻商品的效率，其次，大数据技术可以降低企业定位的成本，降低商品的售价，使消费者付出更少的钱就能得到所需的商品。最后，精准定位强调与顾客的沟通互动，通过公司与消费者、顾客与顾客之间的沟通，分享其消费的各种意见，这种沟通不仅对顾客群体起到扩散的效应，还可以使企业与消费者建立更为紧密的关系，吸纳顾客对产品的意见，进一步改善产品功能，提高顾客满意度。

（2）改变人们的行为模式

在以前的模拟数据和小数据时期，人们总是把重心放在事情的原因，即强调"为什么"的问题，人们会根据对象本身的特性来理解它的行为。例如在自然科学的研究当中，为了验证某个理论或定律为什么是正确的，研究者需要在实验室里面进行数次的检验和试验活动；经济学家则需要依据过去的数据对未来的趋势进行验证，当预测的结果和某一理论相同的时候，才算证明了这个理论的正确性。但是在大数据时代，"是什么"的问题更多地被人们重视起来，人们更加注重研究隐藏在事情背后的相关关系。例如经济学家在研究过程中，不会把重点放在需找经济增长停滞的具体原因，而是通过收集以往的经济运行数据，利用大数据技术，挖掘和分析未来的经济发展和运行的规律及将会遇到的问题。此时，人们的思维方式已发生了极大的变化，在平时就会注意收集大量的数据，当遇到问题时，会通过大数据分析和处理技术，主动从这些海量的数据中寻找答案，找到事件未来发展的模式，然后采取相应的、针对性的措施与活动。

企业的定位方式也在大数据时代下发生了改变。过去当企业推出新产品，一般会采用各种广告宣传和集中推销的方式，如指派人员对潜在顾客发宣传单，在电视台向消费者进行广告轰炸。但是在大数据时代，企业就可以运用大数据技术对顾客进行精准识别，进而开展针对性的营销定位活动，所需的成本也非常低。比如在我们浏览商品时，购物网站就会记录我们的购买和浏览商品的信息，分析出我们的购买偏好，再推荐相关商品，激发我们的消费欲望，扩大公司产品的销量。大数据正在创新经济运行模式，深刻影响经济转型进程，在此环境下，新的竞争业态不断发展，新的商业模式凸显出来，经济增长范围向外拓展，其能够促进市场资源配置的高效与优化，推动企业从粗放式生产转向"以用户为中心"。

在大数据时代，企业在进行决策时也可以运用大数据技术，以更精准地预测和分析顾客的需求。美国的奈飞公司就是运用这样的技术向全球推出了网络剧《纸牌屋》，并大获成功。奈飞公司在确定这部戏的导演和主角时，都是运用大数据技术"算"出来的。通过对顾客观看内容大数据的收集，奈飞公司发现喜欢看BBC在1990年出品的《纸牌屋》的观众，较为欣赏大卫·芬奇导演的作品。与此同时，他们也是好莱坞著名演员凯文·史派西的资深影迷。奈飞公司通过大数据分析用户的观影偏好，他们在剧本、导演和演员方面，都根据消费者在网站上的观影痕迹所留下来的数据来确定的，推出的作品也受到了顾客的欢迎。

大数据对企业组织结构变化也产生了巨大的影响，最突出的表现就是各种无组织网络结构的出现，这种网络结构具有去中心化的特点，淡化了人们的等级观念，每个人都是平等的，在组织中享有平等的权利，对外发出自己的声音，如空间、论坛、微博等。在大数据时代，企业可以借助这一模式对产品进行宣传，比如定期向自己的忠诚客户推送商品信息，出于对公司产品的极度满意，那些忠诚客户会把商品信息发送自己的朋友圈，分享给他人。企业以最小的代价使自己产品信息通过无边界组织大量扩散，达到宣传的目的。

同时，当公共服务和政府部门应用大数据时，将会极大提升政务工作的效率，提升公共服务部门的社会管理水平，产生巨大的社会价值。另外，国防、反恐、安全等部门运用大数据技术时，就可以对各种安保相关数据进行储存、整理和分析，能很好地解决侦察系统和情报监视覆盖范围疏漏的问题，安全保障能力得到极大的提升。比如美国马萨诸塞州波士顿在2013年4月发生的马拉松爆炸案，事件性质严重，事后相关部门收集了附近的零售商店、酒店、宾馆和加油站的监控录像及周围区域人员的电话聊天记录，并根据相关目击者提供的影像和图片资料，对数据资料进行了详细的分析和挖掘，很快锁定了犯罪分子，侦破了案件。

2. 大数据使市场定位更加精准

在大数据时代，一种以数据为中心，重视统计量化和数据相关性的新型范式强势崛起，这深刻影响了企业的市场定位理念。此时，企业可以利用海量数据，分析挖掘数据内在关系，提取和发现有价值的顾客信息，进而得出消费者预测的规律性结论，使自己的市场定位活动更加精准。企业也可以利用先进科技工具建立某种渠道，使厂商更容易知道顾客在哪里，顾客的偏好是什么，产品应如何改进。企业可以对消费者形成一对一的接触，做好厂商和顾客之间的沟通，了解真正的消费兴趣，满足每个消费者的个性化需求，实现对消费者提供高品质服务的承诺，长时间的这种互动关系，最终保持了高水平的顾客忠诚度，也实现了公司的长远利益。

在传统的技术下，我们可以根据用户的信息数据，对其进行常规细分，如根据性别、年龄、职业等细分，以提升对顾客的定位精度。但是运用大数据技术，我们可以掌握顾客更全面的信息，并进行分析，可以使我们对顾客进行个性化的细分，辨识出各个顾客不同的消费偏好，然后开展针对性的定位活动。

在大数据精准化市场定位活动中，强调与老顾客保持良好的关系，要准确了解每一个顾客的个性需求，让顾客感受到尊重，从而形成相互合作的关系。针对不同的顾客，产品也要体现出差异化的特征，通过模块化方法订制产品，满足消费者的个性需求，更加注重对顾客的深入了解。同时，精准市场定位还具有可控制性的优点，企业通过消费者的反馈信息，不断调整定位策略，使定位效果更加精准。精准定位的发起者应该对顾客的需求进行细致的分析和洞察，然后在结合相应的活动规划、品牌规划和产品规划等对活动进行控制。

（五）大数据市场定位精准化的保障

1. 建立组织及文化体系

为了保障基于大数据技术的市场定位能顺利开展，企业需要做以下活动。

（1）建立合适的组织结构

组织结构是信息沟通、定位组织的建设，是保证精准定位活动有效实施的基础性条件。

企业开展基于大数据市场定位精准化研究，需要在整体上重视数据信息的建设，建立顾客大数据中心，重视顾客数据库信息的收集，分析信息本身传递的内涵，确定企业总部的市场定位目标，并与各分支部门所共享。各分支部门也要着重建立信息部门，从基层收集顾客的消费信息，然后再汇总到总部的大数据部门。良好的组织结构是市场定位精准化活动顺利开展的前提条件，也能保证企业信息顺利传递，职工责任分工明确。以大数据技术为基础建设精准市场营销组织，就是树立精准市场定位的整体目标，加大顾客大数据数据库建设，起点就是产品创新，把重点放在增加客户价值、开展精准定位活动上面，建立一个在产品开发和营销方面有优势的创新性有机组织。

建设精准市场定位组织的模式有以下两种。第一，基于企业创新型的技术驱动的组织模式。在此模式下，企业的核心竞争力在于不断推出具有创新性的产品或服务。当企业研发部门开发出新产品后，公司应该为新产品配置合理的产品经理和工作人员，保证产品能顺利进入市场。同时市场部应该根据对市场信息的了解，对新产品开展精准的定位活动，保证得到消费者的认可。第二，基于企业客户管理驱动的组织模式。在此模式下，企业的核心竞争力是其良好的客户关系管理的能力。企业开展一切活动的基础就是以市场为中心，对顾客数据库信息进行大数据挖掘，分析流失客户的原因，把握现有客户的消费偏好，开拓潜在客户。同时，收集消费者对公司产品优缺点和提出的改进意见，进而对产品进行开发和改进。在这种模式下，不是企业的研发部门凭空地研发新产品，而是在企业营销部门的参与下，基于顾客需求，针对性地开发新产品，这种模式有利于企业开展精准的市场定位活动，自主性也更强。

（2）组织资源的分配

企业资源分配的过程如下：企业各分支机构在总部所规定的目标的前提下，依据目标的指导，对企业资源进行合理配置。企业要在总体目标的范围内对其资源进行分配，制定科学严格的资源配置制度是合理分配的基础，并在配置过程中，依据企业市场竞争的不同态势，对稀缺资源进行有次序的合理配置。我们将会针对企业资源的三个方面：人力、财力和权力进行分析。

合理分配人力资源。企业开展大数据精准化市场定位的重要基础之一就是要有充分的人力资源储备，企业人力资源分配活动主要包括以下内容：

数据库技术人员：能够独立开发、维护及分析从企业顾客及产品提炼出来相关信息来构成的大数据。

产品研发的人员：能够运用当下最新技术来开发新产品或者对企业原有产品增加新功能。

专家分析队伍：对企业数据库中的消费者信息进行挖掘分析，制定企业总体战略规划和产品竞争策略。

精准定位工作人员：对企业的定位工作人员进行培训和提升，使他们掌握产品精准市场定位的能力，不断开拓市场，收集市场和消费者的大数据信息。

顶尖的服务团队：服务人员应掌握与客户有效互动、良好接触的能力，着力培养与客户之间的关系，通过现场体验、现场讲解等方式，提高与客户之间的沟通。

合理分配财力资源。对工作表现良好的营销人员进行金钱上的奖励，加大企业对产品最新技术的投入。

合理分配权力资源。企业的人力和财力资源都是由掌权的人来调配的。因此在提高企业高层配置资源能力的同时，也应将企业的权力下放到底层的客户经理处，客户经理可以根据情况调配企业的适当资源，开发新客户，同时鼓励员工进行创新，给员工一定的自由空间，并对员工的项目进行一定的资助和支持。

2. 建设企业基础设施

在大数据时代，企业在市场竞争中获得优势的方法有两种：拥有大量的数据分析人才、有自己完善的顾客数据库。

（1）建设顾客数据库

在传统市场定位方式的影响下，顾客的数据信息往往不被企业重视，没有构建规范的数据管理系统，对消费者的数据分类管理不完善。企业的服务台、营销部、财务部和办公室对顾客大数据数据库的建设应该通力合作，详细整理顾客的消费信息，管理数据时要细致，数据应包括消费者的姓名、来源地、消费金额、习惯、时间、目的、内容、间隔期，甚至是通过什么渠道知道企业产品，另外如果是顾客消费时采取刷卡付账的模式，那么企业也要保存顾客使用的信用卡的类别与银行等。企业掌握顾客的信息越详细、越细致，以后分析数据时就会越有把握。在大数据时代，数据长期细致积累分析模式已经取代了传统的以抽样方式的数据统计分析模式。

（2）挖掘市场数据信息

加强收集数据。在大数据时代，为了在市场竞争中占据优势位置，企业就应该尽早了解市场，对市场动态进行全面把握。为了增加消费者的数据存储量，企业应对消费者进行市场调研，制作调研表，收集调研数据，收集的数据可以成为将来数据分析的基础，并且企业应该调研分析它的竞争对手，准确定位。

加强与数据方的合作。企业应该和顾客的数据方搞好关系，例如大型银行，顾客大量的有效信息就存在他们的数据库里面，企业可以依据这些信息分析挖掘出消费者的偏好，判断出这些顾客是否为公司的目标客户群体。

大数据的安全利用。在大数据时代下，企业可以利用客户的大数据信息，分析出顾客偏好，发掘商机，但是在方便企业的基础上，有些顾客的隐私却暴露在大庭广众之下，少数不法分子会利用这个漏洞，对客户进行不道德的商业活动，危害消费者的人身安全。因此，企业一定要加强顾客数据的隐私保护。

首先，应从公司内部的客户大数据工作人员着手，通过对他们进行培训，建立保护顾客隐私的观念。公司应该制定一些具体的规则，为顾客数据的保护制定标准，例如规定公司数据处理人员评估客户数据泄露的指标，数据泄漏后采取什么样的办法来弥补对顾客的伤害等，防止企业因客户信息泄露给自己的品牌形象带来负面影响。其次，要加强维护客户数据库安全的工作，对顾客数据库设立多层防火墙，防止信息被黑客随意盗取和恶意破坏。简而言之，随着顾客更加看重自己隐私的保护，企业加强对顾客信息的安全保护，提升对消费者的个人数据的维护能力，对客户数据的信息管理更加规范化，一系列措施能极大地提高顾客对企业的忠诚度，保证企业在消费者心中有一个良好的形象，实现企业健康可持续发展。

（3）重视管理决策层

随着大数据时代的到来，为企业开展以大数据为核心的工作内容提供了一个宏观环境。运用大数据技术，企业可以在员工脑海中形成新的思维，推动日常工作的顺利进行。企业对员工的选拔、培养、提升等均可以以大数据技术为基础，优化企业人力资源的培养模式，使员工工作更加精准、高效、层次分明。要在企业市场定位中运用大数据技术，企业员工能以大数据思维来开展日常工作非常重要，这其中企业高层的支持是必不可少的。这就需要改变企业高层的思维意识，即改变依靠自身的感觉和过去的工作经验的模式，重视大数据带来的机遇，用长远的眼光和开放的心态正视大数据技术对企业长远发展的影响。注重对中层及基层员工人力资源的培养，培养他们掌握运用大数据解决问题的能力和思维，并在企业内部构建一个开放的平台来使员工对自己的学习心得进行交流和沟通。

3. 活动控制与持续改进

目标的达成不是一蹴而就的，计划在实施过程中需要根据开展情况不断地对其进行控制，不断地反馈计划开展的结果，保证计划能有效地实施和开展，最终通过对工作内容的不断改进，达到公司的目标。

（1）基层员工及平台建设

企业开展基于大数据的市场定位活动，高层领导的重视固然重要，但是具体的工作还得由企业的人力资源部门指导企业基层员工开展工作。在人力资源部门对员工开展活动时，可以从以下几个方面着手：注重对员工进行大数据技术的培训，在公司内部构建一个良好的大数据思维环境，招聘人才时着重对员工大数据知识的考核，在提升人才时把大数据思维纳入考察的范围，在大数据平台上对员工的绩效和薪酬进行评定等，形成企业的基于大数据的人才培养模式。

同时，作为企业的营销人员，需要知道怎么去收集数据、管理数据、挖掘数据和整合数据，从数据中得到对企业市场定位有价值的信息。营销人员可以借用大数据技术，拉近顾客和公司之间的距离，对目标顾客进行精准定位。要想在新时代下轻松驾驭大数据，营销人员也需要专业的技能培训，掌握一定的大数据技术，成为既懂管理又会数据分析复合型人才，知道如何利用大数据信息为企业的定位活动做出贡献。

进一步来说，企业要想在推广大数据应用的活动中开展顺利，还应加强企业人力资源数据化管理硬件平台的投入，此时企业应运用最先进的互联网大数据技术，加强员工运用大数据技术的能力和素质的培训力度。同时指导全体员工加强顾客数据的获取、管理及保护的能力，自觉保护顾客的隐私和企业的商业利益，为企业的长远发展打下坚实的基础。

（2）活动控制的标准

员工对计划的理解程度。企业计划的操作和实施需要员工工作的配合，因此争取员工对计划的支持和理解至关重要，这就要求员工必须理解公司大数据精准市场定位计划的内容、过程、目标和意义。企业需要对员工的综合能力进行培训，并带领他们随时学习企业的理念、计划和长远目标。

市场环境的变化。企业所面临的竞争情况会随着外界环境的不断变化而变化，这就要求企业通过对市场大数据的收集和分析，能够依据环境的改变，对整体的计划、策略、人员和组织结构进行改变。

企业目标市场的覆盖率。企业开展大数据精准市场定位活动，最终的目的就是追求公司产品的高市场覆盖率，因此在企业开展活动时，应适时关注产品的市场份额，随时调整竞争策略。

客户满意度。客户满意度是根据沟通管理战略的角度衡量的，企业应该定期通过大数据平台对客户的满意度进行调查并分析，将分析的结果与战略目标进行对比，并根据之间的差距做出战略是否有效的权衡和度量。客户满意度也是公司开展市场定位精准化活动时所考虑的一项重要指标。公司在开展活动时，也应随时对客户满意度进行检测和分析，对分析的结果和预期的目标进行比较，并做出相应的改进。

（3）持续改进定位活动

企业在开展大数据市场定位精准化活动时，需要对其进行持续的改进。通过不断收集更新顾客的信息数据库，根据外界环境的不断变化，来制定针对消费者的精准市场定位活动，保证活动开展的有效性。具体的步骤如下：

通过检测顾客不断变化的消费需求，不断实时更新数据库。当今时代，人们的需求不再是一成不变的，而是通过互联网与商家及其他潜在消费者进行互动，然后做出购买决策。在这个购买过程之中，消费者对商品的态度和看法很容易发生改变，这时，企业就应该通过收集消费者的行为数据和对产品最新的消费意向和趋势，实时更新顾客数据库。同时，我们可以运用兴趣点机制来洞察顾客的消费需求，依据消费者的浏览次数、浏览时间、浏览的流量来对消费者的行为进行分析，然后运用恰当的语言描述出来，并归类为兴趣点标签。对于那些不是太喜欢上网的客户，我们可以收集消费者的基础数据如性别、年龄、住址、文化等，然后在与消费者的上网历史数据相结合，通过大数据处理技术，对于这类客户的兴趣点进行分析和预测，最后依据这些顾客不同的兴趣点特征，对定位策略进行调整，满足消费者个性化的偏好。

在开展市场定位精准化活动中，不断地控制和调整。大数据时代，当我们具体对精准市场定位活动进行控制考核时，需要做到如下几个方面：时间精准，即在精准定位开展的各个节点、环节，都要进行及时的控制和考核；标准精准，既要体现企业和行业的特色，又要能满足顾客的需求，标准要适宜；执行精准，在控制考核过程中，我们需依照提前制定好的流程一步一步地实施考核活动，要实地、实物、实时地进行考核，切不可走虚假程序；落实精准，对考核活动发现的问题要合理调整，及时纠偏，采取切实的措施来保证精准定位活动的顺利实施。

依据最终活动的效果，来改进和完善总体计划。企业在精准定位活动中运用大数据技术，极大提升了活动的效率，在庞大的市场和潜在顾客数据的基础上，对顾客的购买习惯和消费偏好进行分析，达到真正了解消费者的目的。比如企业在定位活动开展的过程中，可以运用WiFi和网络地图来了解顾客的具体位置，依据消费者相关的需求信息，及时调整定位方式和定位内容，来满足消费者不断变化的消费需求，提高定位的效率。

同时，开展大数据精准定位活动后，企业也应该对竞争对手的信息进行了解和分析，这在日益激烈的市场竞争环境中，显得至关重要。企业可以通过互联网来收集行业中与之相似或相同竞争者的数据，对他们的定位特点和经营特色进行分析，然后与企业开展的精准定位活动效果相对比，据此改进企业的商品和服务的定位策略，进一步提高企业的定位效果。

第二节 企业经营风险控制

一、企业经营中面临的风险

（一）市场风险

市场风险是企业经营过程中最为常见且不可忽视的风险类型之一。它指的是由于市场条件变化导致的潜在损失风险，这些变化主要包括需求波动、价格变动、消费者偏好改变以及竞争态势的调整。市场风险的特点在于其普遍性和不可预测性。例如经济衰退、政治事件或技术革新都会引起市场需求的急剧变化，对企业的销售和盈利造成影响。市场风险还包括与市场竞争相关的风险，如新竞争者的加入或现有竞争者的战略变动。这些因素导致企业的市场份额下降或营销成本上升。此外，市场风险还涉及产品生命周期的变化。随着产品或服务生命周期的进展，市场需求会发生变化，这要求企业不断创新和调整产品策略。

（二）财务风险

财务风险主要关联于企业的财务管理和资本结构决策。这类风险通常源于债务融资、利率变动、货币汇率波动以及资本市场的波动。企业在使用债务融资时，需承担偿还本金和利息的义务。若企业的现金流不稳定，就容易面临财务压力和违约风险。利率风险是财务风险的一个重要方面，特别是对于那些有大量浮动利率借款的企业。利率上升会增加企业的财务成本，影响其盈利能力。货币汇率风险主要影响那些在国际市场上运营的企业，汇率波动可能会导致企业在跨国交易中面临损失。此外，资本市场的波动也会影响企业通过发行股票或债券筹集资金的能力。

（三）运营风险

运营风险是指企业在日常业务运作中遇到的风险，这些风险源于内部流程、人员、系统或外部事件。运营风险的特点在于其广泛性，几乎涵盖了企业所有的运营层面。例如供应链中断、生产效率低下、人力资源管理失误以及技术故障都属于运营风险的范畴。运营风险还包括企业内部控制的缺失或失败。若企业的内部控制体系不健全，会导致财务损失、法律诉讼或声誉损害。此外，随着信息技术在企业运营中的广泛应用，信息系统的安全性和稳定性也是运营风险的一部分。数据泄露、网络攻击或系统故障都会对企业造成严重影响。

（四）法律与合规风险

法律与合规风险涉及企业在其运营和业务活动中必须遵守的各种法律法规和标准。这种风险的主要来源是法律环境的变化、合规要求的更新以及法律诉讼的可能性。法律风险主要包括合同纠纷、知识产权侵权、劳动法争议等方面。例如若企业在合同执行过程中未能达到约定的标准，会面临诉讼和赔偿。知识产权侵权则涉及企业产品或服务容易侵犯他人专利、版权或商标，这不仅会导致法律诉讼，还会伴随高额罚款和声誉损害。合规风险则关联于企业必须遵守的行业标准和政府规定。例如金融行业的企业必须遵守严格的金融监管规定，任何违规行为都容易导致重大的财务损失和法律后果。在环境保护、消费者权益保护等方面的合规也越来越受到重视，违反相关规定会导致罚款、业务受限，甚至吊销营业执照。

二、企业风险产生的原因

（一）缺乏风险管理意识

现阶段，企业对风险管理的认知不够系统，尤其是企业管理人员，对风险管控的理解不到位，存在着主观性、随意性的特点。这样的风险管理，导致企业面对复杂多变的市场形势，无法快速做出有效判断，对风险的应对措施也存在差异，不能做好及时的防范工作。同时，企业管理者缺乏良好的风险管理意识，部分企业只重视眼前的经济效益，不关注其长远发展。部分企业虽设置了风险管理部门，但是管理者综合意识过低，导致管理机构不能体现真正效益，其管理模式过于形式主义。

（二）不健全的内控管理体系

企业内控制度的缺失，不能为企业提供良好的管理环境，无形中增加了风险要点。而且，企业甚至没有设置专门的风险管理机构，导致董事会和其他管理机构的职责无法得到集中体现，增加管理难度，员工工作行为无法得到制约，加之管理手段落后，不利于企业的长远发展。

（三）应收账款中的经营风险

由于业务发生时间以及货款到账时间上有差异，易导致应收账款的发生。就一般企业而言，体现在发货时间和收到货物时间的不同，如结算手段落后，导致结算时间延长，企业必须认识到这一特点，自行承担资金垫付的结果。如果应收账款占据的比例过大，导致资金流动严重不足，容易引起企业财务危机。对于部分运行好的企业，有着承保盈利的记录，但是光有记录还不够，还需要看到利润。目前部分企业虽然盈利的记录好，但是从实际账户中看不到利润和资金，都是应收账款所致。

（四）信息不对称

由于缺乏有效的信息预警机制，加之受到外部环境影响，导致企业在信息收集、处理方面的能力弱。一方面是外部信息不对称，不是内部人员形成和扩散的，信息的真实性无法得到保障，企业一旦使用错误信息，容易面临破产风险。另一方面是内部信息不对称，主要是内控管理水平低，大多集中在管理者和员工之间，一线职工的关键信息无法传递到管理层，难以体现企业实际的财务发展情况，就无法为企业决策提供科学有效的依据。

三、加强企业经营风险控制策略

（一）增强企业风险管理意识，提升财务管理手段

企业为防范经营风险，提高管控能力，需要按照企业实际发展情况，制订完善的战略管理方案，并在目标方案指导下，提高经营和管理水平，为企业长远发展奠定坚实的基础。通过对内部和外部发展情况的综合分析，企业管理者认识到影响企业发展的因素众多，如不能做好相应的风险管控，对企业长远发展不利。因此，企业管理者应学习先进理念，增强自身风险管理意识，认识各种类型风险的危害，结合企业实际情况，选择有效的管理措施。企业则要利用各种宣传平台，加大宣传力度，

让全体人员认识企业经营风险的危害，综合认识目前工作中经营风险和自身工作的联系，增强员工的风险管理意识，并在各个环节实现有效渗透。财务活动和企业经营活动之间有着非常紧密的联系，为规避企业经营风险，需要采取各种有效措施，不断提高财务管理水平，将风险因素降到最低。首先，企业应建立完善的管理制度，明确管理部门的基本职责和权限，制定有效的管理流程，确保企业各项财务管理工作能顺利进行。其次，企业应完善现有的组织结构，严格按照岗位责任制的形式，设置合适的财务管理岗位，财务人员相互监督，降低企业财务风险。企业财务管理部门应提高自身管理水平，最大限度地确保企业财务数据的全面性、真实性和系统性，为经营决策提供良好的数据支持，将内控制度和财务管理工作有效结合，达到经营管理的目标。

（二）精确市场分析

在实施多元化战略以防范企业经营风险时，精确市场分析是一个关键步骤。第一，企业需要进行市场研究，收集关于目标市场的综合信息。这包括市场大小、增长率、竞争格局、客户偏好、购买行为以及市场趋势等。通过这些数据，企业可以深入了解目标市场，识别出潜在的机会和挑战。第二，企业应评估目标市场的入门门槛和运营成本。包括了解市场规制、税收政策、劳动力成本、物流和供应链的复杂性等因素。这些信息将帮助企业决定是否进入特定市场，以及如何有效地配置资源以最大化投资回报。第三，企业还需要进行竞争者分析。了解竞争对手的优势、策略和市场表现对于制定有效的多元化战略至关重要。企业可以通过分析竞争对手的产品、服务、营销策略和客户反馈来获得宝贵的市场洞察。第四，企业需要进行特定的市场分析。这意味着针对每个潜在的市场或客户群体，企业都应该进行深入的研究和分析，以确保其产品或服务能够满足这些特定市场的需求。第五，基于市场分析，企业应制定入市策略。包括选择合适的市场定位、产品差异化策略、定价策略和促销计划。此外，企业还应考虑合作伙伴和渠道策略，选择合适的分销和销售渠道以有效触及目标客户。

（三）完善内控管理体系

良好的内部管理环境，是进行各种风险管理的关键所在，为企业生产、经营工作的顺利进行提供有效保障。因此，企业在做好风险管理工作的同时，应加大内部管控力度，有效地控制工作，确保企业健康发展。企业员工积极参与内控管理，按照企业日常经营和发展互动完善内控流程，加强制度控制，实现内控管理和企业日常工作的有效结合，确保员工工作行为的规范性。内控管理制度的建设，不是独立存在于某个个体单位，而是将内控制度的推进和企业的个性化发展有效整合，做好数据整合工作。其需要建立在企业生产经营发展的目标上，通过有效管理控制和发展目标得以顺利实现。所以，制度联动非常重要，相互制约、相互促进，形成系统的发展体系，让企业生产和经营的各个环节能有序进行，避免出现本末倒置的情况。为减少企业决策的风险，构建完善的风险管理制度，结合项目预警，事故发生前就应做好及时预防，对经营风险进行细化，实现事前、事后相互结合，促进企业可持续发展。

（四）应收账款流程优化和有效控制

为加强对企业经营风险的控制，必须重视应收账款工作，加大清欠力度。工作人员对企业账目进行合理分析的同时，应对账目类型进行科学分类，针对欠款的客户，对客户的信用等级进行科学划分，详细罗列出对应的催款明细，并交给相关人员，安排企业进行催款。罗列出相关清单后，综合认识企业中账款的基本情况，看到账时间和相关人的信息，对欠款信息进行综合分析后，对有能力偿还的客户，派遣专人进行催款；而对部分能力弱的欠款客户，采取有效手段，无论使用何种方法，都应确保企业能尽快回款，由此减少企业的经济损失。企业实践发展的同时，需要及时对应收账款的基本情况进行监察，做好坏账处理工作，利用专业的财务手段对企业坏账进行集中管理，减少企业经营中的风险。企业财务管理过程中，必须让专业人员对应收账款有系统认知，综合分析，避免出现坏账，如已经出现，则应综合分析是否有挽救的方法。同时，建立有效的坏账预备金，确保企业正常运营，弥补企业出现的损失。

（五）健全风险预警机制

企业在经营风险形成初期，应建立完善的风险管理机制，降低企业的不良损失。企业应结合实际情况，制订应急预案，规避经营风险给企业带来的负面影响，随着风险预警系统的建立，让高素质人才进行管理，成立专门的管理机构，做好信息收集工作。为提高企业风险管理工作水平，企业应时刻关注外部发展情况，加强对企业信息的收集和管理，为决策层制订方案提供有效的信息依据。

第三节 企业经营预算编制与执行

一、企业经营预算编制与执行的内涵

（一）预算编制

预算编制指的是企业从自身的实际情况出发，对发展目标进行科学合理的规划，依据资金的实际收入状况对预测和规划进行细化，从而提高资金的使用效率，减少运营成本的输出。也就是说，要对企业的预算进行确定，同时还要对运营目标进行细化。企业明确预算目标，主要是为其自身的可持续发展做好铺垫，引导企业向着目标方向迈进。在开展预算编制时，无论是对责任预算，还是责任预算目标进行编制，都和员工息息相关，这不仅是员工绩效考核的一项重要指标，同时也能够对员工的日常工作行为进行约束，并对预算执行起到良好的推动作用。

（二）预算执行

企业在实际发展时，预算执行能力的主要服务对象就是预算编制，并且贯穿于企业各个工作环节，是企业发展的关键内容。在实际生产经营时，一定要对资金进行严格把控，对资源合理配置，从而为企业的良性发展提供保障。所以，在开展预算执行管理的过程中，一定要从全局的角度出发来对其进行合理的规划，要结合各种因素来有效调整企业的各项经济活动，确保其科学合理。预算的执行管理能够在很大程度上促进企业竞争力的提高，而且预算管理的全面性还大大减少生产成本输出，提高企业的经济效益和社会效益。

二、企业经营预算编制与执行对经营管理所发挥的作用

（一）重新为企业规划发展路线

企业通过开展预算编制与执行工作，可以将企业制定的战略发展目标细化为各个业务部门、每个岗位的工作计划与目标。企业通过预算编制，可以预测未来的收支、人工费用及预计利润，为解决内部管理问题、优化配置资源提供帮助。

（二）帮助企业业务部门之间进行沟通与协调

企业通过预算编制指标并强化执行后，可促进企业财务部门与业务部门之间的沟通与联系，财务人员在征求各业务部门预算编制材料及意见过程中，也可真正了解业务部门实际困难与生产经营流程，并为下一步预算执行、监督与考核工作提供素材。同时，业务部门也可通过与财务部门沟通，了解预算编制与执行相关要求，

积极参与全面预算管理工作。

（三）降低企业经营风险

企业通过预算编制并开展绩效考核工作后，可使企业管理层对业务部门资金收支进行监控，及时了解业务部门预算执行中存在的问题及困难，并真正了解企业的生产经营情况。此外，财务部门在开展预算执行考核与监控过程中，通过将预算执行与预算指标进行对比、分析，可以及时发现企业在生产经营、成本管理、预算管理中的潜在风险，及时通过具有针对性的手段加以防范，提高企业防范财务风险的能力。

（四）调动起企业参与预算管理工作的积极性

预算管理通过为各个业务部门制定预算指标的方式，使工作人员为了完成预算目标而努力工作，同时，通过建立公平的奖惩机制、考核机制，使预算执行的结果与工作人员的奖金、晋升等结合，使企业员工能够发挥主观能动性，积极为预算管理工作的开展贡献力量。

三、企业预算编制的流程

（一）构建编制团队

若想确保所编制的预算与企业实际发展情况相吻合，那么优秀的团队是必不可少的。企业要对不同层级的业务骨干进行选择，与财务人员共同构成预算编制团队，并利用查阅、调研的方法依据实际的运营项目对不同类型的资料进行收集，确保预算编制的全面性，并对潜在的降本增效项目进行挖掘，然后对得出的数据资料进行存档。

（二）进一步分析与评估

不同项目类型资料完成收集存档之后，要应用各种方法来对这些资料进行仔细的分析与评估，比如数据分析、情境分析等，从而能够全面了解企业的各种项目和实际的运营状况，更好地对每一个项目的成本进行有效管控和扶持。而且，要确保分析预测的精准度，确定数据的参考范围，拓宽企业发展路径，增大业务量。

（三）确定企业需求

在开展分析和评估之后，企业的编制团队要依据自身的生产、销售、财务、资产等不同数据信息来明确自身的预算需求，同时还要采取不同的方式，从而保障实际的运作状况和需求相适应，然后再对初步的方案进行拟订，报送审批。

（四）形成草案

企业的管理人员要从企业整体的发展战略出发，有效分析、权衡和审批预算编制的初稿。同时，还要全面、综合分析每一项指标之间的协调性和衔接性，从不同的视角确定预算草案，在最后确定的草案当中，要包括增量预算、特需预算、零基础预算等内容，为后期解决不同问题提供有效的理论依据。

（五）下发预算计划

在对预算草案进行审批后，要把预算材料发送到每一个部门，部门再依据年度预算计划来对其进行有效的落实和执行。在这个过程当中，企业要把当年的全部预算计划下发给相关部门和人员，依照季度拨付与调整，降低零和博弈行为，提高预算资源的利用效率，避免临时出现变故而打破原有计划。

（六）保留追加预算

随着社会的不断发展，不仅扩大了企业的发展规模，同时也提高了企业的生产能力，实现了产业的升级，基于这种情况，企业的年度预算通常会有相应的波动。这时就要对其进行适当的调整，制定追加预算，防止出现不必要的风险，同时也能够拓展新业务和新项目，为企业的可持续发展提供保障。

四、企业预算编制与执行的难点

（一）预算编制方法缺乏科学性

在开展预算编制的过程当中，由于受到各种因素的干扰，会导致预算编制方法不具科学性。主要体现在以下几点：首先，没有设置科学合理的预算管理目标。所制定的预算目标不能和年度经营计划、公司发展战略相适应。企业预算管理的前提和基础就是制定科学合理的预算管理目标，要对相关数据进行有机整合、分析，然后制订管理方案。但在具体预算编制过程中，企业的有关人员片面地认为预算管理属于财务的工作，与自己业务工作关联不大。实际上财务人员主要要核对财务报表，进行财务核算，同时管理其他的预算相关工作，财务人员并不能全面了解项目具体运营情况，这就导致不能对所有数据进行有效的分析和整合，致使预算管理目标与企业实际发展相脱离，达不到预期的预算编制效果。其次，预算编制方法缺乏合理性。在开展预算编制时，大多数的企业都会应用增量或是减量的预算方法，实际上就是依据往年预算标准来对预算方案进行编制，这种方式不仅用时较短，而且操作简单，但也存在相应的问题，那就是预算与实际不符，甚至还会影响后期预算执行工作的顺利开展。

（二）预算管理环节缺乏规范性

目前，企业在对预算进行编制和执行管理的过程中，大多数的编制人员都会利用以往的经验来对预算进行编制，并以此为基础来预估预算编制。但是，从当前预算编制管理现状来看，这种传统的预算管理模式已经不适应现代预算管理需求，企业的管理人员不能对预算编制和预算执行的重要性有一个深刻的认知，无法促进企业市场竞争软实力的提升，甚至还会致使企业的预算编制缺乏科学性和合理性。事实上，企业内部的预算编制人员在利用以往预算管理经验来对预算执行进行管理时，没能从企业的实际经营情况和发展战略出发来对其进行全面调整，大大降低了企业资金和资源的利用效率。也就是说，预算执行管理缺乏相关依据，达不到责任预算目标，还会致使每一个部门的预算管理人员无法认识到自身的职责，找不到清晰的定位，这对于企业预算编制和执行管理有效性的发挥造成了严重阻碍，长此以往，必定会对企业竞争软实力的提高造成不良影响。

（三）预算编制体系不完善

目前，企业在对预算编制进行开展的过程中，相关人员没有从企业运营的整体角度出发，导致所编制的预算管理内容不能把企业真实的运作状况充分体现出来。预算编制范围狭窄，没有贯穿于所有项目和业务，致使预算编制结果缺乏合理性。同时，企业也没有安排专业人员对预算编制结果进行分析、评估和考核，只是流于形式，这就大大降低了预算编制管理的质量。另外，编制人员没有对预算编制工作给予高度的关注。通常都是由财务人员负责，没有健全完善的预算编制体系，财务人员只了解自身部门的运营状况，并不能充分掌握其他部门的运营情况，致使所编制的结果与企业的真实运营状况不符，偏差较大，这也就不能把预算的功能和作用充分发挥出来。

五、解决企业预算编制与执行问题的对策

（一）实现预算编制与执行的全面性与全员性目标

一是企业管理层应提高对预算编制与执行工作的重视程度。例如企业管理层应树立正确的预算管理意识，带头执行预算管理相关制度，督促业务部门积极为财务部门编制预算指标提供业务数据，并认真执行预算指标，保证预算作用的发挥。二是为了实现预算编制与执行的全员参与，企业应充分收集业务部门在编制、执行中

提出的意见与建议,将这些材料进行汇总后,对预算编制与执行流程与制度进行相应的调整与完善,提高预算管理制度的可操作性,帮助企业实现资源合理分配与运用。通过全面预算管理的推行,企业可把自身的长期发展目标具体化,另外,全面预算也可作为业绩考核标准,提高企业内部员工的工作积极性,从而促进预算编制及执行管理水平提升。

(二)提前对预算编制做好准备

充分准备编制的时间、规范编制流程及业务部门收集相关编制数据,这是保证预算指标编制工作效率及指标科学、可行的重要保证。因此,企业应明确预算编制工作流程,提前布置、安排预算编制工作,为各业务部门准确收集业务数据给予必要的时间,使业务部门能够有充足的时间去完善业务资料、梳理预算问题,准确预测未来资金收支,为企业预算编制工作做足准备。例如企业财务人员在组织业务部门编制、提供预算资料前,应统一设计预算编制流程与电子表格,提出预算编制关键点及责任人,使业务部门了解其在预算编制与执行工作中的具体职责分工,并征求业务部门对预算编制与执行的意见与建议,完善企业预算管理工作机制与流程。同时,企业管理层还应该提前督促业务部门及时向财务部门提供预算编制相关业务基础数据,保障预算编制时效性。

(三)进一步完善企业预算管理机构设置

一是具备条件的企业可设立独立的预算管理机构,专门负责预算编制、执行监管与绩效考核工作。同时,由企业主要领导、业务部门领导作为预算管理委员会小组成员,为开展预算编制与执行工作提供组织与协调上的便利。二是预算管理机构或财务部门应将预算绩效考核工作纳入本部门主要工作目标之中,为预算编制与执行顺利实施提供保障。例如,企业可通过绩效考核体系对预算编制及执行管理人员来进行绩效考核,通过把预算编制是否充分结合企业发展目标、预算执行是否落实到位等纳入评价范围,来提高预算编制及执行管理人员的行为规范程度、工作质量及效率。

(四)创新企业预算编制方法

科学、可操作性强的预算编制方法是确保预算管理工作顺利开展及提高预算编制工作效率的重要基础,企业应从以下方面来强化预算编制:一是企业应对预算编制工作进行统筹与规划,将企业战略发展目标及内部外部各项影响因素进行考虑,将总体预算目标层层地分解到各个业务部门,业务部门再根据部门预算目标制定生产经营流程、工作岗位细化目标。二是为了提高企业预算编制数据基础的正确性，企业应进一步完善数据收集与分析的相关管理制度与流程，比如企业可对预算考核指标体系进行完善，把财务指标与非财务指标（例如客户满意度等）均纳入预算考核指标体系，全面收集预算编制及执行反馈信息，以此为来年预算编制提供信息指导。

（五）强化对企业预算指标的执行力

企业应强化对预算执行的监督，并结合自身实际情况来设立监督检查机构，并为其监督工作提供具有专业技能的监督人才，以保证工作的正常开展及监管作用的发挥。同时，企业应在机构设置时，将监督部门的工作独立于财务等部门，充分发挥其在工作开展时的独立性，并在制度中明确预算管理监督部门的职责及业务部门相应的义务。例如预算管理监督部门可在内部设置预算编制与执行反馈邮箱，收集业务部门在编制与执行中遇到的困难、反馈意见。同时，预算管理监督管理机构应积极对业务部门反馈信息进行分析、整理，及时向业务部门提出改进、完善建议，并根据相关法律制度来规范财务人员预算编制与执行行为，避免企业内部出现贪污舞弊行为的发生，全面提升企业预算管理效率与水平，进而在预算执行中取得更好的成效。企业应当构建预算审计机制，全面监督控制预算管理过程。在预算编制与预算执行等关键环节中，做到实时审计，并及时向企业管理者反馈审计结果，为企业决策的正确制定提供依据和参考。

（六）强化企业预算编制与执行考核

企业应不断地完善预算绩效考核机制与指标体系，将预算编制与执行的结果纳入绩效考核范围，并针对不同业务部门的工作特点制定可行的、公平的考核指标，以指标的实现来评判业务部门预算编制与执行工作成绩。建议企业预算管理或财务部门定期对业务部门预算编制与执行开展绩效考核工作，对于认真遵守预算指标、节约成本突出的业务部门或工作人员给予必要的物质、精神方面的奖励。同时，对于不遵守预算指标、随意列支资金，造成企业资金浪费的业务部门或工作人员给予严厉的惩罚，以此规范工作行为。

（七）建立起财务风险防范机制

企业为了进一步提高财务风险防范的能力，可将大数据、互联网等信息化技术与风险防范、内部控制、预算管理、内部监督等工作相结合。例如企业可聘请软件公司，结合企业生产经营业务风险点、预算编制与执行流程、会计核算要求建立、开发ERP综合信息化平台，使企业财务人员在提高会计核算效率的同时，可在线上及时了解各业务部门在预算编制与执行中的问题与漏洞,通过反馈、分析后及时要求业务部门规范经济业务、严格按照预算办理资金支付,进一步降低企业内部贪污舞弊行为发生的概率,提高企业财务风险防范的能力。例如在实际工作过程中,企业为了及时发现某业务部门存在的预算超支、擅自调整预算指标等问题,可根据权限对不同业务领导、管理层设置授权审批机制。当财务人员发现某笔支出没有预算或达到一定限额后,没有经过适当权限的审批,则及时制止资金支付。再如企业内部审计、绩效考核监督部门可通过大数据、互联网在线上对预算编制、执行相应的流程进行流程再造,对审批文件、授权签字等凭据进行审核,及时发现预算管理中存在的漏洞,在形成汇总检查报告后向管理层汇报,督促业务部门及时按照检查报告整改。

第二章 企业资产管理

第一节 企业固定资产管理

一、企业固定资产概述

（一）企业固定资产的概念

企业资产管理（Enterprise Asset Management，简称 EAM）：EAM 是面向资产密集型企业的信息化、制造业信息化、企业信息化解决方案的总称。它以提高资产可利用率、降低企业运行维护成本为目标，以优化企业维修资源为核心，通过信息化手段，合理安排维修计划及相关资源与活动。通过提高设备可利用率以增加收益，通过优化安排维修资源以降低成本，从而提高企业的经济效益和市场竞争力。企业资产管理除保持静态核算外，还实现资产的动态管理，包括从资产申购、领用、维护到报废的整个生命周期管理。

（二）固定资产的特点

不同企业固定资产的规模、具体表现形式可能有所不同，但固定资产自身的特殊性使其具有以下特点：

1. 固定资产不直接用于出售

根据固定资产的定义，企业持有固定资产，是为了生产商品、提供服务、出租或经营管理，而不是直接用于出售。

2. 固定资产规模大、比重高

企业固定资产虽然种类繁多，但总体来说以房屋建筑物和机械设备为主，而且房屋建筑物及机械设备单位价值高，数量较多，导致固定资产总价值高，固定资产在企业资产总额中所占比重较大。

3. 固定资产使用时间长

固定资产的使用时间比较长，能够长期地、重复地参加生产经营过程。比如房屋建筑物的最低使用年限为 20 年，机械及其他生产设备的最低使用年限为 10 年，电子设备的最低使用年限为3年。

（三）固定资产业务的内容

虽然不同企业固定资产的构成、种类及实物形态不尽相同，但固定资产业务的内容是基本相同的。主要包括固定资产投资预算、取得与验收、日常管理、清查盘点和处置五部分。

1. 固定资产投资预算

固定资产投资预算是企业根据发展战略和未来生产经营的实际需要，对固定资产的建造、购置或改造进行可行性研究，并编制相应的固定资产投资预算。固定资产投资预算包括对固定资产使用情况、所需资金来源及投资后企业收益情况的分析等内容，一般分为预算编制、审批和执行三部分。

2. 固定资产取得与验收

固定资产取得是通过外购、自行建造、融资租赁租入、非货币性资产交换换入、投资者投入等方式增加企业固定资产，固定资产取得主要包括固定资产的请购、审批、供应商和施工单位的选择及具体的购建过程。固定资产验收主要是指对所取得的固定资产的数量、品种、质量、规格、技术要求、运行情况及其他内容进行检验，验收合格后方可计入企业固定资产并投入使用。不同的取得方式或不同的固定资产有不同的验收要求，企业应根据实际情况制定相应的验收程序。

3. 固定资产日常管理

固定资产日常管理是指通过建立健全固定资产管理制度，确立固定资产管理责任制，并处理好固定资产使用和保管之间的关系。固定资产日常管理主要包括对固定资产的运行、维修保养、升级改造、投保、抵押质押、折旧和减值准备的计提等内容，并确保责任到人、账实相符。

4. 固定资产清查盘点

固定资产清查盘点是从实物管理角度，对企业所持有的固定资产进行实物清查，并与固定资产进行账务核对，确定固定资产的盘盈、报废、毁损及盘亏。企业要定期和不定期对固定资产进行清查盘点，至少每年进行一次全面清查，保证固定资产账实相符、及时掌握固定资产盈利能力和市场价值。

5. 固定资产处置

固定资产处置是指企业将所持有的固定资产进行报废、出售、出租和对外捐赠，固定资产处置一般包括拟处置固定资产的申请报告、技术鉴定、确定处置方式、审批、执行处置并上缴收益、进行账务处理等一系列环节。

（四）固定资产的确认条件

1. 与该固定资产有关的经济利益很可能流入企业

企业在确认固定资产时，需要判断与该项固定资产有关的经济利益是否很可能流入企业。实务中，主要是通过判断与该固定资产所有权相关的风险和报酬是否转移到了企业来确定。通常情况下，取得固定资产所有权是判断与固定资产所有权有关的风险和报酬是否转移到企业的一个重要标志。凡是所有权已属于企业，无论企业是否收到或拥有该固定资产，均可作为企业的固定资产；反之，如果没有取得所有权，即使存放在企业，也不能作为企业的固定资产。但是所有权是否转移不是判断的唯一标准。在某些情况下，如某项固定资产的所有权虽然不属于企业，但是，企业能够控制与该项固定资产有关的经济利益流入企业，企业应将该固定资产予以确认。

2. 该固定资产的成本能够可靠地计量

成本能够可靠地计量是资产确认的一项基本条件。要确认固定资产，企业取得该固定资产所发生的支出必须能够可靠地计量。企业在确定固定资产成本时，有时需要根据所获得的最新资料，对固定资产的成本进行合理的估计。如果企业能够合理地估计出固定资产的成本，则视同固定资产的成本能够可靠地计量。固定资产的各组成部分具有不同使用寿命或者以不同方式为企业提供经济利益，适用不同折旧率或折旧方法的，应当分别将各组成部分确认为单项固定资产。

二、固定资产管理的重要性

固定资产管理有利于企业合理配置资源，降低成本支出。首先，管理层通过了解固定资产的构成及分布状况，分析投入产出比以对其成本效益做详细分析，可以避免盲目投资或资产浪费，同时可以对固定资产做出科学的分析和规划，提高固定资产的使用效率；其次，有利于对固定资产业务流程的管控，从固定资产的全生命周期进行管控，可以对有效资产、无效资产形成准确认知，从而实现资产的保值、增值。

企业内部不断完善各项管理体制，加强资产管理体制的改革，有利于各项内控制度的建立健全。第一，通过加强资产管理可以优化企业基础管理工作，解决管理制度不健全的问题。部分企业改革过程中对于资产管理无章可循，无据可依，导致操作不规范、决策失误等。加强资产管理制度可以使各项管理体制环环相扣，有机结合，使每个环节都能有章可循，解决内控制度不完善的问题，并不断完善。第二，通过优化固定资产管理，有利于加强财务管理工作。资产管理是财务管理的一部分，资产管理不规范，将直接影响财务数据的真实完整。有些企业存在会计岗位设置不合理、权责不明、会计信息系统落后、资产信息不能实时入账等问题，严重影响了财务数据的准确性和及时性。进一步完善财务环节的固定资产管理制度，能够严堵资产管理的漏洞，促使企业从思想上更加重视资产管理，主动制定资产规范管理政策，从而保障财务管理工作的高效性。

从外部环境来看，随着企业改革创新的不断深入，企业所面临的形势更加严峻，加强资产管理是企业改革中必不可少的阶段。通过加强资产管理，可以促进企业诚信守法经营，做好企业内部各方面资源的整合，可以达到净化发展环境、提升资产管理效率、盘活存量资产、规范运作模式的目的，从而让资产发挥出最佳效益，真正提高企业的市场整体竞争力。从内部环境来看，资产是企业发展的重要保证。企业需要有一定量的资产作为企业支撑，并根据国家法律法规，建立健全各项制度，形成用制度来管人管事、靠制度来监督约束流程。同时，根据企业实际情况明确"三重一大"的议事规则和决策机制，可以确保企业重大决策依法合规。

三、企业固定资产管理存在的问题

（一）固定资产的管理现状

企业的固定资产管理水平参差不齐，管理比较松散，缺乏统一的执行力。同时，很多企业的资产管理人员技术能力与职业技术水平不能满足实际需要，导致实际管理情况不佳，尤其是在实际的管理中因管理人员未按照相关规章制度执行导致企业固定资产管理效果不理想。这对于企业来说，不仅会造成固定资产的流失，同时也会影响企业的发展。另外，在大多数企业开展固定资产管理中，企业的员工流动性大，也会使固定资产管理进度迟钝，效率降低。

（二）固定资产的管理问题

1. 管理不重视

目前，许多企业对固定资产管理不够重视，缺乏科学、全面的管理，很多企业在固定资产管理上还存在着一些不合理的地方。虽然大多数企业已经意识到了固定资产管理的重要性，但还是需要不断地改进和完善。尤其是在实际开展固定资产管理时，容易受到企业发展限制，导致管理不够科学、不够全面。这种情况不仅无法满足市场管理需要，也会给固定资产管理工作带来影响，让固定资产管理工作越来越形式化，根本没有实际效用。

2. 管理流程乱

由于固定资产从开始投入使用到报废，不同的时期有不同的核算方法，同时也有着不同的管理方法。但许多企业在进行固定资产管理时，其管理范围非常混乱，没有成立专门的验收部门，这样导致固定资产在使用一段时间后就被闲置了，也会出现没有入账的情况，甚至有的企业在进行固定资产管理时出现了信息延迟，无法对固定资产的使用情况进行反馈和核算，从而导致固定资产无法为企业带来效益。

3. 缺乏盘点清查

除了资产的盘盈盘亏和毁损之外，固定资产管理中最容易忽略的一点就是资产清查，而它其实非常重要。特别是那些固定资产比较多的企业，如果不及时进行资产清查，就会造成固定资产盘亏或者损毁，进而造成固定资产账实与固定资产的账面价值不相符，缺少固定资产清查会为企业带来经济损失。

4. 缺乏采购预算

由于企业管理者缺少对固定资产管理的认识，认为固定资产进行采购时不需要提前预算，也有的企业管理者虽然对固定资产的采购做出了合理的预算，但并没有按照预算执行。例如企业在进行购置固定资产时，并没有结合企业的实际经营情况进行采购，导致企业购入的大量固定资产在实际情况中根本用不到，造成固定资产闲置，使企业资金出现浪费。另外，还有的企业购置了并不成熟的固定资产，不能变现。这些情况都会造成企业固定资产过剩，使固定资产的账面价值出现虚高的情况，给企业带来经济损失。

5. 缺乏账务处理

在企业管理中，管理者认为固定资产需要进行更新、改造或维护，才能确保固定资产的安全与正常使用。如果不能很好地完成上述工作，其价值就会大大下降，甚至认为这些固定资产已失去价值，从而对这些固定资产疏于管理，甚至将这些固定资产存放于恶劣环境中，直至资产变质。仓库管理人员也没有及时发现问题，也不会进行账务处理。最终导致大量固定资产被腐坏，甚至固定资产的账面价值还遗留在会计核算中，从而影响企业经济效益，造成企业财产损失。另外，固定资产在更新改造后会产生后续费用的支出，当固定资产完成更新改造时并可以进行使用后，如果财务人员没有及时对固定资产进行竣工结算，从而造成固定资产账务处理不及时，导致固定资产的计提折旧及减值准备核算不准确，进而影响会计信息的真实性。

6. 闲置资产增多

中国的经济和社会快速发展，市场环境不断变化，企业的需求不断增加。因此，固定资产配置需求也在不断增加。但由于大部分企业对固定资产的重视程度不够，会购置一些闲置的固定资产，又疏于对固定资产的管理，导致闲置固定资产越积越多，久而久之，不仅会造成经济损失，还会造成人力资源和设备资源的浪费。

四、完善企业固定资产管理的对策

（一）提高对固定资产的管理意识

首先，要提高管理层对资产管理的认知，通过召开动员会、宣贯会，明确做好资产管理对企业管理的深远意义，从而在心理上认可固定资产管理工作的重要性；其次，加强沟通与交流，管理意识不能停留于管理层，还应传达至每个员工，单位可以通过集中培训、知识竞赛及征文等形式，使员工深刻了解资产管理的目的及意义，知道自身在资产管理体系中担任的角色及职责，增强其责任感及使命感；最后，应建立固定资产管理部门，同时配置关键岗位人员，明确各个机构和岗位的职责权限，使不相容岗位和职务之间能相互监督、相互制约，形成有效的制衡机制。在购置固定资产时，应建立固定资产咨询小组，由企业相关部门负责人参与，包括对购进的固定资产验收，定期检查固定资产使用情况，根据行业要求定期评估固定资产投资组合的科学性，固定资产管理活动应遵守国家法律法规要求，提高固定资产配置效率。

由于固定资产管理人员专业水平直接影响管理效果，企业应拨付一定数额的培训经费，做好相关工作人员的岗前培训。同时，需要对在岗人员定期开展固定资产专业知识培训，对固定资产日常管理注意事项进行培训，提高固定资产管理人员专业能力，培训过程中应增加职业道德知识讲解，提高固定资产管理负责人的责任意识，使其充分掌握现行行业法律法规要求，促进固定资产管理的科学性、有效性，确保固定资产保值增值。此外，应利用绩效考核制度，对固定资产管理工作人员定期考核，各部门之间可以相互监督，在固定资产购置、管理过程中及时发现管理盲区，采取妥善的解决方式加以规避，为固定资产高效管理奠定基础。为了避免固定资产管理人员岗位调动而影响正常管理，应优化工作管理流程，明确岗位相关工作范围和流程标准。管理人员应加强对固定资产标准化管理，在固定资产投资过程中应提前做好预期收益评估。固定资产管理人员需要对市场进行深入调研，对投资相关信息进行深入研究，促进固定资产管理模式的标准水平，推动企业固定资产管理工作的和谐稳定发展。

此外，企业需要补充一线管理人员，在各部门设置专人负责本部门资产的使用管理，并进行相关业务培训，使其掌握资产管理相关业务流程和审批标准。这样不仅方便了部门间的业务协作，避免重复无效沟通，更能起到基层资产管理工作的日常监督作用，提高了管理环节的工作效率，从根本上扭转了使用部门只使用不管理的错误思想。不仅如此，对在日常工作中涉及使用资产种类数量较多的内设部门，也应根据实际工作开展情况设置专人专岗负责日常管理，加强同本单位资产管理部门的沟通协调。

（二）完善固定资产内控管理

第一，构建完善的风险评估机制，固定资产点多面广，且形式多样，要保证资产的安全、完整，科学应对外界各种不确定的因素，就需要构建完善的风险评估机制。首先，企业需要树立风险防控意识，风险管理融入企业的战略分析中，贯穿企业整个生产经营活动，保证企业决策的正确性；其次，企业需要建立风险评估机制，结合企业的实际情况和风险发生概率的大小制定风险预防措施，选择相应的风险评估技术，有效识别固有风险和剩余风险；最后，企业需要构建风险应对方案，根据固定资产的业务流程识别关键风险点并按风险大小进行排序，结合剩余风险发生的可能性及影响程度，考虑各项方案成本效益，从而选择最佳应对方案。

第二，加强管控，提高固定资产的使用率。固定资产是推动生产经营的主要资源，需要以充分利用和不造成闲置浪费为基本原则，加强固定资产生命周期管理。具体做法有以下几点：首先，引入固定资产管理信息系统，加强各级资产管理部门的联系，及时沟通信息，通过信息技术扩展资产的调运范围，使资产进行合理调配和使用，充分发挥其本身作用；其次，对闲置资产进行集中化管理，可以通过技术改造增加新功能，满足生产的需要或者有偿租赁，给企业提供经济收益；再次，制定和完善奖励制度，激励各单位各部门搞好资产管理工作，充分调动全员的主动性和积极性；最后，对于已无可用价值的资产及时进行处置报废，减轻企业日常维护、仓储等压力。

（三）优化固定资产采购环节

一方面，要发挥预算引领作用，尤其是对固定资产"三重一大"项目的编制应采用项目编制法，从项目前期可行性分析到投资构成，再到经济分析及筹措资金来源等方面都要详细分析，为后续评价提供有效的支撑；预算编制应贯彻公司的战略目标，下达至管理层，管理层结合战略目标制订经营计划，结合经营计划拟定详细的项目实施进度表，以进度表为依据分解至月，再以此合理筹措资金，确保项目平稳运行。

另一方面，需要分层级设置授权审批，固定资产业务流程的起点就是从需求部门发起请购开始，请购根据金额大小，视不同情况执行不同的授权审批流程，分为直接采购、询比价、招投标等，直接采购为特定需求或单一来源渠道的物资，一般项目采取询比价货比三家的原则，对重点项目必须履行招投标程序，对重大项目要求采购委员会集体联签，通过选用不同的采购流程，增强了固定资产采购的合法合规性，提高了固定资产采购效率。

此外，完善企业内部资产管理制度也是相关企业革除自身弊病、提升自身管理能力的重要举措。具体而言，企业在实践中应该遵循以下步骤对自身资产管理制度进行改进：首先，对自身原有的企业管理制度进行分析，结合当前企业实际发展状况与市场经营环境，对其中落后的制度内容进行适当调整；其次，领导人员应该将员工激励制度内容适当加入企业资产管理制度当中，确定资产管理活动相应的岗位权力与责任，并将其实际表现与薪资、职位升降挂钩，通过这种方式，有助于提升员工积极性，进而加强企业资产管理效率。

（四）加强信息化建设，实现智能化管理

建立固定资产管理信息系统，有了信息系统，公司可以对各部门的资产使用状况进行分析，然后统筹全局，提出采购计划；还可以按照公司的实际采购要求，筛选出几家价格、质量和信誉都比较好的供应商，最终由公司决定选择由哪家供货。企业的各项固定资产在信息系统中都有完整的档案信息，以先进的数字化信息技术代替手工录入信息，并通过相应的软件系统执行固定资产计算，实现智能化管理，并建立固定资产管理卡片"二维码"，由财务部对固定资产实时监控；通过数据平台在企业内部共享信息，提高管理工作的时效性，也提升了固定资产盘点的效率和准确性。

比如城市轨道交通，城市轨道交通行业是典型的资产密集型行业，具备建设周期长、资产形成周期长、资产规模庞大等特点，一个由五条以上线路组成的线网级城市轨道交通工程建设将形成数以十万计的单体资产，资产规模达千亿级。如此庞大的资产，若仅依靠人工管理难度将非常之大，尤其是新线资产整理与移交、竣工财务决算、清产核资、运行维护与管理工作，将耗费大量的人力和物力。同时，基于纸面文件流转的数据和信息管理，已不能满足城市轨道交通资产全生命周期的标准化、精细化管理以及一体化经营发展的需要。只有利用信息化手段，通过信息化系统建立前期工程建设类设备物资采购、资产整理组合、资产/设备/物资移交、资产/设备建账以及后期财务竣工决算、设备运行维护、运营生产类设备物资采购、物资库存管理、资产实物/价值管理等环节的数据关联，才能实现高效率、高质量

的资产全生命周期一体化管理。

在此背景下，城市轨道交通企业需要一个涵盖合同管理、资产预转资/转资管理、财务管理、设备维修维护管理和物资供应链管理等五个业务系统相结合的资产一体化系统，旨在实现业务财务一体化、高效高质完成资产整理与移交建账、竣工财务决算、概算回归与控制以及后期设备精细化维修管理、资产全生命周期管理等目标，提高企业标准化、精细化业务管理水平，满足城市轨道交通企业发展需要。资产一体化系统中五个业务系统应能实现核心数据的相互关联、联动，以保证资产相关数据的准确性、可追溯性。

其中，合同管理系统能够实现合同签订、变更、计量支付等环节的全过程数据管理，核心数据是合同清单数据；资产预转资/转资管理系统能够实现关联合同清单数据的线上资产组合、资产/设备/物资线上移交数据流转审批、资产价值分摊等功能，核心数据是关联合同清单数据并实现相互关联的资产移交清单和设备移交清单数据；财务管理系统能够实现接收完成审批流程的资产移交数据并自动生成工程转固单、资产卡片建账、资产价值、位置等信息管理以及财务竣工决算等财务管理流程和数据处理等功能，资产管理方面的核心数据是前期关联资产移交清单的工程转固单数据以及后期关联设备台账的资产卡片数据；设备维修维护管理系统能够实现接收完成审批流程的设备移交数据并自动完成设备台账建账以及后期设备位置、状态等信息管理、故障信息流转、检修计划制订、作业标准制定、物资库存数据关联查询等功能，核心数据是前期关联设备移交清单、后期关联资产卡片和物资库存的设备台账数据；物资供应链管理系统能够实现接收完成审批流程的物资移交数据、物资采购、物资库存管理等功能，核心数据是物资库存数据。

企业建立资产一体化系统，通过信息化手段在合同数据、资产数据、设备数据与物资数据之间建立关联，使用统一的资产分类与资产编码、设备分类与设备编码、物资分类与物资编码，实现资产价值信息和实物管理信息的全面管理，保证账实相符，确保企业资产全生命周期管理系统化，促进信息技术在企业资产相关数据管理中发挥重要作用，大大降低了财务管理人员以及业务管理人员在资产管理工作中人工处理数据的工作量以及数据处理过程中因人为原因造成数据错误的概率，极大提升了资产数据处理的效率和准确性，全方位提高了城市轨道交通企业资产管理水平。

第二节 企业金融管理模式

一、优化金融管理模式

（一）创新企业金融管理的手段和方法，加强对信息技术的有效使用

随着信息技术的不断发展和应用，以信息技术为依托的创新企业金融管理是必然趋势。信息技术能够为企业创新金融管理方法提供帮助和支持，还能够拓展企业内部实际负责金融管理的工作人员的眼界，提供新的管理思路。企业需要应用现代化、信息化的手段对金融管理的手段模式进行优化，如构建完善的金融信息系统、对财务管理工作进行集中的信息化处理、加强对 ERP 系统的使用等。在信息化的时代背景下，技术的发展速度、革新效率较快。因此，在企业推进信息化管理和建设的过程中，必须及时对信息技术进行革新。

（二）优化企业内部金融机构，拓宽融资渠道

融资在企业金融管理过程中拥有重要地位，对企业内部金融结构以及运营管理也具有重要影响。如果企业单纯依赖某一种融资渠道，并不能实现发展建设上的改变和突破，也会影响自身经济效益的提升。更重要的是，仅仅依赖单一渠道会使企业在实际遇到危机和隐患时，因缺乏备选的应急方案，而陷入发展困境。

第一，企业需要基于国家现有的政策，在运营管理过程中尝试引入外资，合理分配企业内部的不同资本占比。

第二，国家层面需要针对现阶段企业在金融管理方面存在的问题和不足，提出相应的帮扶政策，并针对企业的融资问题进行有序的管理和规范。

第三，企业需要加强对国内先进金融管理经验的学习，通过吸收和借鉴先进的管理技术鼓励金融管理人员对管理技术进行创新和研究，促使其实现根本上的突破。

第四，企业必须加大对财务管理的工作力度。尤其是在推进财务预算的过程中，有必要采取恰当的、多样化的手段，规范财务工作。此时不仅需要将企业的发展建设聚焦在财务核算，还要注重对财务结果的分析和应用，通过生成科学合理的规划，分析企业内部的资金收支和利用情况。在条件允许的情况下，企业必须加大对市场运行情况的了解，确保财务工作能够紧紧围绕市场发展的需要，确保企业能够实现有序发展、高效运行。

第五，在推进融资的具体过程中，除了可以采取金融借贷的操作方式外，还可以吸引广大投资商，针对企业的项目展开投资，基于不断创新和拓展的思想态度，

在拓展融资渠道过程中，将要求比较低的上市渠道作为基本目标，或者基于传统的银行信贷服务构建企业与金融机构之间的利益共同体。企业需要和金融机构共同承担风险，共同分享收益，以便银行了解企业的资金使用情况，降低企业所面临的风险和隐患。

第六，为了顺利推进企业的金融管理工作，为企业带来更多的经济效益、促进其实现良好的发展，需要进一步完善企业的金融管理体系。一方面，企业需要成立专门的金融管理部门，实际负责和统筹企业的金融管理工作，在完善规章制度的基础上，对金融管理工作提出系统性、规范性的要求。另一方面，企业必须加大对金融管理人才的培养以及团队的组建工作，提高金融管理的专业性、针对性。企业需要加大对人才的选拔和聘用力度，尽可能地选择专业型、复合型人才。金融管理人才需要具备丰富的工作经验、专业技术能力和一定的创新精神，能够以发展的眼光看待企业的金融管理工作，推动企业在激烈的市场竞争中占据有利位置。

（三）妥善解决企业的资金回收问题

为了使金融管理在企业运营过程中更有价值，需要彻底解决过往存在的资金回收问题。通过加强对合作企业的资信评估，积极打造多样化的合作项目，进而确保自身在市场竞争中占据优势。一方面，企业在处理和应对资金回收问题的过程中，为了减少资金风险、规避合作过程中可能出现的矛盾，必须对合作方的资信条件进行系统性分析与评定，如对合作者的经济收益、盈亏状态、运作情况等进行全方位和综合性考虑，确保企业能够妥善回收资金，实现资金稳定运行。同时，为了减少企业本身对单一合作渠道依赖所带来的问题和隐患，资信评估必须以动态的方式进行。另一方面，为了加快资金的回收力度，减少积累的应收账款给企业带来的诸多不便以及安全隐患，企业方面需要加大对业务人员清收清缴工作的培训，制定相应的绩效管理以及考核制度，将款项回收纳入个人考核体系，提高员工对该项工作的重视程度。

第三节 企业不良资产处置管理

一、企业不良资产概述

企业的不良资产是指资产的现有价值低于它原本应有的价值，特别是指企业还没有管理到的资产的亏损和尚未结算清楚的资金，还有按照会计法律制度的规定原本可以计提但是最后却没有计提的资产减值准备，以及各种使用情况不明的资产的预计损失金额，上面重点要说的是资产所发生的亏损。在中央经验交流大会上我们可以很好地学习到，对于企业不良资产的认定规则和工作要求来说，不良资产主要是"资产的亏损"，包括已经存在于企业当中和还未存在于企业当中的资产亏损。企业不良资产亏损的情形可分为：一是企业内外部对资产的运用不明确，没有系统全面的规划；二是企业存货保管不到位，发生存货丢失、破坏、报废以及因科技进步所发生的淘汰等；三是企业管理者的决策失误，没做好充分准备就去投资，对已有资产重复营建、对未来投资规划不足等所造成的各类资产损失。有关企业资产减值的相关法规重点强调，对可收回金额来说，它实际所代表的是未来的现金流量现值，是根据公允价值和现值之间的偏高者来确定的。因此，当一项资产发生亏损时，就代表该资产可能已经发生减值，应当被认为是企业的不良资产。企业的资产如果产生减值，那么企业就应该计提资产减值准备，准确无误地把企业的现存价值表现出来。

（一）企业不良资产的类别

1. 不良实物

企业在发展阶段会不断扩大企业外部的经营范围，随着经营范围的增大，企业财产中的实物资产就会变多。企业也会因市场波动、科技进步等因素导致企业资产的长期闲置，如长期积压的库存商品、原材料等货物，还有由于自然灾害、决策失误或对方违约等无法完工的在建工程。企业如果出现货物的盘亏或毁坏，就需要经过相关的会计科目来进行账务处理。这些存货在未经企业相关部门批准之前，可视为不良资产；批准之后，如果不允许作为不良资产的，则可以作为当期损益。

2. 不良债权

一般是指超过约定期限的有可能产生应收账款不易收回的债权，以及其他不良的损失等。大多数企业会在经营过程中遇到很多债权问题，其主要原因是企业资金安全防范意识不强，从而形成许多的不良债权。

3. 不良投资

一般是指企业没做好充分准备、大胆投资不计后果，造成了企业大量不良投资。包括成本价值高于市场价值的证券投资、股票投资等，还有公允价值在一定程度上低于账面价值的长期投资和短期投资等，这些投资几乎不会给企业带来经济利润，可以视为不良资产。

4. 不良无形资产

一般的不良无形资产是指企业可以支配，但是却没有实际价值，并且会给企业带来经营风险的无形资产。不良无形资产包含了挂账专利权、非专利技术，以及商标与土地使用权等无法为企业带来预期收益的无形资产。从某种意义上来说，它不会给企业创造利润，但却给企业经营带来了不小的波动。假如企业存在的无形资产超过已用时段或利用度不高，相对变现价值较低，那么可视为不良资产。企业中存在的不良资产会给企业造成一种无形的负担，资金的流动速度在某种程度上也会受到影响，甚至可能会出现企业资金链断裂、发展方向受阻等糟糕情况。对不良资产的合理布局关系到企业将来如何发展，所以当发现不良资产时，就要尽快规范地处置不良资产。

（二）企业不良资产的形成原因

1. 法律监督机制存在漏洞

现阶段，法律体制约束不严格，人们对法律没有很清晰的认识，守信成本偏低，不良资产产生的概率也就随之增大。随着经济社会的发展，经济立法需要不断完善，政府在法律法规和政策方面需要加快确立完善的规章制度。在时代不断进步的条件下，法律法规有缺陷，企业员工对其没有充分的注重，企业因为一系列不规范操作，会引起内部结构和董事层关系极度混乱，再加上管理上存在严重不实，有的投资企业会存有侥幸心理，趁此不守信用，以自身利益最大化为前提任意妄为。此外，银行给予的信贷在一定程度上会影响企业的发展，大多企业担负债务太高，还款能力弱。银行仍会以收取利息和从中获取钱财为目的，贷款给企业。企业本身的制度体系和经营方法也存在很大的漏洞，大多数企业机构庞大并且下面子公司众多，不易统筹规划，容易出现不良资产。

2. 企业决策者的失误

企业决策者因对市场现状的走向分析错误或自身缺乏决策意识，只顾追求企业利益，忽略可能存在的风险，没有慎重考虑就去投资，风险意识薄弱，且企业外部实力不强，这些都是引发不良资产产生的关键因素。为了达到企业所设定的确定目标，企业投资项目一般只是经过浅层面的调查之后便大量投入生产，在企业决策经营阶段中，又因为很多的决策者缺少相应的知识储备，导致企业会有乱投资、急于投资的迹象。另外，企业拖延处置时间也是想用这部分不良资产去躲避账务上的缺失，所以这部分的不良资产没有得到处理。

3. 应收账款不能收回和实物资产管理不当

应收款项也是形成企业不良资产的途径之一，通常是指欠债人没有一定的能力偿还借款，导致坏账出现。这些不良资产在多数企业中占比偏高，其原因和我国固有的落后的经营方法有很大关系。处于这一经济背景中，一些企业可能会多次进行已有产业的建设和发展，导致产业重复，造成资源闲置或者损失。企业与企业在交易中，为避免出现这种困境，会各自相互借出资金以共渡难关，然而所投资的项目却没有产生更多的利益，却导致坏账等问题。企业存在大量资产无法使用，也不清理，长期处于积压状态，毁损后也没有计提相应折旧，现有资产安排不恰当等也会产生不良资产。此外，盲目的科技变革等也加快了不良资产的产生。

4. 企业内部管理欠佳

企业在展开投资活动时，由于内部规范制度不完善，不重视对所看好项目的发展性、实施性进行考察，会使企业经营陷入危机。有的企业对所投资项目没有很多认识，或者说只是认为表面值得就去投资，不计后果，这样就会造成企业资产亏损，企业的声誉也会受到影响。投资者认识到这个问题时，就不会再去投资，甚至不会再派遣企业人员对该投资后期工作进行报告，使得企业不良资产越发蔓延加剧。另外，外部法律环境所营造的氛围也很重要，很多企业利用企业内部资产进行违法抵押，获取大量现金，从公司外部上来看发展潜力无限，但一旦抵押对象破产，企业就会资金链断裂，内部资金状况让人担忧。同时，内部管理欠佳，对企业财务管理制度没有有效履行，入账和出账之间、账和实物之间很多不对应。内部管理和资产管理脱离联系，部门间的检查和监督没有全覆盖，使库存盘点只是表面清查。由此可见，缺少一定的内部管理控制，特别是在资金预算的使用和批准方面，会使企业资产不真实。

5. 供求关系影响

目前，企业的经济结构尚不完整，市场间企业的争夺也很激烈，商品供给和材料需求相比之前有很大不同，受到供求的影响，大多数企业不能对市场的变动做出改变，如果投资失策，就会有很多资产处于放空的状态。同时，企业在生产的进程中，通常会建设一些跟生产无关的资产项目，如休闲娱乐建设、职工住房等，后续发展为企业的闲置资源，即不会产生收益的空闲资产。

（三）金融不良资产处置模式的类型

1. 交易撮合类型

无论是如今的淘宝拍卖、京东拍卖，还是传统产权交易所、拍卖行利用互联网思维推出的"互联网+"融合产权交易所等金融不良资产处置模式，参与者均作为第三方机构介入和涉足，如果说后者是基于互联网思维的一种与时俱进的模式与创新，那么前者囿于我国法律对拍卖行业、产权交易所的特殊行业限制，则更加显现其交易撮合之特质。值得一提的是，随着淘宝拍卖、京东拍卖等"互联网+"处置方式的日益发展与影响力的不断扩大，虽然其交易撮合特质不变，但确实也对信息获取、交易便捷等有着不可小觑的推动作用。不仅如此，阿里拍卖等在客观上也开辟了辅助拍卖、尽职调查、辅助贷款等领域的新业态，并创造了诸多新型的就业岗位。

2. 债务催收模式

在互联网接入初期，受"大众创业、万众创新"及金融创新的浪潮影响，我国市场上爆发出一批债务催收模式的互联网公司，同时也出现了暴力催收、非法骚扰、侵犯公民个人信息等负面情况。随着我国依法治国及法治进程的日益推进，囿于我国法律规定及政策影响，除了金融资产管理公司、律师执业机构等专业性机构以外，其他债务催收机构及个人所采手段的合法性、市场主体的准入性均存在一定程度的"灰色地带"。尤其是针对公民个人信息的保护，我国颁布并实施了一系列保护公民个人信息的法律法规及司法解释，而债务催收不可避免地涉及收集公民个人信息等材料，这无疑具有一定的法律风险。

此外，市场上也存在兼具上述两种特征的互联网公司，其不仅具有债务调查、债务催收、悬赏执行内容，还号称对接各大银行、金融资产管理公司、证券机构，具有强大的撮合交易的能力。值得一提的是，基于法律规定及企业合规角度考量，相关互联网公司可能存在超范围经营的法律风险，债务催收存在监管法律缺失、互联网债务催收行业准入门槛低、投诉维权渠道欠缺等问题，债务催收过程中存在着诸多乱象。面对风口，互联网金融催收平台应运而生。其中部分互联网公司利用监管漏洞或利用"爬虫"技术批量侵入、抓取银行及资产管理公司的系统数据，甚至违法买卖涉公民个人信息，具有刑事风险。

（四）金融不良资产处置的新模式

1. 淘宝拍卖平台

近年来，阿里巴巴集团大力开发和推行的淘宝拍卖资产处理系统得到了普遍的认同，许多资产重组、资产收购等不良资产处理业务均能在此平台上进行。在此交易平台，法庭将公布相关财产的信息，对此财产感兴趣者，可使用支付宝交纳定金，参加网络竞价。淘宝在线拍卖系统充分发挥其用户基础的作用和强大的网络效应，将会吸引更多人认识、了解并加入互联网资产处置中，同时也会有更多的人了解不良资产处置工作，有利于金融资产管理公司进行更加高效地运作，保证标的物在市场上的价值，不至于因为低价而陷入被动。然而，利用淘宝的拍卖行进行不良资产处置也存在着一些弊端，比如资产配送产业链长、交易成本较高等问题。

2. 互联网催收平台

在互联网催收平台这种形式下，受托方将招标的内容张贴在一个互联网催收平台上，投标人会依据自己的实际状况，准确地理解招标文件，从而形成自身独特的竞价模式参与竞标。一旦成功中标，催款公司就会进行上门催收和电话催收的服务。在全过程中，互联网催收平台系统将信贷机构和催收公司有机地结合起来，通过互联网、大数据等技术，将不良资产业务资源进行了有效的整合，包括数据的收集、上游和下游信息的匹配，以防止信息的不对称，从而提升了不良资产处置效率。但是，互联网催收平台也会面临着用户不稳定的问题。

3. 互联网交易信息平台

交易信息平台整合了金融机构、资产管理公司等所公布的不良资产处理数据，提高了信息披露的效率，更快捷、更精准地找到了投资商，成功促成了双方的合作，并收取一定的提成。然而与淘宝拍卖相比，这种方式没有竞拍价格的功能，而且很可能会有"跳单"。

4. 互联网财产线索信息平台

投资者在收购了不良资产之后，如何更加高效地将资产转化为资金，这是他们所关心的问题。在需求的促使下一些公司抓住了这个机会，为金融资产管理公司提供清收业务。因为许多不良资产的价值都很高，所以有些公司或者平台会通过拍卖、竞买后将这些不良资产进行分拆，从中获取分销的利润。然而，由于信息日益公开化，这一模式的盈利空间也将逐渐缩小。

二、经济新常态背景下企业不良资产处置的新思路与路径

（一）经济新常态背景下企业不良资产处置的新思路

1. 加快金融资产管理公司发展，搭建企业不良资产处置平台

自2014年以来，为积极应对经济下行压力，政府出台了一系列重大金融改革举措。在当前形势下，我国的金融资产管理公司可以在原有的国有银行、股份制商业银行企业不良资产处置的基础上，对国有企业进行改革，将其剥离出来，由其他资本管理公司承担企业不良资产处置工作。2014年，中国工商银行成立了金融资产管理公司，其通过收购、重组及股权投资等手段，积极介入企业不良资产处置领域，

并取得了一定效果。因此，我国应建立一个统一的企业不良资产处置平台，并以此为依托建立多层次的金融体系。同时，应当加快金融资产管理公司发展的步伐。在处置方式上，要积极探索证券化等新型处置方式，并应重视其在不良资产市场中的作用和地位。

2. 采取资产证券化等方式，拓宽企业不良资产处置渠道

首先，要明确不良资产的定义和类型，对商业银行而言，要明确不良资产的概念和分类。根据我国《贷款通则》和《金融企业不良贷款转让管理办法》等法律法规，对不良贷款进行了定义：不良贷款是指商业银行发放的、按照原定利率或浮动利率计息、由于债务人不能按期还本付息而形成的债权。我国目前所指的商业银行不良贷款，主要是指商业银行发放的信贷资产，包括正常类、关注类和次级类贷款。其次，要明确对商业银行不良资产进行分类，采用不同方式进行处置。对正常类和关注类贷款以及次级、可疑以及损失类贷款，由于具有较好的盈利能力，所以可以通过证券化等方式进行处置。但对关注类贷款和次级、可疑等不良资产，则可采用其他多种处置方式。比如在对商业银行不良资产进行证券化处理时，由于此类资产流动性较低、融资成本较高，可以采用收益权转让形式。通过将信贷资产转让给信托公司等方式实现对其的证券化处理，从而达到有效处置的目的。

3. 盘活存量，控制增量，实现信贷结构调整

现今，部分商业银行出现了不良贷款率上升的趋势，这与经济发展模式转变过程中企业效益下降、经营风险上升有关。也有部分银行过于依赖贷款投放扩张资产规模，形成了"以贷养贷"的局面。加之经济下行压力增大，企业违约风险增加，银行不良资产风险暴露概率不断加大。在此背景下，商业银行需要在盘活存量业务、控制增量业务的同时，将目光聚焦到信贷结构调整上。例如将部分不良资产转让给资产管理公司或者社会投资者；通过增资扩股的方式引进战略投资者或财务投资者；通过投资参股、并购重组等方式增加企业价值；对于有发展前景的企业通过各种方式提高其信用等级、扩大融资渠道、增加授信额度等；对因经营困难而陷入财务危机的企业进行资产重组等。

4. 与社会资本合作，构建市场化的企业不良资产处置模式

近年来，随着中国经济进入新常态，企业杠杆率快速上升，企业现金流压力凸显，不良资产处置问题日益突出。而国内大型商业银行在企业不良资产处置方面，仍然存在明显短板。商业银行作为信贷主导型金融机构，与不良资产的联系较为紧密，而信贷在很大程度上会被认为是风险最低的业务类型，其不良贷款往往也最早暴露

出来。此外，由于对不良贷款形成的原因缺乏认识，商业银行不良贷款处置主要还是依靠传统的催收方式。而这种方式，在短期内会使不良资产形成量进一步放大。如果向社会资本开放企业不良资产处置市场，那么不仅可以更好地盘活不良资产存量，有效缓解当前企业不良资产处置中的困境，也能吸引更多社会资本进入金融业，推动整个金融业改革发展。当前，国内大型商业银行可以通过与社会资本合作（PPP）模式，实现不良资产的市场化处置。在这种模式下，政府可以利用国有资本投资公司平台，在资金、资源和政策等方面进行扶持，同时发挥市场在资源配置中的决定性作用。

5. 推进相关金融创新

银行业金融机构在实施不良资产批量转让过程中，首先，要利用好现有的资产处置手段——转让、核销、打包处置等方式；其次，要结合自身情况，积极探索新的金融创新手段。目前，各大银行主要采取不良资产批量转让方式处理不良资产；但这已不能适应当前经济形势，应当通过其他更有效的手段进行处置。总而言之，在经济新常态背景下，商业银行必须全面了解当前形势，并充分利用新机遇发展自身业务，应紧跟时代发展步伐，探索创新业务模式、业务品种和服务手段等。

（二）经济新常态背景下企业不良资产处置的创新路径

1. 优化企业不良资产处置机制，实现多层次不良资产市场体系构建

金融机构在企业不良资产处置中具有较大的影响力，要充分发挥自身优势，从不良资产管理到处置再到转让，构建多元化的处置机制。首先，可以成立专门的金融资产管理公司、不良资产投资公司或政策性不良资产管理公司，以加强对不良资产的集中处置管理。其次，加强与地方政府和国有企业合作，实现国有资产保值增值。如以市场为导向、以法律为依据、以政府监管为手段等，建立地方AMC体系。再次，鼓励社会资本参与到企业不良资产处置工作中。通过财政资金、国有企业等各渠道出资入股，设立专业的企业不良资产处置机构。最后，以市场化为导向，拓宽不良资产市场渠道。例如通过产权交易平台转让信贷债权、股权或实物类资产债权；通过上市公司收购、股份转让、债权转股权等方式实现企业破产重组；利用地方政府及国有企业注资设立专业处置机构和企业管理公司等新型主体等。

2. 充分发挥商业银行的作用，创新金融产品和服务方式，拓宽处置渠道

商业银行是企业不良资产处置的主力军，要发挥国有商业银行的引领作用，支持企业不良资产处置工作。支持银行业金融机构提高金融服务效率，支持企业兼并重组、债务重组等工作，进一步加大对产能过剩行业、"僵尸企业"、违法违规企业的资金占用清理力度，降低不良贷款率。提高不良资产证券化和信贷资产证券化水平，积极发展和创新企业不良资产处置工具。推动不良贷款证券化业务在不良贷款处置中的应用，鼓励以批量处置、转让为目的的各类委托处置模式发展。在银行内部建立规范的内部转移定价体系，并对批量处置业务给予价格优惠政策。国有商业银行应在保持一定不良资产规模的前提下，进一步加大处置力度，提高资产质量。要积极应用各种融资工具和手段，加速处置进度。通过市场化、公开竞价转让、以物抵债、债转股、资产证券化等多种方式，实现企业不良资产处置。建立以政府主导，银行、信托、证券以及其他社会资本参与的企业不良资产处置机制，拓宽处置渠道。发挥各类专业服务机构的作用，通过组建不良资产管理公司等方式，盘活不良资产，提高处置效率。对逾期贷款采用转让或重组的方式。在商业银行不良资产转让过程中，应规范交易程序，严格监管和防范风险，严禁任何形式的逃废债行为。

3. 优化企业破产重整机制，促进经济转型升级

企业破产重整作为优化产业结构和资源配置的重要手段，能够实现企业重整后的价值，对推动经济转型升级、促进经济可持续发展具有重要意义。具体而言，我国破产重整企业中产业结构集中在传统行业。因此，可通过政府主导、社会参与等方式，优化重整企业产业结构，实现结构转型升级；破产重整可实现优质资产价值最大化，通过债务人经营资质和信誉的恢复提高债务人偿债能力和市场竞争力，提升破产重整后的企业经营业绩；可以优化资源配置，提高经济运行质量；破产重整有利于优化产业结构升级和加快兼并重组工作进度。

4. 利用互联网技术实现不良资产价值最大化

近年来，随着互联网技术的飞速发展，我国已经进入信息化时代。互联网技术的应用能使信息更加快速地传递，也可以将信息与需求者有效对接。同时，企业不良资产处置需要一定的资金支持。借助互联网技术的优势能够提高信息传递效率和企业不良资产处置的速度和效率。例如利用阿里拍卖、京东拍卖等电商平台实现线上拍卖与线下处置相结合，加快不良资产的流转速度；利用社交媒体和社会化网络平台开展营销、宣传活动，可以提升企业的知名度和影响力。

三、企业不良资产的破产重组处置

（一）企业以破产重组处置不良资产应遵循的原则

第一，社会化原则。企业不良资产具有社会性。由于企业不良资产总是在特定的企业中出现或存在，因此通过对相关企业破产重组进行不良资产处置涉及多个利益主体，这就需要企业在破产重组过程中满足相应的规定和要求，例如多方利益协调和公众舆论管理等。也就是说，企业在处理不同类型的不良资产时，应当根据具体情况设置相应的处理方案，并要求社会相关机构和利益主体共同进行参与，从而确保对企业不良资产处置的有效性与合理性。其中，在现代社会经济发展中，明确的社会分工与各行业经营发展体系、优势资源等因素都决定了企业不良资产的处置方式，这就需要针对社会各行业经营发展体系与资源优势特征等，构建有利于各行业发展的良性互补机制和方案，以实现对企业不良资产破产重组的有效处置。

第二，市场化原则。在现代社会经济条件下，企业作为市场运作的主体，其管理水平、营销理念与技术先进性对企业的资产效率的影响很大。例如某些传统型企业受经营理念、管理团队水平等方面的限制，导致原有生产设备过时，从而造成资产的经济性贬值，严重情况下甚至可能形成不良资产。但如果对其进行充分利用，也能够在一定程度上盘活资产，减少损失。因此，企业应当结合市场经济发展的规律，根据实际供需关系，及时变卖不适应企业自身转型的资产，深层次挖掘企业不良资产中蕴含的最大化价值，通过如拍卖、竞价等方式在市场进行消化，实现对企业不良资产的破产化处理。

第三，专业化原则。由于企业的不良资产类型纷繁，企业在不良资产的处置中应当遵循专业化原则。在相关企业通过破产重组盘活资产的过程中，企业管理人员应当具备相应的财务、法律、投资等专业知识，并整合与企业相关的专业机构和人才，通过企业各部门之间的相互沟通和协作，共同完成对企业不良资产的有效处置。专业化原则实际上是要求涉及企业破产重组与资产处置的相关人员、社会中介机构，不仅要具备较高的整体素质和专业水平，还应当能够根据不良资产的实际情况，依据相关法规与制度，在专业技术与手段的支持下，共同制订处置方案，以确保对企业破产重组的风险最低，保证不良资产处置的质量和效率。

第四，科学发展原则。近年来，因不良资产负担过重导致破产，或因不良资产而破产重组的企业数量也有所增加，且处置效果并不理想。一方面，相关人员专业知识的欠缺，导致不良资产处置效率在降低的同时，其处置难度也不断提高。在这种情况下，制订企业的破产重组处置方案就要求具备较高的科学性与严谨性，其方案中应体现科学发展原则，即在完成破产的同时遵循法律、规范的相关规定。另一方面，企业破产虽然能够优化企业资产配置，重组市场资源，但在一定程度上也会引发社会影响，如产生相应的失业问题等。因此，企业应以人为本，综合考虑社会效益与经济效益，确保提升企业因不良资产破产重组的质量和效率。此外，企业不良资产处置以企业破产重组方式进行时,还要从统筹安排与集约化等原则要求出发,制订科学、合理的处置方案,从而为企业不良资产处置效果提供保障。

(二)企业以破产重组进行不良资产处置的主要方式

破产重组作为企业摆脱困境的一种市场行为,它是当企业无法进行外债偿还的情况下,按照国家有关法律法规要求,采用合理的方式重整企业的资产、债权与债务,以帮助企业有效摆脱财务困境,从而清理企业债务,最大限度地缓解长期积累的社会经济风险。破产重组是当前市场经济中的一种常见行为,也是不良资产处置的重要手段,包括以下几种方式。

1. 资产重组

以资产重组为核心的企业破产重组模式,实际上就是在企业破产重组过程中,出售或盘活不合理或长期闲置资产,包括企业不需要的设备、厂房等。其主要包括两种模式:

一是通过将资产出售获取的现金转化为企业的流动资金,从而清偿企业的风险资本与短期债务,有效缓解企业的负债压力,使企业逐步进入良性运营的发展状态。例如某酒店集团针对旗下某酒店经营公司业务困难负债累累,物业长期闲置的情况,根据债权人的意见经法院同意破产,将一栋物业改造成大平层住宅并销售,以这种方式获取的现金来偿还剩余债务。

二是企业在破产重组中进行不良资产处置,还可采取借壳上市与同业保留模式。借壳上市具体是收购已经上市公司的大部分股份,通过反向收购的方式将资金注入有上市意图但是并未上市的企业,帮助其间接上市。通过重组的方式投入资金,及时优化上市公司现有的经营资产和相关业务等达到企业持续盈利的目的。例如某企业不良资产破产重组处置过程中,通过聘请专业财务顾问进行全面分析,拟采用借壳上市模式完成不良资产的处置方式。

此外,对于部分企业在破产重组过程中,还包括对不良资产的剥离与监管等方式。例如部分破产企业会对特定资产进行剥离并专门监管,以便后期用于专门的重组或处置,具体的剥离方式包括收购、减资、投资委托管理、资产置换等。当不良资产顺利剥离后,兼并的方式主要是出售、股份化等形式,以便能够重新组合不良资产,优化企业的资产结构。当然,针对不同企业的不良资产,重组的方式也有所不同,常见的方式主要有行业重组、企业内部重组、跨企业重组等,具体操作中可结合实际情况合理选择和应用。根据资产重组的具体案例分析表明,此方法在降低企业负债和优化资产结构方面具有明显优势,但也存在风险控制、市场预期偏离、重组税务安排的挑战。

2. 债权转股权

债权转股权作为企业破产重组处置的一种方式，主要是通过债权人转换债务的方式，转换成为企业的股东，从而在企业股份分配中获取所持债权对应的比例份额，以便能够实现企业股权结构优化与持续经营。在此过程中，虽然企业的实际资产没有变化，但股东变化的同时，资本结构也发生了变化，导致企业的内外经营环境发生变化，企业资产有可能会在新的影响因素下重新得以盘活，因此也可视作是一类重组方式。以债权转股权的方式完成企业破产重组，在具体操作中主要通过企业进行新股发行或使用原有的流通股份比例换取债权人所持的相关债权，从而实现对企业债权人的权利维护。同时也为企业带入新股东，促进企业股权结构优化，降低企业的资产损失。尤其重要的是，新股东可能会为企业带来更多的资源，使原有闲置或低效的资产得以充分利用，从而盘活资产。

3. 全方位整顿

企业不良资产处置过程中，在确定通过对企业的破产重组进行处置并明确处置方案后，需要针对企业进行全方位整顿和管理，其中包括强化企业内部人员的管理、调整员工薪资结构及福利待遇、加强企业内部员工之间的沟通和交流等，以便能够在企业内部营造良好的氛围，提升企业不良资产的破产重组处置效率。

一是重视破产重组前的整顿计划及实施。大多数情况下，拟进入破产的企业前期的整顿也是资产盘活与企业自救的一个有效手段。为确保破产重组计划的完善性以及对企业的整体整顿效果，企业管理人员需要在计划制订前，明确企业可用于清算、盘活的资产类型、价值，破产重组后需要偿还的具体债务数额，即确定完成债务重组之后的清偿情况。

二是为了能够有效落实相关工作，相关财务人员还需要对企业现有资产进行评估，在明确企业现有资产的情况下，进一步明确企业重组后的债权人清偿债务情况。在清理整顿过程中，原企业股东和破产管理人、债权人应及时保持沟通，评估整顿的效果，分析资产的盘活情况，及时予以总结，力争使企业及早回到正常运行的状态。例如我国比较典型的"白马股"发展之路，就是通过企业破产重组实现不良资产处置、缓解社会经济风险的典型实例。

三是在整顿过程中，企业应当重点优化好员工的稳定性与整顿过程中和完成后的相关绩效考核。这不仅能够充分调动员工工作的积极性和主动性，还能够间接优化和改革企业生产与经济的技术方案，促进企业生产状态逐步完善等。

4. 多元化出售

企业不良资产的形成原因与具体类型十分多样化，并且不同情况之间存在着较大差异。因此，在对企业破产重组以处置不良资产的过程中，应注意采取多元化的处置模式，以确保对企业不良资产的处置效果。企业需要考虑如何处置破产企业包括不良资产在内的资产能为企业的利益相关者带来最大化收益。

一是资产处置方案要得到债权人的认可。对于破产企业而言，资产变现是债权人挽回损失的重要手段，也是企业自身资产效益最大化的直接体现。因此，资产处置方案的编制要得到利益相关方，特别是债权人的认可。

二是企业自身要制订有效的处置方案。虽然在破产重组过程中，主导企业走向的是破产管理人，但企业自身也要发挥管理人员的主观能动性，积极提出建议，制订最佳方案，将各方的损失降到最低。例如企业要根据不良资产的具体形成原因，主持或参与制订相应的处置方案，同时相关方还要紧跟时代的步伐，不断创新不良资产处置的方式方法，如充分利用大数据技术以及投资银行金融工具等，从外资转让、股本合资、不良资产债券化、信托公司处理等多种处置模式入手，积极盘活资产，使企业通过重组保持生存与不断发展。

三是对于方案的实施要增强动态性。破产财产处置方案所涉及的不良资产数额可能较大，因此，采用同样的方式或是在相同时间点一次性处理不良资产的成本较高，处置难度较高，导致处理效果不佳。基于上述情况，相关人员需要学会改变传统的管理思维，通过多个时点相互结合，对企业不良资产进行破产重组处置，以有效减轻一次性或同一种方式、时点处置所存在的压力和困难。一般情况下，在通过多个时点结合的企业不良资产处置过程中，需要按照统一确定的基准日开展企业不良资产的清产核算、资产清理等，以确保对企业不良资产破产重组的有效处置。

第三章 企业会计信息化建设

第一节 企业会计信息化管理

一、会计信息化概述

会计信息化的概念在 1999 年关于会计信息理论的研讨会上被提出，指运用信息技术对会计信息进行获取、加工、应用等处理，处理后的会计信息可为企业内外部信息使用者提供经营决策和社会运行的充分、及时信息，本质上是信息技术的发展与会计相融合为信息使用者提供充足信息的过程。我国会计信息化自 1979 年开始发展，至今已有 40 多年，信息技术的发展使会计从电算化、信息化（狭义）到智能化。

（一）电算化会计

信息技术与会计的结合是会计信息化发展进程中的重大节点，这表明会计信息的处理从手工处理到以计算机为主体进行处理。电算化会计即利用计算机设备和会计软件代替手工处理会计信息的会计工作过程，与手工会计相比，电算化会计规范了会计工作，提高了会计信息质量、减轻了会计人员的负担，增强了企业财务管控。利用计算机设备和会计软件进行会计信息处理，规范了数据的获取、输入和保存，以计算机为主体进行会计信息的处理，在会计软件中输入记账凭证后可经由软件处理输出会计账表，提高了会计工作质量，缩短了会计核算所需时间，会计人员可加强财务管理和财务分析工作。随着市场经济的发展，电算化会计已无法满足信息需求者对会计信息的需求。一方面，电算化会计信息系统会带来信息孤岛问题，电算化会计获取的会计信息并不是完整的业务信息，而是可以进行会计核算的业务信息，固定的会计科目体系和固定的财务报表也只能反映有限的会计信息；另一方面，电算化会计无法筛选、分析和处理海量的信息，信息分析效率低下不利于企业经营者的经营管理和决策。

（二）云会计

云会计是一种新型的会计信息化模式，是云计算与会计相结合的一种新型会计应用模式,是一种构建于网络,可提供会计核算、财务管理和经营决策的会计信息系统,可有效集成企业信息系统。企业作为云会计用户,将会计应用与数据存储放置在云端计算平台上,对内可通过计算机终端设备或移动端设备登录到云端计算平台对经济业务进行会计处理,对外可通过云端计算平台连接国家税务等相关系统实现自动缴税和远程审计等工作。企业用户可根据自身需求在云端租用存储和计算能力,按需灵活、弹性进行租用,大中型企业可借助私有云会计平台进行业务处理,安全性较高,小型企业可借助公有云会计平台进行业务处理,成本投入较低。大数据随着云计算技术的出现得到了广泛的运用,在大数据时代应用云会计具有诸多优势,大数据可在云计算构建的基础平台上运行,云会计可利用大数据对企业进行供应商管理、客户管理、生产管理、财务分析和经营预测。

云会计需要云服务商提供各项云服务,云会计的核心服务可从底层到顶层主要分成基础设施即服务层(IaaS)、平台即服务层(PaaS)、软件即服务层(SaaS)三层。基础设施即服务层(IaaS),由基础设施服务商向租户提供的支持租户通过网络登入即可进行会计工作的所有设施,是最底层的基础服务层,包含服务器、数据存储、网络硬件、计算资源和安全防护服务等,基础设施服务商通过硬件虚拟化技术将提供的物理资源在云端映射为整体可分割的虚拟化资源池,租户无需再部署机房、硬盘等基础设施,仅需按需购买适量的服务,服务商按照租户的需求从资源池分割计算资源打包提供给用户。若将服务商提供的基础设施服务比喻为一块蛋糕,服务商向租户提供服务的过程可表述为:服务商将可切开出售的蛋糕拍照上传购物网站,租户在网站上按需购买切片的蛋糕,各项基础设施即蛋糕的原料,租户购买的蛋糕是各项服务的集合体。平台即服务层(PaaS),由云平台服务商向租户提供的支持租户部署应用和进行计算的操作平台,包含数据库、大数据分析、虚拟服务器、开发测试系统和操作系统等。软件即服务层(SaaS),由云应用商向租户提供的相关应用程序,服务商将各类应用软件统一部署在云端,租户可根据需求在云端购买适用的会计软件,可提供协同办公服务、经营管理服务、运营管理服务和智能应用服务等。

云计算根据部署主体不同可主要分成公有云、私有云和混合云三种,云会计的应用模式可根据云计算平台的部署对应分成公有云会计、私有云会计和混合云会计三种。公有云会计指企业通过租用在云服务商部署的云计算平台上进行会计工作,企业采取这种应用模式耗时短、内部部署少、应用成本较低。私有云会计指企业在内部部署的云计算平台上进行会计工作,内部云计算平台仅限内部使用具有较高的安全性,但是内部建设耗时长、部署困难,企业采取这种应用模式应用成本较高。

混合云会计指企业在公共云计算平台和内部云计算平台上进行会计工作，当企业既想保证较高安全性又想控制成本时可选用该种应用模式。无论哪种云会计应用模式都需要云服务商提供基础设施、平台、软件、后续运维及操作培训等云服务。利用自有设施构建私有云计算平台耗时长、难度大、成本高，为获得安全计算平台又降低成本，虚拟私有云应运而生，虚拟私有云可在公共云中建造隔离的环境，既可以享有公有云带来的规模红利又可以享有"私有云"带来的安全性。

（三）财务共享

财务共享是一种主要为了应对集团企业业务处理需求而研发的管理模式，最早出现在20世纪80年代的欧洲，美国福特公司在欧洲建立了财务共享中心进行财务管理。我国第一个财务共享中心由中兴通讯于2005年建立，随后这一管理模式在大型企业中得到了广泛应用。财务共享是一种基于信息技术和标准化业务流程的财务管理模式，通过信息技术汇集重复性高的发起业务，将业务流程标准化并通过特定独立单元进行统一处理，可有效提升业务处理效率、降低成本、加强财务管控。大数据时代，企业致力于不断挖掘大数据所蕴含的商业价值，大数据和云计算信息技术的融合推动企业会计职能从财务会计职能转向管理会计职能，建立财务共享中心为企业会计职能的转型提供了实践模式。在大数据时代进行企业财务共享中心规划，不仅要实现提升效率、降低成本、加强管控的目标，还要基于信息技术利用大数据挖掘能实时共享的、有关企业经营决策的相关信息。

（四）会计信息化的特点

第一，普遍性。在会计的各个领域中，如会计工作、会计管理、会计理论、会计教育等，需要系统利用现代信息技术。在会计工作、会计管理与会计教育领域中，运用程度有所不同，尽管起步时间比较晚，但是发展速度迅速，所取得的效果非常突出。当前，会计信息化的发展还是依据传统的会计理论，现行的会计理论体系还不够健全，不能够与现代信息技术的发展相适应。针对会计信息化的需要而言，应当将现代信息技术普遍应用于各个领域中，推动系统应用体系的生成。

第二，集成性。会计信息化属于全新的组织形式与管理模式，重新整合了传统会计组织与业务处理流程。无论是该过程的出发点，还是其终结点，都是信息的集成化工作的完成。关于信息集成方面，主要包含会计领域信息集成、财务信息与业务信息集成，以及企业组织内外信息系统的集成三个层面。在信息集成工作中，信息共享就是结果。只需一次输入有关的原始数据，就可以分次或者多次开展利用活动，这样能够实现数据输入工作量的降低，还可以强化数据的统一性，促使数据的共享得到保障。

第三，动态性。也被称为同步性或者实时性。有关数据一旦生成，就会储存在与之相对应的服务器之中，并迅速输入至会计信息系统，由此可见，数据的采集是动态的。一旦将会计数据输入会计信息系统之中，就会迅速将处理模块触发。进而针对数据开展相关的操作活动，确保利用信息将企业组织的财务与经营成果动态化地体现出来。

二、企业会计信息化的机遇

（一）促进会计信息的共享以及资源利用范围的扩大

大数据时代的产生依托于信息技术与网络的高速发展，它加速了信息的传播与共享，这也使得企业之间能够利用的数据信息变得更加公开，所以企业想要提高自身的市场竞争力，必须迅速认识到不同的信息并加以处理使之达到效用的最大化。一方面，企业需要迅速收集信息并对信息进行分析；另一方面，企业相关部门还需要根据分析数据得出的结论做出相应决策。平台开发商可以根据公司要求设计出最适合的会计信息化系统，使财务、销售、采购、决策能够在同一个平台无缝连接，使得会计资源发挥最大效用。

（二）降低会计信息化的成本

传统的会计信息化建设在基础设备上耗费了大量的财力，如机房、办公室、空调等，不仅需要定时对信息化设备进行更新换代，对数据库进行定期维修，还需要对相关人员不断培训以适应时代发展需求，这无形之中耗费了企业大量的财力，给企业的发展带来极大的限制，因此中小型企业或者不发达地区的企业很可能会舍弃实施会计信息化的计划。大数据时代的到来使得数据与信息的获取变得更加方便快捷，企业不需要在基础设施的建设上花费很多财力，不需要考虑大量的折旧问题，可能只需要交相对比较低的月租费即可找到本公司需要的全部会计信息，减少了企业对会计信息化的投资成本。会计数据的获取与计算也不再像以前那样复杂，在大量获取数据的同时企业还可以精确迅速地遴选出适合自己的数据信息，比如采购部门可以根据多方信息比较来选择性价比最高的原材料，以此降低企业的生产成本，使企业集中时间和精力投身于当前激烈的市场竞争中，做出适合本公司发展的重大战略决策，这也为企业节约了时间成本。

（三）提高会计信息化效率

从企业内部看，大数据平台较为强大的数据分析能力可以帮助企业迅速形成报表和指标，管理者能够更快速地了解企业的经营状况，识别潜在的经营风险。对于拥有跨国公司的企业来说，不同地区的会计负责人员可以即时在线操作沟通，大幅提升了企业会计信息化的效率。从企业外部看，大数据平台有利于各部门的协调工作，比如税务部门可以建立一个税收平台，企业可以通过这个平台在线报税，审计部门也可以根据这个平台对企业的财务状况进行审计。另外，传统的会计信息化在效率方面会受到地区、条件等很多方面的限制，比如长三角地区对信息化的处理可能会比西部地区大部分城市的处理效率高很多，直接从大环境上降低了西部地区的竞争力。大数据的到来打破了这一壁垒，使得会计信息的获取有一个非常全面高效的平台，落后地区的企业也可以迅速获得需要的信息，更好地促进了全社会企业的交流与沟通。

（四）大数据环境下会计信息化对会计职能与流程的影响

传统会计基本职能是核算和监督，大数据时代使得会计更侧重于分析与掌控。在大数据时代，企业为了便捷高速地获取会计信息，必然引入高效的会计信息化系统，这就要求相关人员不仅能够熟练掌握获取信息的技能，还需要对收集的数据做出分析并反馈至管理部门，因此数据的分析与掌控对当今时代的会计来说显得更加重要。同时，大数据的到来对会计流程也有很大影响。传统会计以记录为主，但是大数据更加侧重对数据的收集分析且速度有着很大的提升，记录和决策的时差越来越短，分析、控制、决策甚至可以同时进行，这对传统的会计流程是一个很大的挑战。

三、企业会计信息化的挑战

通过对当下企业信息化发展的现状分析发现，企业在实现会计信息化转型的过程中的问题和瓶颈主要集中表现在部分企业对会计信息化的管理意识不足、企业会计信息安全体系不够完善以及缺乏专业的信息化管理人才。

（一）企业会计信息化管理意识不足

尽管随着计算机技术的发展，大数据技术应用日趋成熟，且得到各个行业人士的一致认同，但由于部分人员对于科技发展应用的水平不了解，对诸如云计算、智能化、云会计等概念存在不同程度的反对，特别是作为企业的管理者，对会计信息化管理的不重视，导致企业会计信息化过于被动，无法正常推进，最终的效果劳民伤财，根本没有真正体验到会计信息化的优势。此外企业高层对于信息化管理的不重视，各部门之间缺乏联系和沟通，一方面会导致各部门之间的信息化管理体系存在重复和冗余的现象，另一方面会导致会计信息化不够全面和完善，最终致使会计信息化管理的效率大打折扣，造成资源浪费的困局。实际上大数据环境下企业会计信息化是科技应用和行业发展的必然选择，既是时代背景下的大趋势，也是企业发展不可逆转和未来长远发展的需要。

（二）企业会计信息安全体系有待完善

大数据环境下的企业会计信息化是基于互联网技术发展的，因此在过程中对于数据信息的安全体系建设十分必要。不少企业在会计信息化的过程中，将重点集中在提升会计信息化工作效率上，忽视了潜在的网络安全。企业会计信息的不安全主要集中在信息数据的不安全上，首先如果信息化系统的安全体系不完善，网络黑客可以通过操作盗取相关信息，企业重要信息会发生丢失，或者被贩卖的可能，一个企业会计数据很有价值，所以更容易成为广大黑客的攻击对象。其次信息化体系的会计信息极其容易被泄露，会计数据通常是流动的，大数据环境下的信息数据获取方式呈现多元化，信息存储相对集中，如果企业安全体系没有做好，极其容易导致数据外泄，给企业带来损失。再次会计信息化在数据传递的过程中，会因为大数据云操作，遭受各种网络病毒的攻击，导致数据面临被篡改、截留和破坏的风险。因此会计信息化同样面临安全挑战，如果安全体系和风险防控体系不够完善，那么企业数据安全性难以保障。

（三）企业缺乏专业的信息化管理人才

会计作为企业财务工作的核心，是企业健康稳定发展的保障，因此对于企业信息化管理人才的重视是非常有必要的。首先，在信息化转变的过程中，对会计从业人员的要求不断提升，一方面要求从业人员要具备专业的会计常识，另一方面要求会计人员要具备计算机技能，如此才能操作信息化系统，如果相关人员不能正确操作系统设备，会导致信息化系统被人为报错等问题，致使工作效率过低，操作不当导致的软件维修反而增加了人力资源成本。其次企业缺乏培养会计信息化人才的意识，企业大多只关注人才招聘和纳入，忽视了对信息化管理人才的自我培养，其实会计信息化过程中大部分的会计从业人员不需要非常专业的计算机技术，只需要专业培训后就能胜任数据的信息化处理，企业通过自我培养培训，完全可以满足很多岗位需求，但由于企业缺乏对员工信息化理念的宣传普及，导致员工缺乏学习信息化软件系统的积极性。现阶段尽管企业信息化的进程不断加快，但信息化从业人员极度缺乏，这极大地影响企业会计信息化的质量和水平。

四、数字经济对企业会计信息化建设的影响

数字经济是指以数据资源为基础并将其转换为有用的信息，依托于互联网等新型技术以及数字科技，进行提升和优化经济结构并创新商业模式以达到进一步提高社会运转效率的一种新型经济形态。它实际上是将数字技术与产业融合后，将传统企业基于计算机技术、互联网和数据进行重构，从而激活企业新的增长动力的一系列经济活动。

数字经济的核心是数据，它是一种新的生产要素。在农耕文明时代，充足的土地和劳动力代表了强大的领导力；在工业文明时代，拥有资本的技术才能迅速实现大发展；但在数字经济时代，谁先掌握了数据谁就具备了最先发现市场规律的洞察力。

数字经济由两个部分构成：一是数字产业化，即把技术形成产业。它的主要业务是输出数字技术服务和数字产品，一般表现在软件和信息技术服务业、通信业等企业的转型上。二是产业数字化，即用技术武装产业。表现为在数字技术的加持下，传统产业虽然没有改变过去生产的产品和服务，但极大地提高自身的运营效率和质量。

数字经济的基础设施是以"云—网—端"为基本的"大智移云物区"等新技术。"云"是指大数据、云计算基础设施，"网"不仅包括互联网，还拓展到物联网领域，"端"是指用户直接接触的个人电脑、移动设备、可穿戴设备、传感器，乃至软件形式存在的应用，是数据的来源，也是服务提供的界面。

平台化、共享化、多元化和微型化的企业组织形态在数字经济下日渐清晰。从企业内部看，部门壁垒被消除，岗位界限被打破，员工被充分授权赋能，通过资源共享，创造了更多价值。从企业外部看，企业与政府、供应商、顾客等利益相关者同处于一个平台上，它们资源互补、相互利用、相互合作，模糊了不同组织间或供需侧严格的组织形式与边界。在平台上，项目团队更微型，通过资源共享，产品服务也更多元化。

数据成为企业会计信息化建设的核心要素。信息技术蓬勃发展，呈现在人类面前的数据浩如烟海，而有关自然、社会与经济的客观规律，常常隐含在大规模的数据背后。现代信息技术为充分挖掘海量数据集背后反映的经济意义和现实意义提供了便利，使得企业能够更加全面、及时地运用这些信息，进而做出科学的管理决策。一方面，大数据分析建立在对全部数据进行分析的基础上，摆脱了之前财务随机抽样分析的片面性，从而帮助企业更精确地描述过去、评价现在与预测未来；另一方面，企业内部审计得益于大数据和信息系统的支撑，由"现场+时点+人工审计"转向

"非现场+不间断+智能审计"模式成为可能。但也正是由于数据量庞大，其真实性和安全性也有待考证。另外，企业内外部财务数据、非财务数据的全面性，有助于企业财务共享中心等会计信息化建设更加科学有效，从而实现数据生成信息，信息创造价值，打造一个完整的数据价值链。因此，数据日益成为企业重要的战略资产，在会计信息化建设中占有重要地位。

产业数字化助力企业可持续发展。数字化就是把传统的物质生产模式、组织管理、商业模式等进行深度的碎片化，然后加以重新组合，实现了精细化的大分工。传统企业先产再销的模式极易产生供销不匹配的情况，导致企业总体的运营效率较低。而将企业供销信息、客户信息数字化后，以需定产，在精细化大分工下，也可以将零部件外包给其他厂家，企业只用将各零部件进行组装，就可以实现大规模订制化生产。现阶段企业数字化进程在不断下沉，具体表现在：第一，目前数字化是监控消费者的短期偏好，在不断发展中慢慢下沉到观察消费者的实时偏好、瞬间偏好；第二，客户数据信息也慢慢从离散式收集下沉到连续式收集；第三，数字化目前是控制生产过程，未来要下沉到检测机器所有零部件的实施状态。企业业务的数字化和财务处理紧密相关，业财一体化通过业务与财务的相互协同、相互支持，实现数据同源，并将原始数据高效准确地转化为决策信息，助力企业可持续发展。

基础设施建设提升企业经营效率。数字经济背景下，大数据、人工智能、移动互联网、云计算、物联网、区块链等新技术深刻影响会计信息系统的建设。首先，新技术升级了会计信息系统，使得会计数据处理不再受到地域限制，通过云服务平台企业和个人用户就可以获取所需的资源和技术，极大地降低了企业人工成本和沟通成本，提高企业运营效率；其次，电子档案、电子票据的形成和获取，基于物联网/RPA的自动化处理流程系统，基于神经网络、数据挖掘的企业预测、决策系统等进一步拓宽了企业内部沟通渠道，既保证了数据的源头可得，又打破了企业内部系统之间存在的信息孤岛，加速企业整体运作效率；最后，"云共享"将会是财务共享未来发展的新趋势。此时，在云计算的不断改造升级下，企业不再需要耗费大量成本专门建立财务共享平台，只需在云端购买相应服务即可完成相关财务处理工作。可见，数字经济下的新型基础设施能够帮助企业全面实现会计信息化的有效运行，促进企业整体快速发展。

多样化组织形态加速全产业链的发展。数字经济下线上交易、虚拟交易更加频繁，供产销三方的联系和业务处理越来越依赖于企业的智能信息系统。企业数字化转型的效果是整体体验的一个提升，这个体验不光包括消费者，也包括生态上所有的上下游伙伴，还有内部员工，这都要靠数据驱动来持续优化运营，加速上、中、下游的全渠道融合。在企业内部，高效的会计信息化系统可以精简财务人员，简化审批链，使得企业组织部门向平台化、共享化转型；在企业外部，横向关系上，企业间的壁垒被打破，彼此间的合作程度进一步加深，这就要求双方企业会计信息系统数据有统一的标准，才能进行参考和比较，进而做出合理的决策。纵向关系上，未来的数字型企业一定是直达消费者的，因而供产销三方需要有一个信息交流平台，资源信息共享，可以根据客户的需求实现订制化、多元化、批量化产销，从而加速全产业链的发展。

五、企业会计信息化体系建设路径

（一）建立一体化财务数智平台

一体化财务数智平台是基于业财融合模式，借助先进的信息技术对企业业务全流程信息数据进行统一管理的智能化平台。财务数智平台可以集成企业价值链上的各项业务，将企业财务、物资、设备、工程、劳资等管理信息都纳入平台管控范围内，实现对企业经济业务的全程管控。财务数智平台依托大数据、云计算技术，满足企业在线财务处理需求，能够实现多客户端财务信息的同步录入。对于财务风险防控而言，财务数智平台的应用主要包括以下方面。

财务自动核算。企业利用财务数智平台的前端业务模块自动生成采购、销售、收货、发货、提供服务等业务活动的会计凭证，促使财会工作重点由原本的核算工作向财务数据监控转变，有效防控财务核算差错风险。物资采购部门登录到操作平台上录入采购数据，云端同步更新数据，生成会计凭证，平台容纳从采购建卡到报废清理的全部财务信息，并对企业资产自动编号，按月计提折旧，能够强化对企业资产全生命周期的闭环管控，防范资产流失风险。

应付账款管控。企业利用财务数智平台优化调整应付账款流程，实现对应付账款全生命周期的管控，具体管控流程为：在财务数智平台的合同管理系统中流转签批合同，将合同中的支付金额、期限等信息同步到企业ERP系统，生成企业采购订单。当临近付款期限时，系统自动向财务部门、业务部门发出双向提醒，并生成资金支付申请，由财务端审核申请，批准资金支付。通过加强应付账款信息化管控，能够帮助企业有计划清理流动负债，防范企业现金风险。

费用支出全程管控。企业可以利用财务数智平台全程管控各项费用支出，在线审批费用支出申请，规避传统模式下财务人员代包代办的风险。在费用支付中，财务数智平台能够自动检验费用支出金额,避免出现费用重付、超付、误付风险。在平台审核超出预算部分的费用时,平台发出预警,由预算管理委员会对预算做出调整后才能执行审批程序,有助于企业强化预算支出管控。此外,在费用支付过程中,审批人员需要通过指纹、人脸识别等生物识别技术的身份认证后才能执行支付操作,能够起到防范财务舞弊事件的作用,保证企业资金使用安全。

(二)建设凭证电子化系统

企业要重视人工智能技术在财务工作中的应用,运用光学字符识别技术(OCR)、机器学习技术建设凭证电子化系统,将凭证中的图像文字信息转化为结构化数据,为管理者决策提供依据。从企业财务风险防控层面来看,凭证电子化系统能够自动检查复核会计凭证、自动核算金额、自动价税分离、自动扫描增值税发票以及联结税务系统自动抵扣进项税额。凭据电子化系统在企业财务风险防控中的应用如下:

填单报账管控。在企业财会工作中,发票填写是一项严谨的工作,关系到企业资金安全流动。但是,部分业务经办人员在处理报销业务时会发生发票信息填写错误的情况,增加了后续会计核算的复杂性,同时还可能给企业带来经济损失,使企业陷入制造虚假财务信息的窘境。而通过使用凭证电子化系统能够避免上述问题发生,凭证电子化系统自动识别发票信息,减少业务部门报账错误风险,便于财务人员随时掌握费用支出情况,提高填单报账的准确性。

财税风险管控。在传统的财会工作模式下,财务审核人员很难及时发现存在异常状况的发票,等到后期查账时才能发现问题,此时可能已经过了增值税专用发票抵扣期限,须对该发票进行财务处理,再完成相关核算项目的调整,易加重企业涉税风险。而建立凭证电子化系统后,能够将发票自动上传到云服务器,云服务器与国家税务系统链接,可以直接验证发票真伪,完成发票抵扣,有助于规避因财务核算失误带来的企业涉税风险。

凭据电子档案管理。当前,部分企业已经实现凭据线上审核,但是却因凭证无法实现自动流转而导致线上、线下数据不一致的情况时有发生,增加企业会计信息核算失误风险。而通过应用凭证电子化系统能够解决这一问题,该系统拥有业务凭据电子化处理程序,借助OCR自动填写单据,完成会计原始凭证影像上传,实现凭证影像资料线上流转。财务人员在审核凭证后,由系统自动匹配存档电子化单据,生成电子会计凭证,完成自动会计核算。

（三）构建商旅报销系统

随着企业经营规模的扩大，企业在全国各地的业务活动逐步增多，业务人员需要出差完成业务洽谈工作，在这一过程中涉及多项财务费用报销项目。在传统的商旅报销模式中，业务人员需要提前垫付出差资金，待出差回来后到财务部门提供相应单据，完成报销。这种报销模式很难对出差过程产生差旅费用的实际情况进行跟踪审核，极易出现多报、超报问题，给企业带来经济损失。为解决上述问题，企业可以应用移动互联技术建设商旅报销系统，为出差人员提供申请、预订、报销的一站式服务，实现对差旅费用的实时监控，有效防控企业财务风险。

一是成本控制。企业利用商旅报销系统与国内正规旅行社的业务系统建立起联系，与旅行社签订服务协议，由旅行社提供出差人员的费用结算服务，包括差旅人员吃、住、行的费用。旅行社定期与企业进行结算，详细列支报销事项，精确到个人的各项费用支出。同时，商旅报销系统提供差旅服务预订，根据不同业务、不同出差人员职位，确定相应的差旅标准，根据差旅标准安排出差人员各项活动支出，有助于企业强化差旅成本管控。

二是资金风险防控。商旅报销系统分为内网与外网两个客户端，外网为移动端，即商旅APP。商旅APP提供费用申请、订票、业务审核等服务，内网控制中心负责查询统计费用报销情况，结算期间费用，辅助差旅预算支出决策。出差人员登录到商旅APP后，向商旅运营商申请费用支付，商旅运营商垫付相关费用，当出差人员完成任务返回后，商旅运营商与企业财务部门统一办理费用结算。在商旅APP的支持下，差旅人员费用支出完全由线上支付完成，无须使用现金结算，能够避免资金支付错误风险，实现资金支付透明化管理。

（四）建设会计信息化保障体系

企业在建成会计信息化系统后，应进一步完善会计信息化环境下保障体系建设，为会计信息化系统运行提供良好环境，不断提高企业财会工作效率。具体建议如下：第一，落实岗位责任制度。企业要结合会计信息化系统的运行需求，优化调整财会部门的岗位设置，明确各个岗位的职责，确保各岗位人员各司其职，形成相互监督、相互牵制、相互协作的关系。在会计信息化系统操作中，系统操作与审查审计业务、系统操作与系统维护业务要实现岗位分离，不得由一人身兼多职。第二，加强系统安全控制。企业信息技术部门要加强对会计信息化系统的日常维护升级，及时更新杀毒软件，采用病毒入侵检测系统、防火墙等防护技术，维护企业内外网的安全运行环境，避免因网络攻击导致会计系统运行故障。第三，加强财会人员培训。在企业应用技术先进的会计信息化系统后，必须加强财会人员、业务人员培训，使相关岗位人员掌握系统操作技能，提高财会人员信息素养，此外，在财会人员熟练操作系统后，还要引导财会人员将本职工作重心向财务分析、财务预测、财务决策、财务风险管控等工作内容转变，不断提高企业财会工作水平。

第二节 企业会计信息化风险与防范

一、大数据对会计信息化的风险

（一）容易导致地区之间发展不平衡

目前，会计信息化已在全国取得了积极发展，但是由于我国会计信息化的发展本身就参差不齐，经济发达地区的会计信息处理本身就比偏远地区好很多，而大数据的引入必然会存在时间差，可能某些西部地区还处于会计电算化的初级水准，而部分东部地区早已建成会计数据庞大的大规模资源体系，地区之间的差异显著加大，东部地区永远走在数据获取分析的前沿，而西部地区的企业竞争力则越来越弱。

（二）大数据共享平台建设滞后

大数据共享平台是会计信息化系统建设的基础，关系着会计信息的提取以及企业的核心竞争力，中国目前在大数据共享平台建设方面取得了一定成效。不过共享平台的建立不仅周期长、风险大，对于平台研发团队来说资金和技术的要求也较高，如若需要订制与企业相契合的信息共享平台，需要平台开发人员不断调查准备试错，这对平台的开发商来说必定是个很大的挑战，而且必将耗费大量的时间与财力进行技术支撑。与国外的谷歌等较为成熟的大数据平台或者微软这类有自己的内部大数据平台的公司相比，我国大数据平台的建设依然处于起步阶段。大数据环境下对平台开发商的技术有很高的要求，开发商的专业能力与服务质量直接关系到大数据平台的使用效果，由于数据的收集分析关系到企业的决策，所以一旦开发商停止运营或者技术跟不上，对企业来说都是最为致命的。

（三）大数据共享平台安全性建设不到位

安全性作为大数据信息化系统里面非常关键的一环，在会计的日常处理中很容易被忽视。一旦大数据系统的安全性出了问题，很可能会使整个企业陷入困境，极大地威胁到企业的正常运营。我国大多数企业拒绝使用大数据平台来记录和分析企业信息，很大一部分是出于对平台安全性的考虑。造成共享平台安全性不到位的原因有三个，一是网络本身存在漏洞，可能会被有心人通过公用网络进行攻击，损害企业的权益；二是平台使用的安全性存在漏洞，尽管现在几乎所有平台都采用实名制，但是很多平台都是依靠用户名和密码辅以动态口令即可登录，并没有特别完善的防盗系统，平台的数据也不会有很严格的加密程序，网络黑客通过编写木马程序可以很容易地拦截到会计信息化系统使用人员的身份信息，从而窃取企业的核心会计信息；三是相关从业人员安全意识薄弱，往往为了操作方便可能会随机选用公司的相关数据信息作为密码，这更降低了黑客的破译难度，给系统留下了极大的安全隐患。总之，网络共享平台的建设虽然采用了加密手段，但在安全建设方面并不完善，一旦被网络黑客突破并非法截取数据甚至篡改财务数据，这都会对企业造成不可挽回的损失。

（四）大数据共享平台法律法规不健全

大数据时代的产生使得技术的标准更加多元化，这势必会导致市场的混乱，为了进一步推动会计信息化标准，财政部发布了"可扩展商业报告语言"（XBRL）技术规范系列国家标准，XBRL为财务报告数据的标准化和共享提供了有力的支撑，为投资者、监管机构、会计中介机构等更方便、快捷、经济地利用企业财务信息和监管信息创造了有利条件，在相关领域发挥着越来越重要的作用，但是想要大规模的推广和实施依然还有很长的路要走。此外，《中华人民共和国网络安全法》于2016年11月7日发布，自2017年6月1日起施行，自此网络安全问题的法律法规才逐渐完善，网络公民的安全性才逐步得到保证，而对于会计信息化的相关法律法规的建设还任重道远，这也是阻碍会计信息化发展的重要障碍。

（五）其他问题

首先，大数据共享平台便捷了企业之间的资源共享，使得企业更快地获得需要的核心信息，然而共享平台无可避免地会存在信息隐私泄漏的问题，可能会使得本来为自己公司所用的核心竞争信息变得公开透明，同行业竞争公司可迅速据此来做出反应，使得本企业的产品与技术变得毫无竞争力。其次，共享平台的建立使得企业对于网络人才的需求增加，且需要耗费大量的培训成本。不可否认的是，目前我国会计信息化方面的人才数量较少且质量不高，且很多老员工执着于传统的会计模式，不愿接受网络时代新技术的传播与应用，使得在人力上无法提供会计信息化处理所需要的基本保障。

二、会计信息化中的技术风险与影响

随着企业会计逐渐向信息化迈进，技术风险逐渐突显，为企业带来前所未有的挑战。会计信息化的好处是显而易见的，但它也为企业带来了一系列与技术相关的风险。这些风险不仅可能影响财务数据的准确性和完整性，还可能对企业的经营、声誉和竞争力产生重大影响。第一，系统崩溃是技术风险中的常见问题。任何IT系统都可能因为硬件故障、软件缺陷或外部攻击而出现故障。对依赖会计信息系统的企业来说，系统的任何中断都可能导致财务数据丢失或损坏，影响到财务报告的准确性和及时性。更糟糕的是，如果备份不足或数据恢复过程出现问题，数据的丢失可能是永久性的。第二，数据安全威胁也是技术风险的一大来源。随着网络攻击的增加，企业的会计信息系统可能成为攻击者的目标。这些攻击者可能是为了盗取财务数据、企业机密或其他敏感信息。一旦数据被盗或遭到篡改，不仅会导致企业的经济损失，还可能对企业的声誉和公信力造成严重打击。第三，软件缺陷和不足也是技术风险中不可忽视的一部分。虽然大多数会计软件在上市之前都经过了严格的测试，但仍然可能存在一些未被发现的缺陷。这些缺陷可能导致数据错误、计算错误或其他问题，进而影响到财务报告的质量。而软件的不足，如功能限制、不友好的用户界面等，也可能影响会计人员的工作效率和准确性。第四，技术更新和升级也带来了风险。随着技术的进步，企业可能需要定期更新或更换其会计信息系统。这一过程中，可能会出现数据迁移问题、兼容性问题或其他意想不到的问题。而且，新系统的引入和老系统的淘汰，可能会导致企业在一段时间内面临双重成本。第五，人为因素也是技术风险中的一部分。即使系统本身是完美的，但由于操作不当、误操作或人为疏忽，也可能导致数据丢失或错误。对那些没有受过充分培训的员工，他们可能不知道如何正确地使用会计信息系统，或者在遇到问题时不知道如何应对。

（一）数据安全：企业会计信息化的脆弱环节

在现代商业环境中，数据已经成为企业的核心资产之一。特别是在会计领域，准确、完整和及时的财务数据是保证企业运营透明、决策明智的基石。然而，随着会计的数字化和信息化，数据安全问题逐渐成为企业面临的主要风险之一。会计数据中含有大量敏感信息，包括企业的财务状况、员工薪资、客户和供应商的信息等。任何未经授权的访问、泄露或篡改都可能对企业造成重大损害。首先，数据泄露可能导致企业的商业机密被竞争对手获得，从而失去竞争优势。其次，数据篡改可能导致财务报告不准确，进而影响投资者、债权人和其他利益相关者的决策。此外，数据安全事件还可能导致企业声誉受损，损失客户和市场份额。

　　造成数据安全问题的原因是多种多样的。其中，外部攻击是最主要的威胁来源。随着网络攻击手段的不断进化，攻击者可能通过各种方式侵入企业的会计信息系统，例如通过钓鱼邮件、恶意软件或利用系统的安全漏洞。一旦攻击者成功入侵，他们可以轻易窃取、删除或篡改财务数据。而内部威胁同样不容忽视。不满意的员工、对系统不够熟悉的操作人员或其他内部人员可能无意中或故意泄露、删除或篡改数据。尤其是在权限管理不当或员工培训不足的情况下，内部威胁的风险可能大大增加。技术问题也是数据安全的一个脆弱环节。例如系统中存在的软件缺陷或安全漏洞可能被攻击者利用。此外，如果企业没有定期备份数据或备份策略不当，任何意外事件，如硬件故障、火灾或其他灾难，都可能导致数据的永久丢失。为了确保数据安全，企业需要采取一系列措施。首先，企业应建立完善的数据安全策略和管理机制，明确数据的分类、存储、访问和传输等方面的规定。其次，企业应定期对会计信息系统进行安全评估，发现并修复潜在的安全漏洞。此外，员工培训也非常重要，确保每个员工都了解数据安全的重要性，知道如何避免常见的安全风险。最后，数据备份和恢复策略也不容忽视，确保在任何意外事件发生时，都可以迅速、完整地恢复数据。总之，数据安全是企业会计信息化中的一个核心问题。只有高度重视并采取有效措施，企业才能确保财务数据的安全，从而保障企业的正常运营和持续发展。

（二）人为操作错误

　　人为操作错误是企业和组织在进行日常操作时常遇到的问题，尤其在高度依赖技术和数字系统的环境中，这一问题更为明显。原因多种多样，包括员工的不熟悉或误解操作步骤、对设备或软件的误操作、忽视或误读重要指示以及在操作中的疏忽大意。有时是员工自认为对操作过程比较熟悉，也可能导致人为忽略某些步骤，进而犯错误。最主要原因是员工缺乏必要的培训或指导，没有完全掌握所需的知识和技能。在某些情况下，工作压力、疲劳或其他外部干扰也可能导致人为错误。人为操作错误的后果可能是毁灭性的，尤其是在涉及关键任务或重要数据的场景中。可能会导致数据丢失、系统故障、设备损坏或更严重的安全事故。在会计领域，可能导致财务损失。此外，还有可能损害公司的声誉，导致客户流失或法律诉讼。更糟糕的是，如果这些错误没有被及时发现和纠正，它们可能会影响企业的运营和决策。为了预防和减少人为操作错误，企业和组织必须采取一系列措施。首先，培训是关键。确保每个员工都经过适当的培训，了解他们的职责和操作流程，这是预防错误的第一步。员工培训应是持续的，以确保他们随着技术和流程的变化而持续更新的知识。其次，明确的指导和操作手册也是预防人为错误的重要工具。这些手册应详细描述每一步操作，确保员工在执行任务时有明确的指引可循。此外，实施双重核查或审查制度也是一种有效的方法，特别是在涉及关键操作的场合。通过让另一位员工或团队成员复核操作，可以增加发现和纠正错误的机会。此外，为员工提供足够的休息和放松时间，减轻工作压力，也可以帮助减少由疲劳和压力引起的错误。

三、基于数据安全的企业会计信息化风险防控措施

（一）加强数据信息安全方面的防护

数据信息的安全对于企业而言具有非常重要的意义，务必要基于数据安全进行企业会计信息化风险防控，加强数据信息安全方面的防护。首先，从企业会计财务系统的身份认证开始着手，能通过提升企业会计财务系统登录使用的密码程度，比如必须使用大小写字母加数字外加符号的复杂组合，且除了使用账户名和密码以外，还可以添加眼球追踪和动态人脸识别等方式来加强企业会计系统的登录使用安全防控。同时，通过运用更加精密的专业技术来对企业会计系统内储存的财务数据信息进行加密处理，添加不同层次的人员只能通过特殊的方式才能查看对应的会计财务数据，对于数据的记录、查询和修改也必须按级别执行，只有相应权限的人才能执行相关操作，这样能够更好地保障财务数据安全。其次，财务系统的供应商还需要加强对系统内数据信息的监控和管理，针对系统中产生的安全问题第一时间进行及时反馈，并能通知企业的技术部门对其问题进行解决和处理，以此避免企业会计财务数据信息的泄露和盗取。最后，企业会计财务系统供应商还需要通过加强对系统内数据的备份，来加强对企业会计信息化风险的防控，这样就算财务系统产生了一些问题，企业的会计财务数据也不会出现遗失的情况。另外，企业会计财务系统供应商还需要强化数据信息的恢复功能，如果企业遇到数据信息损坏或者丢失的情况，要方便企业能够通过供应商的备份系统恢复数据，从而提升企业会计数据信息的使用安全性。

（二）做好企业会计信息化风险的预警工作

当前，大多企业将重点放在企业会计信息化风险问题处理方面，对于预警工作还有所欠缺。从企业的长远健康发展来看，企业必须高度重视企业会计信息化风险预警工作。企业会计信息化风险处于企业风险防控的重要位置，运用数据技术可以提前做好企业会计信息化风险的预警工作，能为企业会计信息化风险防控创造有利

的条件。首先，企业会计财务部门必须提前处理数据信息整合的问题，由于众多企业都具备不止一个会计财务数据信息处理系统，但是不同的财务系统分别由不同层级的管理人员负责。在这样的实际情况下，企业会计财务部门就必须建立企业内部的数据信息整合平台，专门负责对企业内整合的财务信息数据进行有效鉴别，对企业会计财务系统中无效的数据进行删除，降低企业会计信息化风险程度。其次，在针对企业会计财务系统进行风险防控数据的设置时，企业专业技术人员必须清楚地了解企业会计信息化风险防控不是固定不变的，而是需要结合企业发展的实际情况产生变化，在这个基础上，企业专业技术人员需要充分结合企业会计财务管理部分的实际工作需求，加强对风险防控系数的调整，能更好地做好企业会计信息化风险的预警工作，进一步保障企业会计信息化进程。

（三）做好企业会计信息化管理风险的防控

企业会计在进行财务处理系统供应商的选择时，需要充分做好系统供应商选择的对比和规划，能充分结合企业自身发展的实际需求和财务处理系统的功能性以及服务性进行合理选择和规划。为了有效降低企业会计信息化进程中的风险，企业还需要在确定好使用哪个系统供应商后使用一段时间，同时还能运用之前的会计财务处理系统来进行系统的对比，以便于能全面地观察新财务处理系统是否能与企业会计信息化的实际需求相符合。

此外，企业为了做好会计信息化管理风险上的提前防控，还必须提前对财务处理系统的供应商服务项目、技术水平以及财务处理系统自身优缺点进行详细的了解，然后筛选出对符合企业会计信息化发展需要的财务处理系统供应商。在挑选出符合企业会计信息化实际需求的财务处理系统供应商以后，为了保障在今后企业的经营管理过程中使用得更加顺畅，企业需要注意与系统供应商提前做好使用期限的规划和安排，以及综合考虑到后期使用过程中财务处理系统产生问题的处理办法，以降低企业会计信息化进程中的风险发生概率。

（四）做好企业财务技术人员管理的风险防控

对于企业会计信息化风险防范来说，人员管理也是其重要的一环。对于企业财务技术人员管理来说，可以从以下几点入手：首先，需要加强对企业会计信息化工作的宣传，让企业员工认识到信息化工作的好处，并积极学习先进的信息化管理技术，促使企业员工明白会计信息化虽然使部分员工的工作内容产生一定的变化，但是对于他们而言，并不会产生任何影响，企业在结合自身发展需要的基础上会充分根据员工的发展意愿，为他们合理安排适合员工自身发展特点的工作岗位，以此来提升企业员工的工作配合度和积极性。其次，企业要为财务人员提供学习培训，让他们有机会通过学习或培训提升业务能力。企业应该定期对财务部门的员工进行专业培训，为员工介绍系统的正确操作方法，促使企业员工能在较短的时间内快速适应新的工作模式。另外，在企业会计信息化管理过程中，也要组织员工定期进行信息化管理相关内容的培训，让员工能够适应快速变化的信息化管理步伐，与时俱进，提升企业会计信息化管理效率。

第四章 企业工商管理创新

第一节 企业工商管理现状与策略

一、工商管理概述

工商管理是管理学的重要内容之一，主要的研究内容是按照经济学和管理学方面的理论加强企业的经营管理，对于企业的发展能够起到积极的作用。为了能够对经济与社会的发展起到积极作用，为市场主体提供服务，创造公平、公正的市场环境，保护企业和消费者的根本利益，工商管理部门必须根据科学的管理理论及合理的方法做好相应的工作。工商管理工作对于企业的发展存在直接的影响，同时还能够对市场管理中不合理的行为进行监督与管理，维护市场环境的公平与公正，保护消费者的合法权益。

随着我国经济体制改革的深入推进，以及全面建成小康社会的顺利实施，我国的经济与社会处于健康、稳定的发展中，所以必须全面落实并优化工商管理的相应职能，使其满足现代社会发展的需要。工商管理工作的顺利实施，能够为企业提供高水平的服务。自党的十九大以来，我国政府部门开始简政放权、提高效能，并且落实行政管理措施，其中工商管理在接受新任务、履行新职责方面还面临着一系列的考验和挑战。结合现代社会发展形势进行分析，不断更新工作理念和方法，完善工作机制和标准，保证职能有效落实。有效落实各项工商管理职能，创造出良好的工作环境和标准，提供更加完善的服务，维护社会公平和正义，使企业竞争有序进行。

二、企业工商管理的应用意义

在当前经济环境中，企业面临着前所未有的挑战与机遇，使得工商管理在企业管理工作中的应用意义更加凸显。工商管理不仅为企业提供了全面的理论和实践框架，帮助企业做出有效的决策，而且涉及企业运营的各个层面，从战略规划到资源优化，从财务监控到市场开拓，从人力资源管理到客户关系维护，每一个环节都体现了工商管理的深远影响。通过应用工商管理的原理和方法，企业能够更加科学地制定其发展战略，明确自身的长期目标和短期目标。

在资源优化方面，工商管理帮助企业实现资源的有效分配和最优利用，确保企业在有限的资源条件下最大化其经济效益和社会效益。在财务监控方面，工商管理提供了一套完善的财务分析和风险控制机制，帮助企业维持财务健康，规避经营风险。在市场开拓方面，工商管理强调市场研究和客户需求分析，指导企业有效地制定市场策略，扩大市场份额。人力资源管理则关注于如何通过科学的招聘、培训、评估和激励机制，构建一支高效、动态、满意度高的员工队伍，促进企业的内部稳定和长期发展。客户关系维护更是工商管理中不可或缺的一环，关乎企业品牌形象的塑造和市场竞争力的提升，通过有效的客户关系管理，企业能够建立起稳定的客户基础，实现持续增长。工商管理的应用还体现在企业对外部变化的敏感性和适应性上，能够帮助企业及时调整其经营策略，应对外部环境的变化，如经济波动、政策调整、市场竞争。在全球化和信息化的大背景下，工商管理还指导企业如何有效地利用新技术，拓展国际市场，实现跨文化经营。综上所述，工商管理在企业管理工作中的应用意义重大，不仅为企业发展提供了理论支撑和实践指南，还涵盖了企业运营管理的各个方面，是企业应对复杂环境、实现可持续发展的重要工具。

三、企业工商管理的应用原则

企业管理工作中工商管理的应用原则是指导企业高效、科学管理的基本法则，是实现企业战略目标、优化资源配置、提升管理效率、保持持续竞争力的关键。应用原则包括但不限于客观性原则、系统性原则、人本原则、创新原则、效率原则、适应性原则和持续改进原则。客观性原则强调企业管理决策和实践应基于事实和数据分析，避免主观臆断和情感偏见，确保管理活动的科学性和有效性。系统性原则要求企业在管理工作中考虑到组织的整体性和部门之间的相互关系，通过整体规划和协调，实现资源的最优配置和利用。人本原则是工商管理的核心，强调以人为本，关注员工的需求和发展，通过建立公平、开放的沟通机制和激励体系，提高员工的满意度和忠诚度，从而激发组织内部的活力和创新能力。创新原则要求企业在管理实践中不断探索和尝试新的方法、技术和思路，进而适应市场变化，保持企业的竞争优势。效率原则关注于提高企业运营的效率，通过优化流程、减少浪费和提升效能，确保企业资源得到高效利用。适应性原则强调企业管理应具有灵活性和适应性，能够根据外部环境的变化及时调整管理策略和操作模式。持续改进原则是企业管理工作的动力源泉，要求企业不断地评估和优化其管理实践，通过持续地学习和改进，提升管理质量和绩效。以上原则共同构成了企业管理工作中工商管理的应用框架，指导企业做出正确的决策，实现可持续发展。企业应将原则内化于管理文化和日常操作中，确保在全球化竞争中保持活力和竞争力。

四、企业工商管理的应用问题

（一）重视力度待提升

尽管工商管理为企业提供了全面的管理理论和实践指南，但在实际应用过程中，许多企业未能充分认识到其重要性，导致在战略规划、资源配置、市场开拓、人力资源管理等方面的应用不够深入和全面。企业领导层对工商管理知识的理解不足，或是对其潜在价值的认识不够，从而忽略了在企业日常运营和长远发展中对工商管理知识和方法的有效利用。此外，一些企业过于专注于短期利润，忽视了工商管理在提高企业竞争力、促进可持续发展方面的作用。短视行为导致企业在遇到市场变化和外部挑战时，缺乏足够的灵活性和适应能力，进而影响企业的生存和发展。

（二）管理结构较单一

单一的管理结构通常体现在决策集中、层级过多或过少以及缺乏灵活性等方面。当企业采用过于集中的管理模式时，决策权过度集中在高层手中，虽然能够在短期内快速做出决策，但往往忽视了基层员工的创意和反馈，限制了组织内部信息的流动和创新能力的发挥。同时，层级结构的设置如果过多，会导致决策过程繁琐、反应速度缓慢，而层级过少则可能造成管理监督和支持不足，影响工作效率和质量。单一的管理结构往往缺乏必要的灵活性，使得企业在面对市场环境和业务需求变化时难以快速适应。随着全球化深入推进和技术进步，企业所处的环境日益复杂多变，要求企业的管理结构能够灵活调整，以支持快速决策和创新。

（三）管理模式不完善

管理模式不完善主要体现在缺乏对现代管理理念的充分融合和应用，如创新意识不足、忽视员工参与和发展、信息技术应用不充分。许多企业仍然沿用传统的管理模式，其在当前快速变化的商业环境中已经显得过时，难以满足企业发展的需求。例如过分依赖上下级指令传达的方式忽视了横向沟通和团队合作的重要性，导致决策缺乏前瞻性和创新性。同时，忽视员工个人成长和激励机制会降低其工作满意度和效率，影响企业的整体绩效。随着数字技术的发展，信息技术在企业管理中的作用越来越重要，但一些企业在信息技术方面的应用还不够广泛深入，未能充分利用信息技术来优化管理流程、提升决策质量和效率。企业的数据分析、市场预测和客户服务等方面的能力会受到限制，难以有效应对市场变化和竞争压力。

（四）员工素质待提高

员工素质水平直接影响企业管理工作中工商管理的有效应用，其中员工素质的提高成为一项迫切需要解决的问题。员工素质包括专业技能和知识的掌握，也涵盖创新能力、团队合作精神、解决问题的能力以及适应变化的能力。当前，许多企业面临的挑战之一是员工的综合素质和能力与企业发展需求之间存在较大差距，导致企业难以有效实施先进的管理理念和方法，影响企业的运营效率和市场竞争力。一方面，随着市场环境的快速变化和技术的不断进步，企业对员工的要求也在不断提高，然而，员工的知识更新和技能提升未能跟上变化，导致其难以有效应对新的工作挑战和需求。另一方面，除了专业技能之外，员工的创新意识、团队协作能力以及学习适应能力也显得尤为重要，但能力的培养往往被忽视，限制了企业内部创新和效率的提升。

五、企业工商管理创新发展

（一）企业工商管理创新的作用

第一，降低企业运营管理成本。工商管理是企业降低运行成本的重要途径。企业的生存和发展需要不断提升经济效益。在当前新形势下，行之有效的工商管理可以帮助企业减少运行成本，从而使得企业可以获得更大的收益空间。当前新形势下，降低生产成本和管理成本，始终是企业创新工商管理模式的根本目的。我们必须认识到，一套行之有效的工商管理模式不仅能够切实强化企业的成本管控能力，帮助企业以更低的成本完成经营目标；同时也能够让企业有更多的时间和精力用于产品创新、人才培养等方面，进而切实提升企业的核心竞争力。因此，企业应通过对工商管理模式的积极创新来进一步降低各方面成本，借此创造更多的经济效益和社会效益。

第二，明确企业未来发展方向。工商管理创新可以帮助企业更好地了解和掌握经营方向上所存在的问题，以此为基础开展针对性地优化措施，保证企业始终朝着正确的方向经营。从企业经营的基本现状出发，制定一个能为科学、合理的发展战略，对于企业的长期发展尤为重要。因此，企业应通过对工商管理模式的进一步创新，保持正确的经营方向，紧跟时代步伐，从而在日渐白热化的市场竞争中抢占先机。科学的工商管理可以帮助企业明确发展的目标，借助工商管理来优化各个岗位的职责范围,从而切实提升企业的经营效率,而且借助工商管理来了解内部、外部经营环境的变化,有利于企业更为科学、合理地制定发展目标。

第三,优化企业人力资源管理。工商管理是企业全方位优化人力资源配置的重要方面,通过切实可行的工商管理措施,可以激发起员工工作的积极性,而科学合理的管理制度和晋升机制,能极大地提升企业人员的管理效率。

(二)工商管理创新对企业发展的意义

第一,调整发展方向。当前,随着我国市场经济进入新常态阶段,供给侧结构性改革进入攻坚期,市场竞争日渐激烈。而且各种新技术的广泛应用,极大地提升了信息的传播和流通速度。这种情况之下,企业需要结合外部市场环境的变化和内部经营环境的变化,动态调整发展方向,探索出一套符合企业实际情况的发展路径。积极开展工商管理模式的创新,可以帮助企业更好地根据市场的动态变化,适时调整发展战略,保证各项生产、经营活动的有效性。事实上,更新市场定位、调整发展方向正是工商管理最为核心的价值所在。

第二,优化组织结构。合理的组织结构是企业发展的重要内生动力来源。因此,我们需要从明确岗位职能范围、打造科学的考核和奖惩机制、优化业务流程等问题出发,对现有的组织结构加以持续地优化和调整,为企业的长远发展提供强有力的支持。通过有效的工商管理模式创新,可以切实推动组织架构的持续优化,为内部资源的优化配置提供必要的组织支持;同时也能够切实强化企业的软实力,帮助企业更好地预测未来的发展方向,及时就工商管理过程中所发现的客观问题采取针对性的优化措施,保证管理体系的严谨性和有效性,为企业的转型升级夯实组织基础。

第三,提升核心竞争力。企业想要在竞争日渐白热化的市场环境中保持足够的竞争力,就必须积极开展工商管理创新活动。工商管理能够有效优化企业内部资源的配置,同时也可以推动其管理模式、技术、产品的全方位创新。同时,工商管理模式的创新也有利于企业引进和培养高素质的复合型人才,为企业综合实力的提升做出更为积极的努力,切实加强企业的核心竞争力。

(三)网络经济对工商管理的影响

网络经济是指利用互联网和数字技术推动经济活动的一种新型经济形态。随着互联网的普及和信息技术的快速发展,网络经济已经深刻影响着传统经济结构和商业模式。它以信息和数据作为重要资源,通过数字化和在线交互的方式实现产品和服务的生产、交流和交易。网络经济的兴起源于互联网的发展。互联网的普及和广泛应用，使得信息的获取、传播和交流变得更加便捷和高效。人们可以通过互联网随时随地获取各种信息，与他人进行实时的沟通和交流。这种信息和交流的便捷性和广泛性催生了一系列的网络经济活动。在网络经济中，电子商务是最为突出和重要的领域之一。电子商务利用互联网和电子技术，通过网络平台进行商品和服务的线上销售和交易。消费者可以通过在线商店购买商品，企业可以利用电子渠道拓展市场并实现全球化经营。电子商务的兴起极大地改变了传统零售业态，推动了商业模式的创新和转型。

网络经济还涉及在线娱乐、社交网络、在线教育、在线金融等各个领域。在线娱乐平台为用户提供了丰富多样的娱乐内容和游戏体验，社交网络使得人们可以随时与朋友和家人保持联系，在线教育让学习变得更加灵活和个性化，而在线金融则为用户提供了便捷的金融服务和支付方式。网络经济的发展对社会经济产生了深远的影响。它改变了产业链条和价值链条的组织方式，促进了创新和创业活动，推动了资源的优化配置和经济的增长。网络经济也带来了新的挑战和问题，如网络安全、隐私保护、数据管理等。因此，研究网络经济的概念、背景和特点，对于理解和应对网络经济带来的机遇和挑战具有重要意义。

网络技术已经渗透到了人们生活的各个领域当中，甚至在一定程度上对人们的固有观念、价值取向、情感方式等产生了巨大的影响，基于信息技术产生的网络经济的特点主要表现如下：

一是高效率。"互联网+"技术对于信息的收集、传播、加工等具有明显的优势。网络经济行为不受时间的影响，极大地提升了经济行为的频率，更进一步影响到产品的设计研发、优化改进等，使产品更新的速度加快。在网络经济中，企业唯有在复杂多变的环境中保持更快、更强的应变能力，才能获得更多的竞争空间。

二是全球性。"互联网+"技术打破了不同地区、国家间的阻隔，使全球范围内的人可以便捷地进行交流，使经济活动受到的空间约束减小，加快经济全球化的进程。

三是创新性。网络经济的创新不仅体现在技术的快速进步上，还有对企业组织结构、管理制度、工作流程的一系列创新和重建。

四是潜力大。近年来，国内电子商务渐成网络经济的中坚，特别是面对金融危机等冲击，电子商务能为企业带来新的发展方向。社会大众在"互联网+"中进行的经济贸易活动种类愈加丰富且规模持续增加，消费群体的规模效应促使网络经济的持续增长，当消费扩大之后，也会起到推动网络经济发展的效果。

1. 网络经济对工商管理产生的积极影响

有利于改进工商管理部门的工作方式。随着国家信息化以及互联网技术日益深化与渗透,传统信息交换模式与工作模式已无法适应当今社会实际发展需求。对此,工商管理部门可通过互联网平台实现信息传递与申请、注册、公布等。这样不仅可以减少工作时间,提高工作效率,还能够有效改进工作模式。

有利于减少管理成本。随着互联网健康发展,人们工作效率提高,工作方式也发生一定改变。利用相应信息技术手段,可减少管理成本,节省管理时间。此外,在网络经济环境下,新闻信息的即时传递,不但可以减少传递时间,节省流动费用,还能更大程度地减少企业管理成本费用。

有利于提升工商管理人员整体素质。随着互联网技术及高新技术的广泛应用,传统工作方法已无法适应当今社会发展。因此,企业要适时创新工作模式,积极改变信息收集、登记、注册等工作方法,与时俱进,加速推进现代化建设。此外,要想将高新技术运用到企业经营中,除了需要员工具备较高综合素质,还需要相关人员充分了解高新技术以及互联网运用方式。利用各类知识开展培训,以提高员工整体素质,企业才能在管理环节中针对所遇到的新问题与新现象,找到最佳解决方案,进而促进与网络经济共同发展。

有利于及时获取市场信息。在企业管理过程中引入互联网,可提高企业经营信息采集、统计与分析等工作效率。只有将互联网技术全面覆盖到工作各个环节中,才能使工商管理部门迅速预测市场信息变化,并做好相关决策。

有利于端正管理风气。在工商管理工作中使用网络,可以极大程度上提高工作效率,时间与空间不再固定不变。任何企业都能够通过网络开展申请登记注册、年检材料、统计报表等工作,有利于解决以往工作人员在办事时遇到的各类问题。同时,工作人员通过计算机进行操作,无须与人接触,也没有情感上的交流,可预防贪污腐败,端正管理风气,全面贯彻落实公平公正原则。

2. 网络经济对工商管理产生的消极影响

经营主体市场准入及登记存有一定难度。信息技术促进诸如互联网、电子商务等相关产业健康发展。而以网络经济为代表的新兴经济,其发展同样依赖于信息技术。因此,对其定义有较大难度。有些新型产业对场地、设备等有较高要求,但有些产业对场地、设备等要求并不高,这就增加了工商管理部门在确定经营主体市场准入原则及注册流程方面的难度。

市场竞争压力与日俱增。自改革开放后,下海经商人员与企业数目始终在不断增加。然而，因其所占市场份额较低，随着企业数目增加，高科技专业人才竞争与市场竞争也变得更加激烈。但在网络经济发展背景下，市场主体进入门槛较低，使得越来越多的企业纷纷加入网络经济中，进而导致市场竞争日趋激烈。有些企业也因此采用不公平竞争方式追求利润，致使工商行政管理部门工作负担大大增加。

缺乏经济法制体系。工商管理部门工作离不开法律制度的扶持，但随着网络经济的快速发展，产生了诸多发展阶段性问题，导致现行经济法制体系存在缺陷。对此，若缺乏经济法制体系保障，企业管理工作将难以有效开展。

（四）企业工商管理创新的路径

1. 技术创新

技术创新在经济新常态下对企业的工商管理具有重要的推动作用。以下是一些策略和探讨，帮助企业实现技术创新。

加强研发投入。企业应增加研发投入，建立专门的研发团队，提高技术创新的能力。这包括资金的投入、人员的培养和引进、科研设备的更新等。通过持续的研发努力，企业可以积累核心技术和知识产权，保持竞争优势。

建立创新文化。企业应树立创新意识，鼓励员工提出新的想法和解决方案。通过内部的创新比赛、激励机制和创新奖励，激发员工的创新热情，形成创新氛围。同时，企业还可以与高校、科研机构等建立合作，吸纳外部的创新资源。

关注市场需求。企业应密切关注市场需求的变化，及时调整产品和服务的技术方向。通过市场研究和顾客反馈，把握市场趋势，开发符合市场需求的创新产品和解决方案。

开展合作创新。企业可以与其他企业、科研机构、高校等进行合作创新，共享资源和技术，实现优势互补。通过开展联合研发项目、技术转让和共享平台的建设，加强合作创新，提高技术创新的效率和水平。

关注国际前沿技术。企业应关注国际前沿技术的发展，及时引进和吸收国际先进的技术成果。可以通过参加国际学术会议、技术交流和合作项目，了解最新的技术动态，并进行技术引进和转化。

建立知识产权保护机制。企业在进行技术创新时，应重视知识产权的保护。通过申请专利、商标等知识产权的注册，保护自己的技术成果和创新成果，避免技术被侵权或盗用。

运用数字化技术。随着数字化技术的快速发展，企业可以运用人工智能、大数据分析、云计算等技术，提升自身的技术创新能力。通过数字化技术的应用，可以改进产品设计、生产流程和供应链管理，实现更高效的技术创新。

2. 市场营销创新

随着市场环境的变化和消费者需求的多样化，传统的市场营销方法已经不再有效，因此企业需要探索和实施新的创新策略来满足市场需求。

数字化营销。随着数字化技术的不断发展，企业可以利用搜索引擎优化（SEO）、搜索引擎广告（SEM）、社交媒体、电子邮件营销等数字化手段来推广产品和服务，吸引更多的目标客户。

个性化营销。消费者的需求越来越多样化，因此企业需要基于大数据分析，实现个性化营销。通过收集客户的交易数据、行为数据等信息，对客户进行精准定位，针对不同的客户群体提供个性化的产品和服务。

创意营销。创意营销是指利用创新和有趣的方式来推广产品和服务。例如通过有趣的广告语言、形象生动的宣传图片和视频等创意营销手段，吸引目标客户的注意力，增强品牌知名度和美誉度。

社会责任营销。社会责任营销是指企业通过承担社会责任，来提高品牌形象和认可度。例如通过参与公益活动、环保行动等社会责任项目，提升品牌知名度和信誉度。

体验式营销。体验式营销是指通过为客户提供独特的购物体验，来增强品牌影响力。例如为客户提供试衣间、样品展示、虚拟现实体验等服务，让客户更好地了解和体验产品和服务。

新媒体营销。企业可以利用微信、微博、抖音等社交媒体平台，与客户进行互动和沟通，提高品牌知名度和美誉度。

在实施市场营销创新策略时，企业需要注意以下几点：企业应该根据产品特点和目标消费者的需求，精细划分市场细分，找到最具潜力的目标市场。市场环境和消费者需求的变化速度很快，企业需要不断进行创新和改进，保持与时俱进的竞争优势。企业应该通过数据分析来指导决策和营销活动。数据可以帮助企业了解消费者需求、反馈产品问题，并做出相应调整。在市场营销过程中，企业应注重提供优质的产品和服务，建立良好的品牌形象和口碑，从而吸引更多消费者选择和信任你的品牌。

3. 组织管理创新

在经济新常态下，组织管理创新对于企业的发展至关重要。在这一背景下，企业可以采取以下策略探讨。

灵活的组织结构。企业可以建立平行管理结构，促进信息的自由流动和快速决策。平行管理能够减少层级间的沟通阻碍，提高组织的应变能力。

　　建立创新文化。企业应树立鼓励创新的文化氛围，提倡员工提出新的想法和方法。通过设立创新奖励机制、开展创新培训等方式，激励员工的创新意识和行为。

　　推行数字化转型。数字化转型可以提高组织的运营效率和管理水平。企业可以引入信息化管理系统、大数据分析技术、云计算等数字化工具，优化业务流程和决策过程，提升管理效能。

　　实施平台化管理。通过构建多层次的管理平台，实现各部门间的协同合作和资源共享。这有利于提高组织的整体协同效率，推动创新与发展。

　　强化风险管理。在新常态下，市场竞争可能更加激烈，企业需要强化风险管理意识，建立健全的风险管理体系，降低不确定性带来的影响。

　　增强人才培养和吸引力。在经济新常态下，企业需要培养具备创新思维和适应能力的人才，增强组织的竞争力。同时，企业还要构建良好的用人机制，吸引高素质人才的加入，推动组织管理创新的实施。

　　数据驱动的决策。数据分析和智能化技术的应用对于组织管理创新至关重要。企业可以建立数据驱动的决策机制，通过数据分析和预测模型，优化决策过程，并提高工作效率和可行性。此外，也可以运用人工智能技术，自动化一些烦琐的工作，释放人力资源，提升组织整体效能。

　　4. 人才培养

　　人才培养是企业在经济新常态下实施工商管理创新的重要策略之一。以下是关于人才培养的一些策略探讨，以支持企业的管理创新。

　　建立完善的培养机制。企业应建立一个系统化的人才培养机制，包括明确的培养目标、路径和计划。这可以通过制订培训计划、职业发展规划和晋升机制来实现。培养计划需要根据员工的个人需求和公司的战略目标进行订制化，以确保培养的有效性和可持续性。

　　建立全员培养体系。人才培养不应局限于特定岗位或人群，而应该成为企业文化的一部分，贯穿于全员的工作学习中。企业可以建立全员培养体系，为员工提供多种培训机会和学习资源，增强员工的综合素质和创新能力。引入新的培养方式：传统的培训方式已经不能满足现代企业的需求，因此企业需要引入新的培养方式。例如线上学习、社交学习、游戏化学习等都可以有效地提升员工的学习兴趣和参与度，激发员工的学习热情。

设置多元化的培养目标。企业可以根据不同岗位和职业发展阶段，设置多元化的培养目标。这些目标应该包括技术技能、管理能力、领导力等方面，以便员工能够更好地适应企业的发展需求。

建立知识管理和分享系统。企业可以建立知识管理和分享系统，通过员工之间的知识交流和分享，促进知识的传递和共享，以提高员工的综合素质和组织能力，推动企业的创新和发展。

鼓励员工跨界学习。在现代企业中，岗位职责越来越多元化，员工需要具备跨界思维和多元化能力。因此，企业应该鼓励员工跨界学习，了解不同领域的知识和技能，提高自己的综合素质。

重视内部晋升和培养。企业应该注重内部人才的培养和晋升，为员工提供晋升和发展的机会。这可以提高员工的归属感和忠诚度，同时也为企业建立起稳定的管理团队和人才储备。

第二节 工商企业管理模式创新

一、经济结构转型与工商企业管理

（一）经济结构转型的基本特征

目前经济结构转型的基本特征主要涵盖消费需求引导、投资需求引导、资源环境约束以及出口需求转变引导四个要素，因此会对不同行业领域内的市场经济体制、工商企业管理模式和创新改革进程产生深远的影响。尤其在消费需求引导经济结构转型发展的过程中，需要从传统的供方市场角色转变到消费市场角色，充分凸显消费需求的多元化和个性化特征，逐步提升社会内外消费潜力。外资注入并拉动内需，是经济结构转型的重要体现形式之一，会对消费结构、供需关系的变化趋势产生一定影响。不论是消费需求还是投资需求，均会对不同行业市场的竞争环境和竞争条件、竞争优势等因素产生深远的影响，尤其对于公共事业行业，投资需求非常旺盛，能够针对性解决各类基础民生问题，对经济结构转型发展起到了较强的创新推动作用。资源环境约束和出口需求转变，均会对我国社会经济发展速度和质量产生深远的影响，对不同行业市场的竞争激烈程度、竞争公平性有所影响，工业和商业发展过程之中的潜在风险因素不容小觑。

（二）经济结构转型对工商企业管理产生的影响

1. 经济结构转型对工商企业管理的积极影响

不同经济结构的转型特征对工商企业的管理模式均产生了深远的影响，但是需要结合工商企业所处行业领域的实际经济发展状况进行客观调研和分析，才能对消费需求、投资需求以及出口需求转变等外部因素进行风险预测分析。经济结构转型对新兴行业领域内的工商企业普遍起到了促进作用，协助工商企业逐步健全内部管理制度体系、资源配置模式等管理要素，协助企业完成标准化建设、规范化和信息化建设目标，在重组人力资源和经济资源的过程中，突出工商企业自主创新和技术研发等行业竞争优势。在剧烈变化的市场经济体制中，经济结构转型和供给侧结构性改革密切关联，均会对我国不同产业的工商企业创新发展与内部改革起到一定积极作用，但是对工商企业的整体管理水平的要求越来越高。很多中小型工商企业能够充分运用消费市场需求、投资市场需求之间的信息差和资源差，快速提升行业竞争优势，并立体化建构新型经营管理模式。

2. 经济结构转型对工商企业管理的消极影响

经济结构转型对部分工商企业的经营管理模式会产生消极影响，并集中体现在内部控制、风险预警、人才流失等层面上。一些中小型企业的固有资产和流动资金配置比例不协调，无法长期应对经济结构转型和市场经济的激烈竞争发展趋势，因此难以保证资金链的安全和稳定。不论是消费需求主导型还是投资需求主导型的经济结构转型发展模式，均会对部分工商企业原有的业务模式、经营发展理念造成一定冲击，企业内部管理制度也会暴露较多不足，难以保证企业经济发展水平和质量的一致性。经济结构转型期间，一些中小型工商企业濒临破产，与其在市场经济体制中的风险预警能力不足、内部控制能力不足等因素有关，因此难以在重组经济和人力资源的过程中，突出制度创新、技术创新和产品创新等市场竞争优势。

（三）工商企业管理模式存在的不足

缺乏相对准确的企业定位。在对不同行业领域内的工商企业进行经济调研的过程中，发现部分企业普遍缺乏准确的发展定位和战略目标，因此不能在国内和国际市场占据一定竞争优势，也不利于实现国际化发展目标，不能与国际化、全球化经济发展进程有效衔接。传统的工商企业在对经济管理活动进行战略目标制定和经营管理工作的过程中，并不能突出企业发展定位和战略目标的实际应用价值，因此在组织协调和计划制订等工作环节会浪费时间精力以及经济资源、人力资源，不能快速适应市场经济体制的发展趋势。缺乏准确的企业战略和定位目标，会直接影响后续经济活动和经营管理工作的可持续性、规范性和合法性。

企业管理水平较低。在不同行业领域，工商企业的管理模式与实际经营管理水平直接挂钩，但是部分企业的管理水平较低，难以适应市场经济体制的变革发展趋势，对市场竞争环境的激烈性以及潜在风险因素并不了解，因此在进行市场调研分析工作的过程中，普遍存在投资决策失误和风险控制预警能力不足等突发状况，难以保证企业经济效益的稳定产出。工商企业的管理水平普遍受限于管理制度、管理人员和组织管理模式等内部影响因素，并需要从企业各项生产经营业务活动入手，逐步细化管理事务的具体实施目标和路径，才能显著提升企业经营管理水平和经济风险规避能力。但是部分中小规模的工商企业对市场竞争环境中的风险因素预判能力不足，对各项经营管理活动的准确性、合规性等特征并不重视，因此会起到反向作用，不利于企业实现经济增长目标。

管理人员的专业性不足。部分行业领域的工商企业管理人员专业性不足，会直接影响主营业务、经营发展模式的稳定衔接状态，对企业经济增长和资源优化配置产生负面影响。管理人员的专业性不足，是当前中小型工商企业普遍存在的问题之一，不能引进高素质复合型的管理类人才，会严重阻碍企业的发展，很多工商管理类问题未得到及时解决，对企业管理体制和管理事务的适配性产生了负面影响。部分工商企业对内部管理人员的业务和技术培训工作并不重视，因此在业务和技术层面进行创新改革工作的过程中，权责利不均衡的现象非常严重，严重阻碍和限制企业的高质量以及可持续发展进程。

缺少完善的管理制度。工商企业的各项管理制度是约束管理人员和专业技术人员各项行为的关键基础，若企业缺乏完善的管理制度，会直接影响经营管理活动和经济发展的协调性、合规性，会对企业生产经营收入和投资利润等经济资源产生负面影响。但是对于中小规模的工商企业，在初步建立管理制度的过程中，只围绕财务管理、业务管理两个层面对具体管理事务进行分层次处理，并未从企业未来战略发展目标入手健全管理制度体系。缺少完善的企业管理制度会显著降低企业在市场经济竞争环境中的风险规避能力，若不同业务部门的负责人和管理人员并未严格按照管理制度和管理流程进行经营管理工作，则会对企业经济发展效率和质量产生负面影响。

二、新媒体时代工商企业管理模式发展

新媒体时代是指由信息技术和互联网技术催生的全新传媒环境，最显著的特征

之一是数字化传播。信息通过数字化形式传递，包括文本、图片、音频和视频等，带来了高效、迅速和广泛的信息传递能力，使信息的传播成本大幅降低。新媒体时代强调双向互动，而不再是传统媒体的单向传播模式，用户可以积极参与和回应内容，如在社交媒体上发表评论、点赞、分享，这促进了用户与媒体、企业和其他用户之间的互动。新媒体时代内容呈现形式多样化，包括文章、图片、音频、视频、直播等多种形式，满足用户多样化的需求，使得信息更加丰富多彩。新媒体时代媒体内容可以根据用户的兴趣和偏好进行个性化订制，通过算法和数据分析，媒体和企业能够向用户推荐更符合其兴趣的内容，提高用户的满意度和黏性。社交媒体是新媒体时代的重要组成部分，它构建了人与人之间的连接和交流平台，社交网络的兴起使得信息传播更加迅速，也加强了用户之间的互动和社群感。同时，新媒体时代产生大量数据，包括用户行为数据、社交网络数据等，通过大数据技术的应用，媒体和企业可以深入了解用户需求和市场趋势，从而更好地进行内容推送和营销。

（一）新媒体对工商企业管理的影响

1. 数字化转型

数字化转型指的是企业将传统的业务流程和管理模式转变为数字化、网络化的模式，利用信息技术和新媒体工具来实现业务的全面升级和转型。数字化转型可以使工商企业实现业务流程的自动化和智能化，通过数字化系统的支持，优化生产、销售、物流等环节，减少手工操作，降低人力资源成本和时间成本，提高生产效率和管理效率。同时，数字化转型使得企业能够更全面地收集和整理数据，通过大数据分析，深入了解市场和客户需求，预测市场趋势，优化产品和营销策略。数字化转型使企业能够整合不同的数字化平台，通过多渠道传播信息和推广产品，企业可以通过网站、社交媒体、移动应用等平台与客户进行互动和交流，拓展市场覆盖范围。数字化转型对工商企业管理模式发展产生广泛而深远的影响，企业需要积极应对数字化转型带来的挑战和机遇，借助新媒体技术推动管理模式的升级和创新，实现更加高效、智能和可持续的发展。

2. 社交化营销

新媒体时代强调互动和社交，企业需要将营销策略转向社交化，通过社交媒体平台，与用户直接互动，了解用户反馈，进行产品推广和口碑传播。社交化营销使企业与用户建立更紧密的连接，可以及时回应用户评论、留言和反馈，提供即时的客户服务，提高用户满意度。社交媒体平台使为用户提供个性化推送成为可能，分析用户的兴趣和行为，向目标受众推送更符合其需求的内容和广告，提高营销的针对性和效果。社交媒体上的用户口碑对企业的影响非常重要。用户可以在社交媒体上分享使用体验、评价产品，社交媒体上的互动和活动可以吸引用户参与，企业可以举办线上活动、抽奖、有奖竞答等，提高用户的参与度和黏性，社交媒体上的用户往往会形成拥有共同兴趣的社群，企业可以利用社群效应，通过社交媒体上的社群营销策略，将产品和服务传播给更广泛的受众。

3. 数据驱动决策

新媒体时代产生了大量数据，企业可以通过数据分析和挖掘，深入了解用户行为和市场趋势，从而进行数据驱动的决策，优化管理和运营。借助新媒体平台和大数据技术，企业可以将用户细分为不同的群体，实现精细化用户定位，有助于企业更有针对性地开展营销活动，提高广告投放效果。数据驱动决策可以帮助企业深入了解用户的个性化需求，根据用户数据订制产品和服务，提高用户满意度和忠诚度。通过数据分析，企业可以实时监测营销活动的效果，了解哪些营销策略效果较好，哪些需要调整，从而优化营销策略，提高投资回报率。数据驱动决策可以揭示用户对产品的反馈和意见，帮助企业发现产品的不足之处并进行改进和创新，推出更符合市场需求的产品。

（二）新媒体时代工商企业管理模式发展对策

1. 改变工商管理理念

在新媒体时代，改变工商企业管理理念是促进管理模式发展的重要对策。传统的管理理念可能不再适用于新媒体时代复杂和快速变化的市场环境，为了适应新媒体时代的挑战和机遇，工商企业可以采取以下对策来改变工商管理理念。

数字化转型。将数字化转型纳入企业管理理念，认识到数字化技术对企业管理的重要性，数字化转型可以提高管理效率、优化决策过程，并为企业带来更多的商机。

客户至上。在新媒体时代，客户的意见和需求通过社交媒体迅速传播，因此，关注客户满意度和体验对企业的长期持续发展至关重要。

数据驱动决策。将数据驱动的决策作为管理理念的基础。新媒体时代产生了大量的数据，企业可以通过数据分析和挖掘来做出更准确、科学的决策。

建立鼓励创新的企业文化。在新媒体时代，创新是推动企业成功的关键要素，鼓励员工提出新思路、试验新方法，促进企业持续发展。通过改变工商企业管理理念，企业可以更好地适应新媒体时代的发展要求，提高管理效率和决策水平，增强竞争力。

2. 构建科学的企业工商管理机制

科学的管理机制可以提高企业运营效率、优化资源配置，适应新媒体时代的挑战和变化。首先，构建数字化管理系统，将工商企业的各个管理环节数字化。包括数字化财务管理、数字化人力资源管理、数字化供应链管理等，提高管理效率与精度。其次，确定企业的长期战略目标和短期管理目标，并将其落实到每个部门和员工，明确的管理目标可以指导企业的发展和决策，使得企业各项工作有条不紊。再次，设立科学合理的绩效评估体系，将绩效指标与管理目标相匹配，绩效评估可以激励员工的积极性，同时也为企业提供改进的方向。最后，在新媒体时代，信息传递迅速，跨部门协作能力对于企业的运营至关重要，构建有效的跨部门沟通机制，促进信息共享和资源合理配置。

3. 明确工商企业管理目标

明确的管理目标可以指导企业的发展方向，帮助企业适应新媒体时代的快速变化和竞争压力。第一，企业应该明确自己的长期愿景和使命，长期愿景是企业未来的期望状态，使命是企业存在的目的和意义，这两者构成了企业的核心价值观和发展方向。第二，将愿景和使命转化为具体、可衡量的管理目标，目标可以是市场份额、销售额、利润率、客户满意度等指标，通过这些指标可以评估企业的经营绩效。第三，在确定管理目标时，要密切关注客户需求。在新媒体时代，客户的需求和喜好不断变化，通过了解客户需求，可以制定更符合市场需求的管理目标。第四，企业需要根据市场情况与变化及时调整管理目标，将长期目标分解为阶段性目标，逐步实现，设定阶段性目标可以让企业管理更具有可操作性和指导性。第五，在明确管理目标时，要考虑企业的可持续发展，除了经济效益，还要关注社会责任和环境影响，确保企业发展与社会发展相一致。第六，管理目标应与员工的个人目标相结合，使员工能够理解和认同企业目标，并为实现目标做出积极贡献。同时，设立相应的激励与奖励机制，激发员工的积极性和创造力，激励机制可以帮助员工认同企业目标，并努力实现目标。

4. 拓宽工商管理视野

新媒体时代涌现了许多新的数字化技术和平台，如人工智能、大数据分析、区块链等，企业需要积极了解这些新媒体技术的特点和应用，以便在管理中充分应用这些技术。在新媒体时代，各个行业都在快速变化，企业需要密切关注行业的发展趋势，及时调整经营策略，抓住市场机遇，以及通过研究竞争对手的商业模式、运营策略和市场表现，更好地了解市场格局和竞争态势，为自身管理决策提供参考。在新媒体时代，客户需求的多样性和个性化特征更加明显，企业需要通过各种途径深入了解客户的需求和心理，以便提供更精准的产品和服务。同时，市场渠道的多样性增加，企业可以通过拓展多样化的市场渠道来增加销售和曝光机会。社会对企业的社会责任要求越来越高，企业需要拓宽管理视野，关注社会责任和可持续发展，树立良好的企业形象，重视品牌建设，品牌影响力对企业的竞争力至关重要，企业需要加强品牌建设，提高品牌知名度和美誉度。

5. 培养管理人才

新媒体时代对企业管理人才提出了更高的要求，需要人才具备数字化技能、创新能力、跨界合作等综合素质。企业应该制订科学合理的工商管理人才培养计划，根据企业的发展需要和员工的特长和兴趣，为员工提供多样化的培养途径和机会。在新媒体时代，数字化技能成为管理人才必备的能力，企业可以开展数字化技能培训，包括数据分析、人工智能应用、社交媒体运营等方面的培训。培养工商管理人才需要创新培养模式，包括跨部门轮岗、项目驱动培训、跨领域学习等，帮助员工拓宽视野和能力。企业可以积极引进有丰富管理经验和数字化技能的优秀人才，为企业注入新鲜血液和创新思维。通过培养工商管理人才，企业可以提高管理水平，增强组织活力，适应新媒体时代的挑战和机遇，这需要企业领导层的重视和支持，同时也需要员工积极参与和不断努力学习。

三、工商企业管理模式的改革

（一）新时期工商企业管理模式改革的意义

改革工商企业管理模式已成为推进中国经济高质量发展和实现"两个一百年"奋斗目标的必然选择，有重大的现实意义。

第一，改革工商企业管理模式可以提高企业管理效率。改革工商企业管理模式，可以借鉴国外先进的管理模式和经验，提高企业管理水平。如引进先进的管理理念和技术，推广现代化的管理方式方法，提高企业管理的科学性、规范性。加强企业内部沟通协作，提高信息化建设，加大人才培养力度，提高企业管理效率。

第二，改革工商企业管理模式可以增强企业竞争力。在市场经济背景下，企业的竞争力直接关系到企业的生存和发展。改革工商企业管理模式，可以使企业更加注重市场营销、产品创新和服务质量，提高企业产品品质、品牌知名度和市场份额，增强企业市场竞争力和盈利能力。此外，还可以促进企业之间的合作共享，形成产业集群和价值链，提高整个产业的国际话语权。

第三，改革工商企业管理模式可以促进经济发展。改革工商企业管理模式可以优化资源配置，提高生产效率和质量，促进经济快速发展，激发企业创新活力，培育新兴产业，推动经济结构调整和产业升级。还可以吸引外资和国际化人才，推动经济国际化和全球化进程，提高中国在国际经济舞台上的影响力。

第四，改革工商企业管理模式可以推动产业升级。新时期经济发展已经进入高质量发展阶段，产业升级已经成为经济发展的重要方向。改革工商企业管理模式，可以推动企业从传统产业向高科技、高附加值产业转型升级，加快新旧动能转换，促进经济可持续发展。推动企业加强技术创新、研发和人才培养，提高企业市场占有率。

第五，改革工商企业管理模式可以改善人民生活。新时期人民对生活质量的要求越来越高，改革工商企业管理模式，可以推动企业提高产品质量和服务水平，满足人民日益增长的消费需求；提高企业社会责任意识，加强企业对环境保护和社会公益的投入，为人民创造更加美好的生活环境和社会氛围。

（二）新时期工商企业管理模式改革发展的具体对策

1. 管理部门出台相关对策

工商企业管理模式改革发展至关重要，管理模式和管理能力直接影响到工商企业的发展和市场竞争力。因此，在新时期工商企业管理模式改革中，采取了一系列具体的措施，以解决管理模式中存在的问题，提高工商企业的管理水平和市场竞争力。

第一，创新管理模式。建立统一的工商企业管理部门，实现各部门之间的信息共享和资源整合，以提高管理效率。当前，工商企业由多个部门共同管理，虽然各部门各司其职，但是协调不够，信息共享不足，导致工商企业管理效率低下。因此，可以建立一个统一的工商企业管理部门，将各部门的职责整合在一起，实现信息共享和资源整合，以提高管理效率和服务质量。

第二，加大监管力度。当前，工商企业管理中发现一些企业违法违规行为，如假冒伪劣、虚假宣传、价格垄断等，这些行为严重损害了市场的公平竞争和消费者权益。因此，加大对企业的监管力度，完善企业信用体系，建立健全监管机制，严厉打击违法违规企业，以保证市场公平竞争和健康发展。

第三，工商企业管理部门作为服务企业的机构，其服务质量和服务态度直接影响到企业的发展和市场竞争力，因此，工商企业管理部门应该提高服务质量，优化服务流程，加强对企业的服务和指导，以满足企业需求，促进企业发展。

2. 企业管理方面的对策

第一，企业要优化组织结构。组织结构是企业管理的基础。在新时期，企业需要更加灵活的组织结构以适应市场的快速变化和创新。因此，企业可以采取分层管理、团队协作等措施，不断优化自己的组织结构，使其更加灵活地适应市场需求。增强企业内部的沟通和协作，提高工作效率。第二，企业要完善管理制度。新时期，企业需要加强对各个环节的管理，遵循透明、公正、规范的原则，建立健全管理制度，实行标准化、流程化管理。同时注重对员工的培训和考核，使其逐渐适应新的管理模式。第三，企业要创新经营模式。企业需要以创新为核心，加强对新技术、新产品、新业务的研发和推广，不断开拓新的市场。同时，还需要积极开展国内外合作，提高企业的国际化水平。另外，企业文化是企业内部的精神支柱，是企业发展的重要保障，需要注重企业文化建设，打造良好的企业形象和品牌形象，树立企业的社会责任感和使命感。可以采取多种措施，如组织各种文化活动、加强企业社会责任、提高员工福利待遇等，增强员工的归属感和荣誉感。第四，企业要加强信息化管理系统建设。企业内部信息化建设是企业管理和运营的基础，如ERP信息系统、客户关系管理系统（CRM）、人力资源管理系统（HRM）等。ERP信息系统能够有效地管理企业资源，提高运营效率和管理能力；客户关系管理系统（CRM）能够完善客户信息管理，提高客户满意度；人力资源管理系统（HRM）则可以全面管理人员信息，更好地调配企业人力资源。加强企业内部信息化建设，能够促进企业管理的现代化、智能化，实现企业沟通、协作、管理和运营的流程化、数字化、标准化。随着信息技术的飞速发展，信息安全问题也日益突显。加强信息化管理系统安全保障是企业在信息化建设中必须重视的问题。企业在采用各种信息化系统时，必须采取相应措施，保证企业信息安全，防范各种网络攻击，如黑客威胁、计算机病毒、网络钓鱼等，在防范和解决安全问题上加大投入。此外，信息化建设需要有高素质的人才参与和推动。企业在进行信息化建设时，需要大量高级人才开发、运营和管理信息系统。在人才培养方面，除了不断完善人才培养机制，还要积极与高校、科研机构进行合作，加强信息技术的培训和研究，提高工商企业信息化管理水平。

3. 市场环境方面的对策

第一，建立健全市场监管机制和市场信用评价机制。在市场监管过程中，对于违法违规行为必须及时查处，重点加强对"三无"企业、假冒伪劣产品、虚假宣传等行为的监管，并将严重违法违规行为纳入企业信用信息管理体系，实现对市场主体的全方位监管。建立健全市场信用评价机制，提高市场主体诚信度，以此推动市场经济健康发展。第二，建立企业信息公开机制。建立公开透明的监督机制，对企业生产经营情况进行公示，促使企业主动加强管理，提高产品质量促进企业发展。

第三，完善纠纷调解机制，提高消费者维权能力。消费者维权是市场监管不可或缺的重要内容，建立健全纠纷调解机制及开展公益诉讼、集体诉讼等方式都是有效手段，能够促进消费者权益的保护。针对不同人群、不同领域，加强对消费者权益保障相关知识的宣传，提高消费者的维权意识和能力，更好地维护消费者的利益。

四、未来的工商企业管理模式和发展方向

（一）工商企业管理未来发展方向

第一，注重目的性与计划性。在当前社会主义市场经济体制下，我国的市场需求和企业分工也在不断细化。面对日益复杂的市场环境和逐渐激烈的竞争氛围，企业必须明确自身的经营目标和未来发展规划，在复杂的市场环境中寻求企业定位，通过强化企业特色获得更好的发展前景。因此，为了实现这一目标，企业规划未来经营发展计划时，应当兼顾目的性和计划性来开展工商管理工作，这就要求企业明确自身定位，并紧紧围绕企业定位和发展战略制定规范性的经营管理制度，从制度层面保障企业正常、稳定发展。除此之外，企业应当根据不同阶段的发展目标和规划制订相应的管理计划，应当充分考虑各部门和各环节之间的联系和阶段目标，在企业内部实现更加协调、可持续的运作管理，进一步细化和深入工商企业管理工作，从而提高企业对内部要素的控制能力。

第二，加强企业文化建设。企业文化作为企业软实力的重要体现，是企业管理工作必不可少的一部分。长久以来，很多企业忽视了企业文化建设的重要性，然而在当前新的发展形势下，加强对企业文化的建设，可以丰富企业的发展内涵，有效提高企业内部的凝聚力和团结力，并在一定程度上提高工商管理能力和效果。此外，在优质的企业文化氛围下，企业也可以更好地开展管理工作。

第三，提高企业的行业发展协同性。企业通常是在特定的行业下经营发展，企业的健康可持续发展依托于企业所在行业的环境和形势，稳定的行业发展环境可以为企业发展提供更大的空间和动力。因此，企业的工商管理不应局限于对企业主体的管理层面，还应考虑对行业整体的管理约束措施，在工商企业管理工作中引导企业将自身管理工作与外部行业环境更好地结合起来，实现与行业整体的协同发展。企业应当保持自身管理制度和发展规划与行业整体环境相适应，从行业的实际情况出发，不断调整和完善自身的经营管理行为，从而实现企业与行业互相促进和共同发展。

（二）未来的工商企业管理模式

一是依托人才储备和培养。企业的日常经营与管理离不开人才支持，尤其是工商企业管理工作，其工作质量取决于管理人员的能力水平和专业素养，因此，工商企业管理模式的建立离不开工商管理人才。第一，拥有优秀的工商管理人才，其先进的管理理念可以帮助企业完善和优化管理制度；第二，拥有优秀理论基础和实践能力的工商管理人才可以在企业日常管理工作中取得更加优异的成绩，从而帮助企业实现更好的经营与管理；第三，在日益提倡人性化管理的趋势下，通过凸显人才的重要性，可以进一步夯实企业发展和经营的人力资源基础，促使企业的工商管理模式向着更加现代化的方向不断迈进。在理解人才储备对于企业管理模式建立的重要性之后，企业在未来管理工作中必须加大对管理人员的培训力度，还可以积极引进外部的优秀管理人员，为企业的未来管理工作建立一支优秀的管理人才队伍。企业可以通过开展定期的培训活动、加强与高校之间的合作联系，扩大企业的人才储备渠道和规模，为企业引进更多优秀的管理人才。此外，为了吸引更多优秀人才加入，企业可以在薪酬激励和良好工作氛围的营造上投入更多资源。

二是不断完善企业组织架构。企业组织架构是一个企业正常运转的重要基础，它是企业进行日常经营管理活动的框架和依据，同时也决定企业内部各环节、各要素以何种方式与结构进行联系。因此，我国企业应当重视完善企业组织架构，在成熟科学的企业组织架构下进行部门建设。企业在完善组织架构时，必须紧紧围绕自身的发展目标和战略规划，并结合自身发展实际和外部环境的变化，对内部各部门、各环节人员的职责和工作范围进行明确规定与划分，对组织架构中的各项分支进行填充和丰富。管理层和管理人员可以建立一套完整的管理工作规范和运行机制，从而在完整的组织框架下对企业的日常经营管理工作进行约束和监管。要想实现企业组织架构的稳定运行，必须建立一套切实可行的考核激励制度，根据各部门、各环节人员的职责与义务制订相应的考核计划，从而保障各环节之间相互配合及有效衔接。一些大型国有企业，要充分认识到组织架构的完整性对于企业经营的重要性，运用现代化的管理模式理论完善、优化组织架构，从而保证企业在逐渐激烈的市场竞争中保持其固有优势和市场地位，有效规避经营管理中的各项风险，实现健康可持续发展。

三是提高战略管理和财务管理水平。企业的发展战略管理与财务管理作为现代企业管理的重要组成部分，是建设工商企业管理模式中必不可少的要素。企业的发展战略管理是从战略层面入手，明确企业的未来发展方向与战略规划，从而保证企业走在正确的发展道路上；企业的财务管理则是从财务方面入手，通过对企业的资金资本、财务数据和财务预算进行管理和规划，为企业日常经营提供重要依据和帮助。从这两个方面来看，未来的工商企业管理模式一方面要对企业的未来发展方向和发展道路进行明确规划，从总体发展战略和不同阶段的发展战略着手，指导企业各阶段的经营管理工作；另一方面，通过良好的财务管理工作，充分保障企业日常经营的资金安全，筑起抵御外部金融风险、市场风险和财务风险的"防火墙"，保障企业正常、平稳运行。

第三节 企业工商管理的信息化建设

一、新时代下工商管理信息化

（一）工商管理信息化的特征

第一，需要有信息技术作为支持。在新时期，我国互联网技术和大数据技术取得了进步，工商管理信息化能够有效提高工商管理效果。此外，工商管理信息化要将信息化技术当作依据，会被信息技术水平所影响，一旦信息技术无法被充分运用，将会限制工商管理工作的有序推进。因此，为了确保各阶段工作可以被落到实处，必须灵活应用信息技术，保障信息管理效果。第二，复杂程度较高。工商管理工作包含多个方面的内容，行政管理部门要根据法律、市场主体所提出的需求，收集汇总分析各类型数据，将监管工作落到实处，推动工商管理信息化发展。除此之外，还要保障市场有序性，打造完善的信用管理体系，收集汇总各项市场资料、监管信息等，体现出信息化管理价值。

（二）工商管理信息化的意义

第一，能够提高管理效率。工商管理信息化要将信息化技术作为依据，分析、汇总较为常见的数据，并将其上传到互联网平台中，进行数据应用。工商管理信息化能够在信息技术支持下，控制人力资源投入，在避免成本超出预期的同时，顺利推进管理工作，并且数据有精准程度较高、可以及时传输等特征。第二，可以达成信息资源共享目标。工商管理信息化能够在网络信息技术的支持下打造专门平台，为各部门提供交流机会，确保信息资源可以不被时间、空间约束，满足各部门信息需要，提高数据管理水平。需要注意的是，工商管理信息化不仅需要共享文字资源，还需要在各部门传递视频、表格，确保各部门所开展的合作是规范的。第三，确保市场的有序发展。工商管理信息化可以对市场经济秩序做出调整，使市场发展更加规范。工商管理在信息技术支持下，能够精准收集各项资料，并开展分析，确保工商管理能够高效开展，为企业提供适宜的发展空间。

（三）工商管理信息化的原则

工商管理信息化需要将市场条件作为依据，这要求工商管理部门在后续工作时主动更新，考虑到市场情况开展管理工作，而不是随意照抄某区域的经验。我国工商管理信息化起步较晚，发展时间较短，在现实应用时能够为其他区域的工商管理提供支持，但是，在开展工商管理信息化建设时仍然要严格遵循以下原则：第一，要为人民提供服务，确保工商管理可以为群众的发展提供支持，满足社会稳定发展需要。第二，要将依法行政落到实处，运用新兴技术优化现有市场监管体系。在开展工商管理信息化建设时，还需要将各项规章制度融入其中，确保工商管理可以顺利推进，防止各项工作较为随意、不具备明确标准的情况出现。第三，遵循实事求是原则。在信息化技术等现代化技术支持下，优化市场监管模式，处理在监管过程中出现的不足。第四，保证开放共享。在开展工商管理信息化建设时，要考虑到各区域实际需要以及群众要求，合理汇总各项数据资源，确保资源能够得到充分应用，展现出信息技术的最大化作用。第五，开展统一规划。在进行工商管理信息化建设时，要有针对性地运用资源，达成资源共享目标。第六，要将质量作为首位。借助于推动工商管理信息化建设，确保各项工作能够高效、优质开展，将推动企业发展作为重中之重，提高企业生产水平。第七，要加大力度开展创新，更新工商管理信息化包含的内容和方式，确保消费者可以享受到优质服务。第八，要遵循以人为本原则，确保各项措施都可以被落到实处，明确工商管理人员需要承担的责任和义务。

（四）信息化建设对企业工商管理的影响

1. 信息化建设对企业运营管理的优势

在新经济背景下，信息化建设对企业运营管理具有重要优势。一方面，信息化系统的应用使得企业的生产流程更加高效和智能化。通过实时数据分析和智能算法，企业可以实现生产计划的优化，生产资源的合理调配，以及减少生产成本。另一方面，信息化技术为企业的物流管理提供了更好的控制手段。物流系统的数字化和自动化管理，能够实现货物的精确跟踪，提高物流运输的效率，并降低运输过程中的错误和风险。此外，信息化建设还支持企业建立更为完善的库存管理体系。通过数据分析，企业可以准确预测市场需求，优化库存规划，减少库存积压，从而降低库存成本并提高资金利用率。

2. 信息化建设对企业市场拓展的影响

信息化建设对企业市场拓展产生了深远的影响。比如数字营销成为企业吸引目标客户的重要手段。借助互联网和社交媒体，企业可以将产品和服务推广给更广泛的受众群体，提高品牌知名度，增加用户黏性。再如，电子商务的兴起使得企业能够开拓全球市场。通过在线商店和电子支付，企业可以跨越地域限制，将产品销售到全球各地，拓展海外客户群体，实现全球化布局。同时，信息化建设支持企业进行精准的市场调研和数据分析，使得企业能够更好地了解市场需求和竞争状况，从而做出更准确的市场决策。

3. 信息化建设对企业人力资源管理的改进

信息化系统在招聘流程中的应用使得企业能够更加精确地筛选和匹配人才。自动化的招聘平台和智能筛选算法帮助企业快速找到符合岗位要求的候选人，缩短招聘周期，提高招聘效率。在线学习平台和知识共享系统，让员工可以灵活学习和获取知识，提高员工学习积极性。信息化系统的应用使得企业能够更加有效地管理员工绩效和激励体系。通过数据分析，企业可以客观评估员工绩效，实行差异化激励，激发员工的工作动力和创造力。

4. 信息化建设对企业财务管理的作用

首先，信息化系统的应用提高了财务数据的准确性和时效性。通过财务管理软件和系统，企业可以实现财务数据的自动化录入和处理，减少人为错误，提高数据准确性。同时，实时数据分析使得企业能够及时了解财务状况，迅速做出决策。其次，信息化建设支持企业财务决策的科学化。通过数据挖掘和预测分析，企业可以识别潜在的财务风险，制订有效的财务战略和预算计划，保障企业财务安全。最后，信息化系统的应用也提升了企业的财务审计和报告能力。数字化的财务报表和审计跟踪系统使得企业能够更加便捷地进行财务审计和报告，提高了财务合规性和透明度。

二、供应链时代企业工商管理的信息化建设

（一）供应链时代企业工商管理的信息化建设内涵

在当前的时代背景下，企业工商管理的信息化建设内涵越来越丰富，管理人员想要不断推进企业的信息化建设，就需要明确工商管理信息化的建设内涵。

首先，企业在供应链中扮演着重要的角色，与供应商、制造商、分销商及其他相关方紧密合作。优化供应链的运作需要信息的共享与沟通，以实现供应链各环节的协同与整合。信息化建设要求企业构建供应链管理系统，通过信息系统实现供应链各环节之间的数据共享、业务流程整合和协同决策。这将帮助企业实现供应链的高效运作，降低成本，提升响应速度，增强市场竞争力。

其次，供应链中涉及大量的数据和信息流动，企业需要通过信息化手段对其进行可视化和实时监控。通过建立供应链信息平台，企业可以实时掌握物流信息、库存状况、订单履约情况等数据，从而对供应链的运作进行实时监控和追踪。这将帮助企业及时发现并解决潜在问题，提高供应链的灵活性和效率。

再次，供应链时代面临着多样化的风险和不确定性，如供应中断、市场需求波动、自然灾害等。企业需要通过信息化建设来加强对供应链风险的识别、评估和应对。通过建立风险管理系统和相关的决策支持工具，企业可以更好地预测和应对供应链风险，减少损失并提高应对能力。

最后，在供应链时代，可持续发展越来越受关注，包括环境保护、社会责任等方面。信息化建设可以帮助企业监测和管理供应链中对环境的影响，并在供应链配送、物流规划等方面进行优化，以减少对环境的负面影响。此外，通过信息化建设，还可以加强企业与供应链伙伴的沟通和合作，推动社会责任的共同落实。

（二）供应链时代企业工商管理的信息化现状

1. 工商管理信息化建设标准不够科学

工商管理信息化建设标准的科学性直接关系到企业的运营效率和竞争力，但是从目前企业工商管理的信息化建设现状来看，工商管理信息化建设标准还不够科学。这主要是因为企业在信息技术的应用上存在差异，导致对工商管理信息化建设的认识存在偏差。一些企业在选择应用软件、设备与技术时缺乏科学性，只追求表面的效果，忽视了系统的整体性与合理性。而且一些企业缺乏标准化指导，从而产生了一些不规范或者不合理的做法。这就导致一些企业在信息化建设过程中缺乏明确的指标与量化的评估方式。

2. 业务管理信息系统计划延迟

在一些企业中，由于战略调整、资源分配和人员变动等原因，业务管理信息系统的计划往往会出现延迟的情况。这使得企业面临信息系统老化、功能无法满足需求等问题。而且由于监管机制的不健全，工商管理信息化建设过程中还出现了许多问题。比如部分地区由于基础设施不够完善导致管理信息化无法满足社会发展需要。

3. 网络安全性有待提升

网络安全对于企业的信息化建设至关重要，而网络安全性过低可能导致企业面临数据泄露、网络攻击等风险。目前许多企业在信息化建设过程中都存在网络安全性不足的问题。这些问题出现的原因有以下两方面，一方面是随着信息技术的迅猛发展，黑客攻击技术也在不断提高，因此企业的网络安全技术需要持续更新和升级。然而，一些企业没有及时跟上技术升级的步伐，导致了网络安全防护能力滞后。另一方面是由于网络安全需要所有员工的共同参与和合作，但一些企业的员工缺乏安全意识，对于网络安全的重要性和潜在威胁的认识不足，在防护方面存在弱点。而在这种情况下，企业在进行信息化建设过程中就会面临数据丢失和泄露的风险，而一旦企业核心数据被泄露，就可以对企业造成无法挽回的损失。

（三）供应链时代企业工商管理的信息化建设措施

1. 建立完善的网络系统

大多数企业在工商管理过程中由于缺乏对信息化的了解导致管理人员无法根据具体经营状况选用合理的信息化管理方法，因此，企业管理者需要从不同的角度出发，建立完善的网络系统，以提升企业工商管理的信息化建设水平。

第一，建立完善的网络安全政策和制度。企业应制定并严格执行网络安全政策和制度，明确网络系统的使用规范和安全要求。包括限制访问权限、加强密码管理、定期更新和升级安全补丁、加密敏感数据、建立网络监控和检测机制等。同时，需要建立安全事件的处理和报告机制，快速响应和处理网络安全事件，保护企业信息资产的安全。

第二，管理人员需要确定管理目标，围绕实际目标开展信息化建设工作，以便更好地提升企业内部管理水平。

第三，定期进行安全评估和漏洞扫描。企业应定期进行网络安全评估和漏洞扫描，及时发现和修补网络系统中的潜在安全漏洞。这可以帮助企业及时发现和纠正网络系统中的安全问题，提高整体的网络安全性。

第四，管理人员在信息化建设的过程中不仅需要完成在线备案、系统注册以及信息注册，还需要完成商标注册以及商业注册，只有这样才能确保后续工作的全面开展。

此外，为了提高网络系统的稳定性，管理人员还需要建立年度检查系统，管理人员可以通过年度检查系统及时解决企业内部信息化建设中存在的问题。

2. 加大先进技术的使用力度

在信息化技术快速发展的背景下，许多企业都意识到先进技术在企业管理中的重要作用，因此企业管理人员需要加大先进技术的使用力度，结合实际情况积极引进先进技术。

企业应加大对信息技术的投资，积极引进和应用先进的信息技术，包括但不限于云计算、大数据分析、物联网、人工智能等。企业可以通过与科技公司的合作、举办技术论坛和研讨会等方式，寻求创新的解决方案，并应用先进技术来提升工商管理的效率和竞争力。

企业在应用先进技术的过程中需要确保其与企业的工商管理需求相匹配。这意味着企业需要根据自身的情况和目标，选择适合的技术并进行整合。例如利用物联网技术将供应链中的物流信息与生产数据进行整合，实现信息共享和实时监控，提升供应链管理效率。

为了更好地应用先进技术，企业需要加强人才培养和知识更新。这包括招聘和培养具有相关技术背景和实践经验的人才，组建高效的信息技术团队。同时，企业应鼓励员工参加相关培训和研讨会，了解最新的技术趋势和应用案例。通过不断学习和更新知识，企业才能更好地应对信息化建设中的挑战，并深入理解和应用先进技术。

3. 构建完整的信息开发模型

在企业的工商管理工作中，信息是重要资源，信息的可靠性与准确性能够直接给企业的决策造成影响。如果管理人员根据错误的信息数据进行决策，就会给企业带来巨大的损失。想要有效提高信息的可靠性与准确性，相关管理人员还需要构建完整的信息开发模型。

构建完整的信息开发模型的第一步是明确企业的信息需求和目标。企业应该明确自身的工商管理需求，包括但不限于数据分析、决策支持、业务流程改进等方面。在明确清楚需求和目标的基础上，企业可以制定相应的信息开发策略和规划，以确保信息系统和技术的开发与应用与工商管理需求相适应。

信息开发模型的核心是建立数据集成与管理体系。企业应该建立统一的数据架构和数据规范，以确保不同系统和部门之间的数据能够互通和整合。此外，企业还应选择合适的数据管理工具和平台，例如数据仓库、数据壶等，以便对大量的数据进行规范化的存储和管理。通过构建完善的数据集成与管理体系，企业能够实现数据的共享和利用，为工商管理提供准确和及时的数据支持。

为了构建完整的信息开发模型，企业需要不断推动信息系统的升级和创新。企业应定期评估现有的信息系统和技术的功能和性能，并与供应商、专业机构等合作，寻求升级和创新的解决方案。同时，企业应密切关注信息技术的发展趋势和新兴技术的应用，如人工智能、物联网、区块链等，以便及时应用于工商管理领域。此外，企业还可以鼓励内部的创新和技术实验，鼓励员工提出和实践新的信息系统和技术的应用方案。

三、新经济时代企业工商管理信息化建设路径

（一）企业工商管理信息化建设的关键要素

在新经济时代，企业工商管理的信息化建设是实现竞争优势和可持续发展的重要保障。

1. 信息化基础设施建设

信息化基础设施是企业工商管理信息化建设的核心基础，对于实现高效、稳定的信息系统运行至关重要，企业需要根据业务需求和规模合理选配服务器、计算机、存储设备等硬件设备。例如对于需要处理大规模数据的企业，可以考虑采用高性能计算机和分布式存储系统，以满足海量数据的处理和存储需求。此外，企业还应关注硬件设备的更新换代，及时更新老化设备，以保持信息系统的高效性能。同时，高速、稳定的网络连接是支撑信息系统通信的基础。企业应该建设可靠的局域网和广域网，确保各个部门之间的信息交流和共享。同时，随着企业规模的扩大和业务的增加，考虑采用云服务提供商的网络，以增强企业的网络安全性和灵活性。此外，数据中心也是信息化基础设施中的重要组成部分。企业可以选择自建数据中心或采用云服务商的数据中心来存储和管理大量的业务数据。数据中心的建设要考虑数据安全、可靠性和高可用性。同时，采用虚拟化技术和容器化技术，可以提高数据中心的资源利用率和灵活性。

2. 信息化人才队伍建设

信息化人才队伍在信息技术领域应具备专业知识和技能，能够熟练运用信息系统和工具解决实际业务问题，具备跨学科的综合素养，能够与业务部门紧密合作，理解业务需求，提供切实有效的信息化解决方案。因此，企业应该通过培训和招聘等方式，不断强化信息化人才队伍建设，保持其技术竞争力和创新能力。通过持续的培训，确保员工了解最新的信息技术发展趋势，并熟练掌握相关工具和系统。这样的培训可以增强信息化人才的技术竞争力，使其能够更好地应对复杂多变的挑战。引进具备丰富经验和专业知识的信息技术人才，可以为企业带来新思路和创新解决方案。同时，注重跨学科人才的招聘，有助于打破部门壁垒，促进信息化与业务的

有效融合。企业可以与高校合作，建立校企合作项目，吸引优秀的毕业生加入信息化团队，推动信息化人才队伍的不断壮大。在信息化人才队伍中，应该强调团队协作和跨部门沟通。通过定期举行信息共享会议和工作交流，促进不同团队之间的协作，解决信息化项目中的难题和挑战。同时，鼓励团队成员参与跨部门的合作项目，培养信息化人才的协作能力和团队精神。

3. 信息安全保障措施

信息安全是企业工商管理信息化建设的重要关注点。随着信息化程度的提高，企业面临着更多的网络安全威胁和数据泄露风险。因此，企业需要建立完善的信息安全保障措施，包括网络安全防护、数据加密、权限管理、漏洞修复等。同时，要加强员工的信息安全意识培训，防止人为失误导致的安全漏洞。信息安全保障措施的落实能够保护企业的核心信息资产，确保企业工商管理信息化建设的稳健运行。

4. 信息化战略与规划

信息化战略与规划是企业工商管理信息化建设的指导思想和路线图。企业需要明确信息化的发展目标和重点领域，将信息化与企业发展战略相结合，制订长期和短期的信息化规划。信息化战略应该紧密关注新技术的应用，如人工智能、大数据、区块链等，以实现业务创新和提升效率。同时，规划需要考虑资源投入、风险评估和绩效评价，确保信息化建设的可持续发展。

（二）新经济背景下企业工商管理信息化建设的解决方案

1. 技术层面的解决方案

（1）云计算技术

云计算作为一种基于互联网的计算模式，利用虚拟化技术将计算资源汇聚在一起，通过网络提供按需服务。在新经济背景下，企业工商管理面临着日益复杂的业务需求和庞大的数据规模，传统的硬件设施难以满足快速扩展的要求。采用云计算技术，企业可以根据实际业务情况灵活调整计算和存储资源，实现资源的高效利用，降低硬件成本。云计算的高可用性和容错性，基于虚拟化和分布式架构，保证了企业信息系统持续稳定运行，提高了业务的连续性和可靠性。同时，云计算为企业提供了大规模的数据存储和处理能力，通过云平台的弹性计算和存储服务，能够帮助企业高效处理海量数据，支持数据分析和决策。

（2）大数据应用

简单来讲，大数据就是具备应用功能的巨型数据集合，其所包含的数据信息不管是数量还是规模都非常庞大，远远超过了人们对数据信息的传统认知。因此，在大数据收集储存和管理分析期间都要利用专业化软件工具和应用设备，传统单一化的系统很难实现大数据系统的功能需求。针对大数据的定义可以概括为规模巨大、传递速度极快且类型丰富的数据信息。而大数据技术就是可以在短时间内收集整理和储存管理大数据所运用的技术。这一技术理念一经提出就得到了科研学者的重视，并在实践探究中广泛运用于多个领域。从企业工商管理角度来看，合理运用大数据技术理念进行决策管理，可以为企业建设革新提供更多技术支持。从实践角度来看，大数据技术对企业工商管理决策而言，表现出了以下优势：首先，储存分析数据信息量持续增加，原因在于大数据和传统普通数据存在较大差异，前者的数据文件单位为TB，而后者的数据文件单位还停留在GB。其次，实际流通应用速度越来越快，原因在于信息数据的处理要求越来越高。如今，在信息技术革新发展中，只有加快数据应用和生产的速度，才能保障相关技术充分发挥自身作用。最后，整体数据类型非常丰富，从整体角度来看，数据主要分成两种类型，一种是指结构化数据，另一种是指非结构化数据，前者是基于基础性行为所构成的数据信息，在实际生产过程中具有类似性，在分析处理时，要按照特定模式研究数据信息，只有这样才能获取有价值的信息内容；而后者所构成的方式具有多元性，不管是点击网络还是文字传输等都会获取大批量的非结构化数据。

（3）人工智能技术

人工智能技术作为一种模拟人类智能的计算系统，涵盖自然语言处理、机器学习、图像识别等多个领域。在企业工商管理中，人工智能技术可以帮助企业提高客户服务效率和个性化服务水平。例如通过自然语言处理技术，企业可以建立智能客服系统，实现客户的自助查询和问题解答，大大减轻客服人员的负担，提高客户满意度。此外，机器学习技术的应用可以帮助企业预测客户需求和产品销量。通过对历史数据的学习和分析，企业可以预测未来市场的需求趋势和销售情况，为企业的决策提供重要支持。人工智能化的发展，带动了相关产业服务的快速发展，已然成为了企业工商管理未来发展的重要趋势，进而实现企业社会经济的最大效益。

第一，确定企业战略目标。在人工智能发展中的企业工商管理分析，需要提前判断企业业务未来发展的关键趋势，明确企业转型、升级的发展方向，具有企业工商管理顶层设计的前瞻性。以人工智能化的企业工商管理发展为核心，融入智能化技术创新的业务服务建设。与此同时，还要建立健全人工智能发展中的企业工商管理分析的制度体系。一定程度上，这不仅能够约束、规范人工智能在企业工商管理分析中的行为，还能够对人工智能化的实施进行有效监测、评估。

第二，培养技术性高端人才。人工智能发展中的企业工商管理，看似工作主体不再是劳动力，实际上是对技术性较低的普通劳动力的淘汰。基于人工智能化的企业工商管理分析，需要具备综合多学科交互的能力，以及热衷于研发人工智能化的核心技术。随着人工智能化的发展，企业工商管理分析在使用智能化后台开发、业务信息数据分析等前端工作时，都需要高精尖技术人才。因此，不仅要及时培养企业内部有发展潜力的员工，还可以通过招聘的方式，建立企业工商管理的智能化储备人才机制。在保证人工智能化发展中企业工商管理的战略发展目标同时，均衡高精尖技术性人才的供给，并大大提高企业工商管理的组织能力。因此，培养投身于人工智能化的技术性高端人才，是适应企业工商管理智能化发展的关键因素。企业的工商管理需要人工智能化技术的稳定发展，而人工智能化行业可以为企业的工商管理提供智能化技术支持，双方可以建立起长期、稳定的合作关系。

第三，设计人工智能发展中企业工商管理分析框架。企业工商管理分析智能化的转型、发展，企业管理人员需要明确人工智能化技术在自身业务的适用范围，并确定发展总目标。与此同时，构建人工智能发展中的企业工商管理分析框架，需要构建钢筋结构的稳定基础，这直接影响着人工智能发展中的企业工商管理分析是否具有长久性。基于人工智能化的发展，企业工商管理在决策方面，要提出企业业务发展的重点及总体布局；注重企业业务的服务需求，建设人工智能化技术服务领域的基础设施。设计人工智能发展中的企业工商管理分析框架，需要企业从根本上创新设计企业工商管理的结构及流程，及时应对企业工商管理中的监管及安全性风险。此外，在人工智能发展中的企业工商管理分析框架中，要对企业工商管理的信息数据进行安全防护，保护企业发展的关键性信息。可以通过对企业工商管理分析的重要因素进行加密处理，积极避免携带敏感、关键性信息，来降低重要数据的关注价值。与此同时，要时刻关注人工智能在企业工商管理中的基础算法，避免模仿人工智能给企业工商管理传递虚假信息。

第四，实现企业工商管理数据共享化。对于企业工商管理人工智能化的发展，其数据共享化能够实现企业社会经济效益最大化。基于人工智能的发展，企业工商管理可以通过筛选企业人工智能化发展的战略目标，不仅能够保证企业工商管理分析数据的公共安全，还能够保护个人隐私。通常情况下，人工智能发展中的企业工商管理分析框架，可以选取可公开且基础的数据与其他企业进行信息资源的共享，打造合作共享信息数据库。基于已有的企业工商管理模式，可以通过与人工智能化发展的有效融合，为企业的工商管理带来巨大的发展潜力，以及实现企业工商管理分析的利益最大化。企业工商管理可以通过人工智能化的发展，对企业工商管理的整合数据进行分析。在企业工商管理原有的数据上，确定目标群体，利用人工智能做出及时、准确的判断。构建人工智能发展中的企业工商管理分析框架，真正做到人工智能与企业工商管理变革的有机结合。

（4）物联网技术

物联网技术作为连接万物的智能化网络，可以实现设备的智能互联和远程监控。在新经济背景下，企业工商管理需要高效地管理设备和生产线，提高生产效率和生产质量。物联网技术通过传感器和设备的连接，实现实时数据的收集和传输，帮助企业实时掌握设备运行的状态和数据。通过物联网技术，企业可以实现预测性维护，及时发现设备故障，减少停机时间，降低生产成本。此外，物联网技术在智能仓储管理方面的应用也非常重要。通过物联网设备的应用，企业可以实时追踪货物的位置和库存情况，优化物流管理，提高物流效率，降低仓储成本，为企业的供应链管理提供了重要支持。

（5）区块链技术

区块链技术作为一种去中心化的分布式账本技术，可以实现数据的安全存储和共享。在供应链管理中，区块链技术可以解决供应链信息不透明、信息篡改和信任问题。传统的供应链管理中，信息流和物流往往存在信息不对称的情况，导致供应链的不透明性和效率低下。区块链技术通过建立可信的供应链追溯系统，将供应链中的每一笔交易和信息都记录在不可篡改的区块链上，实现信息的公开透明和共享。这样可以确保供应链信息的真实性，增加供应链参与方的信任，降低交易的风险。同时，区块链技术还可以应用于数字身份验证，保护企业和客户的隐私和数据安全。

2. 组织层面的解决方案

在新经济背景下，企业工商管理信息化建设需要注重组织层面的解决方案。首先，建立信息化管理团队是非常关键的一步。成立专门的信息化管理团队，负责统筹规划和组织推进企业的信息化建设工作，可以确保信息化项目的有效实施和协调推进。其次，加强信息化培训是组织层面的重要举措。企业应该为员工提供必要的信息化培训，提高他们的信息化素养和技能。只有员工具备了解信息技术和应用的能力，才能更好地配合信息化建设和运用信息化系统。此外，建立信息化沟通机制也是组织层面的解决方案。企业应该建立多样化的信息沟通渠道，确保各级部门之间的信息共享和交流。这样的沟通机制可以提高信息化建设的透明度和协同性，促进信息化项目的顺利推进。最后，强化信息安全管理是组织层面的重要方案。企业应该制定严格的信息安全策略和标准,确保信息资产得到充分保护和管理。加强员工的信息安全意识培养,可以帮助企业防范信息安全风险和威胁。

3. 管理层面的解决方案

(1) 制订信息化战略规划

在新经济背景下,制订信息化战略规划对企业工商管理信息化建设至关重要。这需要管理层组织全面的信息化需求调研和分析,通过与各部门和业务领域的深入沟通,了解企业当前信息化水平和存在的问题。信息化战略规划要与企业整体发展战略相一致,并将信息化视为推动企业转型升级的重要手段。在制订过程中,须考虑信息化技术的发展趋势、市场竞争情况以及企业自身的优势和短板,明确信息化建设的目标、步骤和时间表,并制订具体的推进计划。制订好的信息化战略规划可以为信息化建设提供明确的目标和方向,保障其顺利推进和落地实施。

(2) 加强信息化项目管理

在信息化建设过程中,管理层需要加强项目管理,确保信息化项目按计划有序推进。首先,成立信息化项目管理办公室(PMO),负责项目规划、执行和监控。PMO可以协调各部门和相关利益方,确保项目的顺利推进。其次,要制定严格的项目管理流程和标准。项目管理流程应包括项目立项、需求分析、方案设计、实施执行、验收交付等各个环节。制定明确的目标和里程碑,明确项目的范围、目标、成本、时间和质量要求。最后,建立项目风险管理机制,及时发现和解决项目中出现的问题和风险。定期进行项目进展评估,确保项目目标的实现。通过建立科学的信息化项目管理体系,管理层可以及时了解项目进展情况,确保信息化项目按时、按质、按量完成。

(3) 鼓励创新和变革

在新经济背景下,创新和变革是企业工商管理信息化建设的关键。管理层应该鼓励和支持员工参与信息化建设中的创新和变革。为员工提供良好的创新环境和激励机制,让员工敢于提出新想法和尝试新技术。鼓励员工参与创新项目,设立奖励制度,认可和激励优秀的创新成果。同时,组织定期的创新交流和经验分享活动,促进创新和变革的传播。管理层还应该关注创新孵化和技术转化,支持优秀的创新项目落地和推广,提供专业的培训和支持,帮助员工不断提升创新能力和技术水平。

(4) 完善信息化绩效评估

信息化绩效评估是管理层面的重要举措。建立科学的信息化绩效评估体系,可以全面评估信息化建设的成效和效益。确定评估的指标体系,包括经济效益、业务效果、客户满意度等方面的指标，建立数据收集和分析机制，定期收集相关数据和信息，进行绩效评估和分析。根据评估结果，及时调整信息化建设的策略和措施，优化投入和资源配置。绩效评估还可以帮助管理层了解信息化投入的价值和效果，为信息化建设提供合理的决策支持。

参考文献

[1]宗娜.浅析金融管理在企业经营管理中的运用[J].商场现代化,2024,(10):122-124.

[2]秦好善.科技创新对企业经营管理的影响[J].商场现代化,2024,(09):82-84.

[3]梁颖.提高成本会计信息质量 优化企业经营决策[J].上海企业,2024,(05):68-70.

[4]文子硕.财务标准化建设在企业经营中的相关策略探析[J].品牌与标准化,2024,(03):160-162.

[5]邹宗洋.财务分析在企业经营管理中的应用探讨[J].财会学习,2024,(13):22-24.

[6]王震.创新驱动下的企业经营管理模式研究[J].中国集体经济,2024,(13):85-88.

[7]吕彦花,韩贞泉.论财务分析服务企业经营决策的策略[J].中国市场,2024,(12):151-154.

[8]周才云,谢顺平.数字普惠金融、资本投入与区域创新绩效[J].征信,2024,42(04):76-85.

[9]李金环.企业经营预算的重要性探索[J].市场周刊,2024,37(12):139-142.

[10]王超.财务报表附注在企业经营中的作用研究[J].中国集体经济,2024,(11):145-148.

[11]姜珊珊.企业资本运营风险及其应对策略分析[J].全国流通经济,2024,(07):117-120.

[12]李亮.国有资本运营平台公司财务智能化共享模式路径探讨——以某地方市场竞争类企业为例[J].上海国资,2024,(03):81-88.

[13]张雯.企业加强资本运营模式创新的有效策略探讨[J].企业改革与管理,

2024,（05）：97-98.

[14] 岳平.企业自主创新能力与资本运营策略研究[J].全国流通经济，2024,（04）：133-136.

[15] 李广子.国有金融资本布局的优化方向[J].中国金融，2023,（24）：97-98.

[16] 辛亚棣.业财融合视角下资本运营策略对企业绩效的影响[J].财讯，2023,（23）：95-97.

[17] 吴晓蓓.数字化背景下国有金融资本管理机制改革实践探究[J].企业改革与管理，2023,（21）：115-117.

[18] 常冶衡,王瑞峰,王佳璇.企业信息流、资本运营数据与资本配置优化[J].财会通讯，2023,（20）：11-16,60.

[19] 张朝晖.技术创新背景下企业资本运营现状及对策研究[J].投资与合作，2023,（10）：135-137.

[20] 刘桐.企业改革发展中的资本运营创新策略[J].全国流通经济,2023,（19）：77-80.

[21] 刘双.金融资本要素配置对区域创新绩效的影响分析[D].南昌：江西财经大学，2023.

[22] 陈楚.国有资本经营预算改革对地方国有企业投资效率的影响研究[D].沈阳：辽宁大学，2023.

[23] 廖雪晴.创新型人力资本对企业经营绩效的影响[J].人力资源,2023,（02）：104-105.

[24] 牛艳莉.数字信息时代城乡商业企业经营模式创新发展研究[M].重庆：重庆大学出版社，2023.

[25] 李丞丞.物流企业集团扩张型资本运营财务风险管控思考[J].环渤海经济瞭望，2022,（08）：40-42.

[26] 曹雨阳.关于加强国有企业资本经营收益的思考[J].现代商业,2022,（20）：124-126.

[27] 戴森智.内部控制、经营风险与企业权益资本成本[D].杭州：浙江大学，2021.

[28] 张钠,于刚,刘素香.工商企业经营与管理[M].太原：山西经济出版社，2020.

［29］赵通.金融资本和产业资本融合促进中国经济结构升级研究［D］.西安：西北大学，2019.

［30］边明伟.工商企业经营管理案例教程［M］.成都：西南交通大学出版社，2018.